"十三五"江苏省高等学校重点教材，编号：2020-2-108

教师
语言技能

主　编◎薛　蓓
副主编◎王　健　朱敏卓　王非凡

上海交通大学出版社
SHANGHAI JIAO TONG UNIVERSITY PRESS

内容提要

本书是高校教师教育专业一线教师在自身教学实践基础上对教师语言技能课程授课内容、方式、主要难点等的总结，全书分为教师嗓音生理与保健、普通话语音、一般口语表达、课堂教学语言四个部分，含有大量练习材料，以及根据课堂教学实际总结出来的适合学生使用的语言训练方法。

本书旨在提高教师普通话水平，并帮助其掌握教学的基本语言技能，适合师范生以及各类学校教师阅读。

图书在版编目（CIP）数据

教师语言技能 / 薛蓓主编. —上海：上海交通大学出版社，2022.1（2023.8重印）
ISBN 978-7-313-25481-8

Ⅰ.①教… Ⅱ.①薛… Ⅲ.①教师—语言艺术—高等学校—教材 Ⅳ.①G42

中国版本图书馆CIP数据核字（2021）第191838号

教师语言技能
JIAOSHI YUYAN JINENG

主　　编：薛　蓓
出版发行：上海交通大学出版社　　　　　　　　　地　　址：上海市番禺路951号
邮政编码：200030　　　　　　　　　　　　　　　电　　话：021-64071208
印　　制：上海景条印刷有限公司　　　　　　　　经　　销：全国新华书店
开　　本：787 mm×1092 mm　1/16　　　　　　　印　　张：14.5
字　　数：342千字
版　　次：2022年1月第1版　　　　　　　　　　　印　　次：2023年8月第2次印刷
书　　号：ISBN 978-7-313-25481-8　　　　　　　音像书号：ISBN 978-7-88941-477-7
定　　价：78.00元

前　言

从普通教室到多媒体教室再到智慧教室，现在教师在上课时可以使用的辅助设备越来越多，图片、课件、视频，手机、交互式平板、VR设备……有人不禁发出疑问：有了这么多先进的教学手段，课堂上还需要老师讲吗？

需要！

一堂精彩的课，不管采取多少种教学手段，不管使用多么先进的信息技术，最重要的部分，一定是教师的有声语言。

一名优秀的教师能根据教学的具体内容，或陈述，或讲述，或描述，或慷慨激昂，或低沉悲伤，或语调平缓，或冷静睿智，声情并茂地将学生引入学习的殿堂。

那么，作为教师（准教师），我们要如何才能掌握这种语言技能呢？本书正是出于这样的指导目的而编写。

1. 编写思路

请看下面这张能力结构图（见图0-1）。

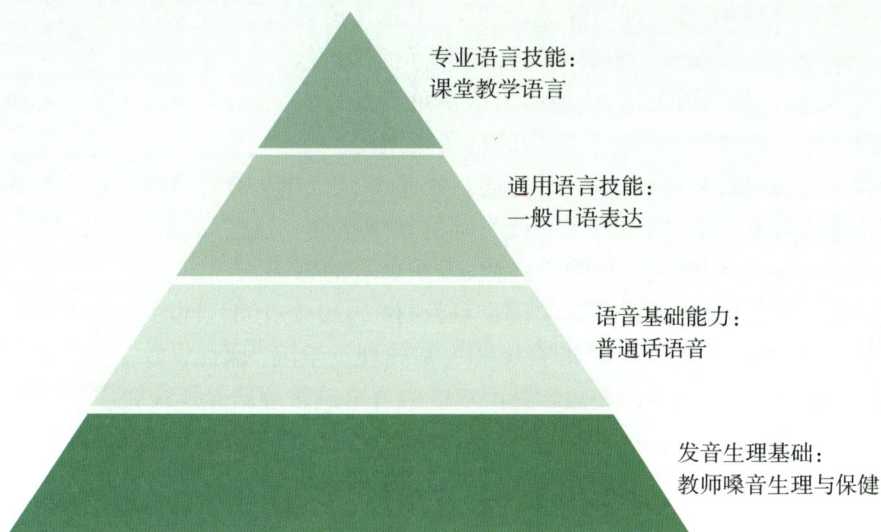

专业语言技能：
课堂教学语言

通用语言技能：
一般口语表达

语音基础能力：
普通话语音

发音生理基础：
教师嗓音生理与保健

图0-1　教师语言技能结构

要想站在讲台上侃侃而谈，挥洒自如，深入浅出地将知识传授给学生，我们要完成以下四个层级的训练。

第一，打好生理基础——做好嗓音生理准备。

教师用嗓时间相对较长，用嗓量多，整体强度大，发声器官容易出现劳损。教师嗓音的质量也会直接影响学生听课情况。因此，师范生在学习教师语言技能之初，就要先了解发声的基本原理，知道常见嗓音问题的影响因素，掌握基本的嗓音保健方法。这样才能保证当我们站上讲台，连上三到四节课时，始终能够发出优美动听的声音，吸引学生的注意力。

第二，进行语音基础能力训练——说标准的普通话。

普通话是教师的职业语言，是教师语言技能的基础。2000年10月31日第九届全国人民代表大会常务委员会第十八次会议通过的《中华人民共和国国家通用语言文字法》规定："学校及其他教育机构以普通话和规范汉字为基本的教育教学用语用字。""以普通话作为工作语言的播音员、节目主持人和影视话剧演员、教师、国家机关工作人员的普通话水平，应当分别达到国家规定的等级标准。"说标准或比较标准的普通话，是教师教学的前提。

第三，提高通用语言技能——一般口语表达训练。

在教学中，教师需要综合运用朗读、演讲、辩论等表达技巧，传授知识、启发学生、纠正错误等。这就要求我们能够中心明确、思路清晰、语言规范地表达自己的观点，感情恰当，体态自然大方。这种一般口语表达能力既是教师素养的反映，也为教师的教学语言技能奠定了基础。

第四，提升专业语言技能——课堂教学语言训练。

一堂好课，需要教师掌握良好的课堂教学语言，有引人入胜的开头，翔实精确的讲授，充满智慧的提问，准确有效的反馈，还要有发人深省、余味悠长的结课。在这个层级的训练中，我们将调动前三层级中学到的语言技能，将其与具体的教学内容结合起来，探索在实际教学中，如何高效地实现教学目标。

2. 编写分工

本书的编写是集体智慧的结晶。

第一部分，教师嗓音生理与保健，主要由王非凡负责编写。

第二部分，普通话语音，主要由王健、薛蓓负责编写。

第三部分，一般口语表达，主要由朱敏卓负责编写。

第四部分，课堂教学语言，主要由薛蓓负责编写。

在本书的编写过程中，引用了《普通话水平测试大纲》中的内容，人们熟知的收录于中学语文教材的名家名作，以及若干一线教师的教学案例。这些材料的使用，使本书的内容更为丰富，实践性和应用性大大增强。在此，表示衷心的感谢。

本书是"十三五"江苏省高等学校重点教材（2020-2-108），同时也是江苏省一流本科专业建设点"常熟理工学院汉语言文学专业"、常熟理工学院"课程思政"建设项目和江苏省卓越教师培养计划项目"初中语文数学英语双能融合卓越教师培养模式探索"的阶段性成果。

本书的完成是编写组成员通力合作的结果，我们在编写过程中力求精益求精，但遗漏和瑕疵在所难免，欢迎使用本书的老师和同学批评指正。

教材编写组

2021年5月

目 录

第一章　教师嗓音生理与保健

教师这一职业,具有用嗓量多、强度大、持续时间长的特点,因此,发声方法科学与否,直接关系到教师嗓音健康。同时,在沟通交流的过程中,嗓音的质量也会影响教学的效果,优美动听的嗓音,更容易调动学生的听课积极性。

这就需要我们了解嗓音有关器官的基本构造、功能和特性等知识,掌握正确的发声方法,并学习如何保护嗓子。

在这一章,我们将学到的内容如表1-1所示。

表1-1　教师嗓音生理与保健主要内容

	我将学会这些技能(目标/产出)	我为什么要学习这些技能(需求/依据)	我将如何学到这些技能(过程/手段)	我如何知道已经掌握了这些技能(评价/测量/改进)
第一节 嗓音生理简述	熟悉嗓音基本生理知识,充分理解并掌握"动力-声源-共鸣"模型	1. 教师职业的客观现状与实际需求 2. 嗓音生理知识是嗓音评估与保健的基础	1. 学习嗓音的"动力-声源-共鸣"模型 2. 实际案例分析	1. 能够复述并向他人介绍嗓音基本生理知识及"动力-声源-共鸣"模型 2. 能够运用嗓音基本生理知识与模型解释日常生活中相关的嗓音实际问题与案例 3. 自我反思总结
第二节 影响嗓音的常见因素	熟悉影响嗓音的常见因素,包括环境、不良用嗓习惯、感染及炎症、咽喉反流等	1. 帮助教师群体重视并尽可能规避日常工作生活中容易影响嗓音健康的诸多风险因素 2. 协助保障嗓音健康	1. 了解影响嗓音的常见因素 2. 实际案例分析	1. 能够复述并向他人介绍常见的嗓音影响因素 2. 能够指出和自己最为相关的影响因素 3. 自我反思总结
第三节 嗓音状况的自我评估与保健	了解嗓音状况自我评估的相关问题,掌握基本的嗓音保健方法,并能贯彻于日常生活工作中	1. 帮助教师群体科学、合理、全面认识自身的嗓音健康状况 2. 通过一些日常简单易行的保健方法及练习,有效保障自身的嗓音健康	1. 学习并了解嗓音障碍指数量表中涉及的问题 2. 通过量表中的问题对自身的嗓音问题进行简单主观评估 3. 熟悉并按照常见的嗓音保健方法练习 4. 实际案例分析	1. 能够对自身的嗓音问题进行简单主观评估 2. 能够复述并向他人介绍嗓音问题评估中涉及的考虑方向 3. 能够复述并向他人介绍常见的嗓音保健方法 4. 能够正确运用嗓音保健方法有效维护自身嗓音健康 5. 自我反思总结

许多文章在比喻形势险要的交通孔道时,常用"咽喉要地"来表述。在形容心里有话没有说出来而极度难受时,常用"如鲠在喉"来描述。从这些词语里不难发现,喉,或者通俗所说的嗓子,在人体结构中是一个极为关键而又敏感的部位。无论是饮食、呼吸,还是言语,无不与这个部位有着密切的关系。

作为本章的开篇,请首先花点时间想一想:你是否足够关注或重视自己的嗓子?

💡 想一想

为了帮助大家更好地关注嗓音问题,请认真想一想,你是否遇到或存在如下的情况:

(1)相比从前,你的声音是否变得有点嘶哑或者粗糙刺耳?

(2)以前唱歌唱得上的一些高音,现在是否有点吃力、唱不上了?

(3)会不会有时正说着话,声音突然变得低沉?

(4)喉咙是否经常会有一些干疼或紧张的感觉?

(5)说话是不是变得越来越费力?

(6)有没有发现自己会经常不断清嗓子?

以上六个问题,是由美国国立卫生研究院下辖国家耳聋及其他交流障碍研究所(NIDCD)编制的。按照他们的说明,如果你对其中任意一个问题的回答是肯定的,那么就应当抽时间去咨询专业医师或专业言语治疗师了。至少,这意味着你的嗓子可能存在某些问题。

如果你是因为思考以上六个问题才发觉自己嗓子可能并没有想象中得那么健康,那就说明你还不够关注或重视自己的嗓子。请看以下文献报导。

📋 读一读

(1)Roy等(2004)调查了美国两个州的1 243名中小学教师,结果显示,高达93.7%的教师报告了至少一种嗓音疾病相关症状。42.3%的教师同时报告了五种甚至五种以上的相关症状。60.2%的教师认为这些症状主要是由自己的职业导致的。

(2)Yiu(2002)详细调查对比了中国香港地区55位实习教师与67位教育学专业即将本科毕业的学生,发现教师在参加实习之后就已经逐渐开始报告各种各样的嗓音问题与困扰,有37%的实习教师曾向专业医师或言语治疗师进行过咨询。

(3)傅德慧等(2016)调查了天津市47 796名中小学及幼儿园教师,发现其中16 160名教师患有嗓音疾病,占比达33.81%。

(4)吕丹等(2016)调查了成都市389名小学教师,其中,189例患嗓音疾病,占比达48.58%。

（5）Boone等（2014）记载，在过于嘈杂的背景噪声环境下长期频繁大量用声，是很容易产生嗓音问题的。临床上显著处于这种情况下的是教师群体和硬核摇滚表演者群体。

希望上述的这些研究报告能或多或少引起你对嗓音问题的重视。当嗓音问题已经逐渐成为教师群体普遍的职业病时，意味着教师们在职业规划与生活中必须将嗓音问题作为一个重要的参考衡量指标。教师的嗓音问题，时时刻刻影响着教师个人的生活质量与职业发展。这也是本部分内容撰写的一个初衷：希望能够以尽可能简明易懂的方式，帮助广大教师群体重视自身的嗓音问题，建立一个基本的知识概念框架，包含：发声系统的生理结构与功能，影响嗓音的常见因素，以及嗓音的日常自我评估与保健。

第一节　嗓音生理简述

为了帮助大家更好地理解发声系统的生理结构与功能，我们以吉他这个乐器为例进行说明。如图1-1所示，有两把吉他A和B，每一把都包含了琴弦和琴箱。吉他之所以会发出声音，是因为我们拨动了琴弦，琴弦振动，发出声响。如果把这些琴弦单独拆下来，用手拉着去拨动，同样也能发出声响，但听到的音色却截然不同。这正是因为琴箱充当了一个共鸣器的角色，使得琴弦振动所产生的声音经过这一个腔体进行共鸣、修饰和放大，从而形成了我们所听到的吉他的声音。

图1-1　两种不同形状的吉他

想一想

以吉他为例，我们试想如下的几个假设及问题：

（1）如果把琴弦拉长拉细，绷得很紧，会听到更高还是更低的调子？

（2）弹吉他时，如果想要让吉他发出的声音变得更响，我们应该怎么做？

（3）假设吉他A和吉他B所用的琴弦长短、粗细及松紧都一模一样，我们以同样的力度去弹同样的位置，听到声音的音色一样吗？

对于以上三个问题，大致可以给出这样的回答：① 琴弦越长、越细、越紧，我们所能听到声音的调子就越高。你可以现在就拿起一根皮筋，在自然状态下弹一弹试一试，然后把皮筋拉长拉紧,再弹一弹试一试,后者声音的调子会更高。② 如果想要让吉他发出的声音变得更响,最简单直接的方式是:用手指更用力地弹琴弦。③ 恐怕不一样。因为琴箱的形状不同,对琴弦声音的共鸣、修饰及放大作用不一样,所以最后我们听到的声音的音色也有所不同。

一、"动力-声源-共鸣"模型

如果你大致明白了本节开头吉他的例子,那么你已经基本了解了嗓音生理知识中至关重要的一个概念:"动力-声源-共鸣"模型。这个模型是所有嗓音科学研究的基石,也是本部分嗓音相关内容离不开的一个起点。因此,必须不厌其烦地把这个模型表述清楚。

韩愈说"大凡物不得其平则鸣"。上文吉他的例子告诉我们,吉他之所以产生声音,是因为琴弦发生了振动。因此,琴弦充当了**声源**的角色。而琴弦之所以会振动,是因为我们用手去拨动它,也就是我们给声源的振动提供了**动力**。琴弦振动后的声音经过琴箱的**共鸣修饰**,才最终传达到我们耳中被我们听见。所以,一个完整的"动力-声源-共鸣"模型,必须包含:① 一定程度的动力;② 这样的动力使声源产生的振动;③ 声源振动所产生的声音受到某个共鸣腔体的共鸣修饰。

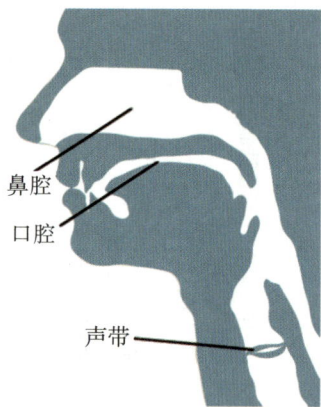

鼻腔
口腔
声带

图1-2　声带与上部腔体

接着,我们把"动力-声源-共鸣"模型应用在人体上。我们的声音主要是由喉部的声带振动而产生的。因此,声带即嗓音的声源。声带为什么会振动?因为气流由肺部挤压而出后,沿气管通过声带,就会带动声带振动。声带振动后产生的声音经过整个上部腔体(主要指鼻腔及口腔,如图1-2所示)就会产生共鸣,进而形成我们听到的各种声音。现在,你可以尝试先吸一口气,然后试试说"哈",持续不断坚持5秒左右,体会一下整个过程:努力将气流呼出,气流通过声带时令声带振动,感受到喉部有振动的感觉。同时将嘴巴张大,成喊"啊"的模样,声音经过共鸣修饰,最终成为我们所听到的"哈"。

下面,我们试一试做如下的一些动作,体会一下"动力-声源-共鸣"模型中不同部分的变化对嗓音会产生怎样的影响。

(1)先吸一口气,以自然的状态发"a"的音;然后保持嘴型不动,把声调拉高,发一个高音"a"。体会一下,喉部是否更用力,变得更紧张?

(2)先吸一口气,以自然的状态发"a"的音;然后保持嘴型不动,声调也不变,喉部放松,试一试发一个更响一些的"a"音。体会一下,是否感觉到更多的气流通过喉部,冲出口外?你可能还会感觉到腹部或胸部更紧张了一些。

(3)先吸一口气,以自然的状态发"a"的音;然后保持声调不变,喉部不要过分紧张,也不必调整音量,慢慢地把嘴唇收缩,直到收缩为"u"的音;继续保持声调和音量不变,慢慢地把嘴唇展开,发"i"的音。体会一下,是否喉部感觉没有太大的变化,气流也没有什么太大的波动,仅仅是你的口型在变化,就完成了整个"a—u—i"的过程。

此时,我们再重新回顾一下前文中的吉他问题。

💡 想一想

（1）如果把琴弦拉长拉细,绷得很紧,会听到更高还是更低的调子?

（2）弹吉他时,如果想让吉他发出的声音变得更响,我们应该怎么做?

（3）假设吉他A和吉他B所用的琴弦长短、粗细及松紧都一模一样,我们以同样的力度去弹同样的位置,听到的声音的音色一样吗?

你会发现,我们正在自己的身体上重复着前文弹吉他的例子。当我们试图改变自己的声调,使其变得更高或更低时,我们正在想办法调节自己的声源,像调节琴弦的长短松紧那样,把声带拉得更长更紧,或者更短更松。当我们试图想让声音变得更响时,我们正在努力提升动力,像更用力地弹拨琴弦那样,让更多的气流带动声带振动。当我们想改变嗓音内容,发不同的音如"a, i, u"时,我们正在像选择不同形状的琴箱那样改变着自己的口型,也就是共鸣腔体的形状(见图1–3)。

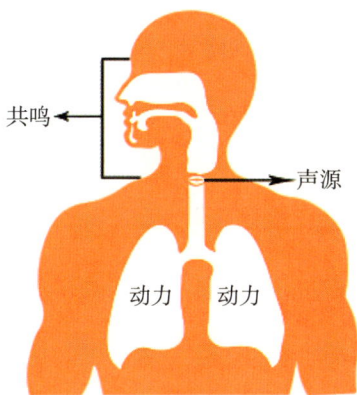

图1–3　"动力–声源–共鸣"模型

当然,有时候事情也并非这么绝对,在我们正常说话的时候,我们无时无刻不在调整着自己的"动力–声源–共鸣"模型。比如,你可能会发现,当你试图提高音量时,不仅动力提升了,可能还不由自主地把声调提上去了,甚至还把口型也稍稍调整了一些。

💡 小提示

很多人把"提高音量"直接近似等同于"提高声调",以为说得高就是说得响,这往往容易导致为了提高音量而长时间错误地保持一个较高的声调。想象一下,如果你一直把声带像拉紧琴弦那样长时间绷紧,这样不仅会造成自身非常疲惫,同时也可能对声带造成损伤。通过上文的描述,我们知道,提高音量,主要靠更多的气流产生更强的动力,而不是绷紧自己的声带。

至此,我们大致完成了对"动力–声源–共鸣"模型的认识与学习。请再结合下面的问题认真回顾这一部分的重点。

想一想

基本问题

（1）"动力-声源-共鸣"模型中的动力、声源及共鸣腔体在嗓音生理中分别对应什么？

（2）当我们改变声调时（想一想吉他音调的改变，或者橡皮筋的长短松紧），我们在调整模型（动力/声源/共鸣腔体）中的哪一部分？

（3）当我们改变音量时（想一想如何让弹吉他的声音变得更响），我们更多地在调整模型（动力/声源/共鸣腔体）中的哪一部分？

（4）当我们改变口型时（想一想不同形状的琴箱），我们在调整模型（动力/声源/共鸣腔体）中的哪一部分？会带来怎样的结果？

进阶问题

（1）电影、电视剧中常看到人受重伤或重病时说话"有气无力"，想一想：造成这种情况的原因可能是模型（动力/声源/共鸣腔体）中的哪一部分或哪几部分出了问题？

（2）宋代沈括的《梦溪笔谈》中曾有记载，"世人以竹、木、牙、骨之类为叫子，置入喉中吹之，能作人言，谓之'颡（通嗓）叫子'"，曾有一位得哑症的人受人诬陷但难以申辩，在公堂上尝试用"颡叫子"发出了一些依稀可辨一二的言语。想一想："颡叫子"充当了（动力/声源/共鸣腔体）中哪一部分或哪几部分的角色？

二、声源：认识声带

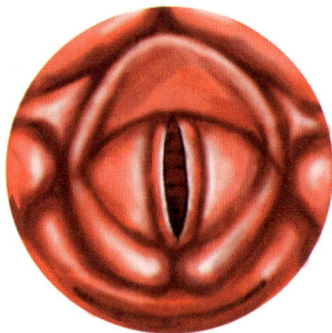

图1-4 声带示意

在嗓音的"动力-声源-共鸣"模型中，声带作为声源，是至关重要的一个部分。图1-4是声带示意，中间两片表面光滑湿润的物体即为我们的声带。声带本身的肌肉组织，连同附近的各种软骨、肌肉及其他组织协同作用，负责控制声带的开闭、长短及松紧。

在我们平时正常呼吸时，声带多呈现为打开的状态，以便气流顺畅通过。在我们说话时，声带则要尽量接近闭合状态，让气流从中间挤出，从而带动声带振动，产生声音。如果声带闭合得不够完全，中间的缝隙过大，就会导致气流更多更快地从缝隙中"逃逸"，这样一来就会产生两个后果：① 发出的声音中间夹杂着过多的气声，同时音量也有所下降（想象一下你说悄悄话时的声音）；② 因为气流流失得太快了，平常说一句话时所用的气流量现在只够说半句话了，这样一来就很容易觉得接不上气，讲话很累。

这种声带关不拢的情况什么时候会出现呢？可能因素较多，我们重点关心其中两个因素。第一是不可避免的自然衰老。随着年纪的增长，相关肌肉功能衰退，声带很可能会关不拢，从而导致中间缝隙过大。这也就是为什么往往我们听老年人的声音会觉得有更多的气声，同时音量也不高。第二是声带上某处长了一些新生物，比如囊肿、小结、息肉等。这样一来声带关闭合拢时这些新生物就会"堵在门口"，自然而然就会留出缝隙。因此，当你发觉讲话比以前累，容易接不上气，自己或他人反馈觉得你的声音好像和以前不太一样时，都需要引起足够的重视。

三、共鸣：口腔与鼻腔

在"动力-声源-共鸣"模型中，共鸣腔体起到了对声音的加工、修饰及放大作用。就一般说话而言，最主要的共鸣腔体是口腔与鼻腔。当我们发一些鼻音如m，n时，口腔大致呈关闭状态，气流主要经由鼻腔流出。其余情况下，气流一般同时经由口腔与鼻腔流出。当你捏着鼻子说话时，气流无法从鼻腔流出，所听到的声音就只是从口腔出来的，听上去可能会显得稍稍不太自然。

相较于口腔而言，鼻腔内部通道蜿蜒曲折，又有鼻毛、黏液，在这样的腔体中，声音的能量极容易被吸收减损，这也是为什么人们通常感觉鼻音的音量要小一些。当气流由喉部声带处流出，经过口腔、鼻腔产生共鸣时，流经鼻腔的气流越多，相应的流经口腔的气流就越小，这样一来总的能听到的声音也就越弱。因此，当我们说话时，应该避免让过多的气流经鼻腔流出，从而保证说话的音量不会太弱。

所以当你感冒的时候，如果有鼻塞流涕的症状，那么鼻腔内丰富的黏液会吸收更多声音的能量，此时声音效果就如同捏着鼻子说话一样，既不自然，又必须用更多的动力才能维持平时的音量。如果你的小舌还红肿了，那么会进一步带动软腭下垂，这样一来会让气流更多地流向鼻腔，你的一部分动力就会被白白消耗掉。因此，当感冒时，请千万避免"带病上阵"，这样不仅会加重自身的负担，讲课效果可能也会大打折扣。

─── 小 结 ───

本节重点介绍了"动力-声源-共鸣"模型，这是了解嗓音基本生理知识，做好嗓音日常保健的一个相当重要的基础知识点。从这个模型出发去理解嗓音保健就不难发现，一切的保健要点与目标实际上都将围绕着三个方面展开。① 动力角度：要想办法为嗓音提供足够的动力，也就是说要有足够的气流带动声带振动，持续不断地支持发声和说话。② 声源角度：要尽可能保护声带，让声带在一个相对舒适省力的条件下振动。③ 共鸣角度：要调整共鸣方式，协调共鸣腔体的形状，以达到尽可能好的共鸣效果。一言以蔽之，我们所追求的嗓音目标应该是：**具有充足的气流动力储备，以尽可能省力不伤害声带的方式，达到最佳的共鸣效果**。所以，请务必充分掌握、消化本节"动力-声源-共鸣"模型的基本概念，这是贯穿本章所有内容的重要概念框架。

第二节　影响嗓音的常见因素

在军事上，人们常以"咽喉要塞"来形容"兵家必争之地"。我们身体中的这一"咽喉要塞"，也可以说是"伤病必争之地"。嗓子其实很敏感脆弱，在生活中各种各样的因素都有可能对我们的嗓音产生影响。本节重点并不在于介绍各种专业性的嗓音疾病的名称和术语，而是更多地侧重于介绍各种明显或是潜在的容易引发嗓音问题的因素。对于教师群体而言，更多地关心自己日常生活中可能影响嗓音的各种因素，做到谨慎自律，防患未然，才能更好地维护自己的嗓音健康。

一、环境因素

想一想

（1）如果你看歌唱类电视节目，可能会发现，歌手们在舞台现场对耳返异常重视。所谓耳返，即无线监听射频耳机，它的作用是隔音好，密封好，能让歌手听到自己的声音。想象一下，如果你正在唱歌，然后突然听不到自己在唱什么了，会产生怎样的后果？

（2）部分听障语障人士，俗称"聋哑人"，既听不到声音，也无法说话。如果为他们做生理检查的话，你会发现，相当一部分人的声带结构与常人无异，共鸣腔体也很正常，但他们就是无法像正常人一样说话。想一想，这是为什么？

以上两个问题，都关系到一个核心概念：反馈。教师群体对这个概念应该不陌生，毕竟在教学中，反馈是一个非常重要的问题。在你说话的过程中，其实正在经历一个实时的反馈过程。你会即时地听到自己正在说什么，并且判断说得是否合适，是否正确。一般人对这个即时反馈过程可能并未察觉，但是当我们遇到上述第一个问题时，这个实时反馈的作用就较为凸显。试想，在舞台现场置身于各种乐器音响之间，如果没有专门的耳返帮助，一般歌手很难及时听到自己的声音。当无法听到自己的声音时，就无法及时做出相应的调整。因此，一旦没有耳返的帮助，听不到自己声音，歌手往往会跑调，或者突然说得很大声。听障语障人士也是如此，他们听不到别人与自己的声音，没有办法得到自我反馈进而做出修整，所以即便所有发声器官都很健康正常，但就是无法发出正常的语音，因此才有我们通常所见的类似"阿巴阿巴"的语音动作，并且往往伴随着失控的音量。我们所熟知的海伦·凯勒，也是靠着后天大量的刻苦训练，建立起其他的反馈补偿机制，才逐渐发出能被人听懂理解的语音的。

因此,环境因素中最应该引起教师群体重视的,就是噪声。环境越嘈杂,你就越听不清学生与自己的声音,此时,你往往会自觉或不自觉地提升音量,拉高嗓门。想象一下,在嘈杂的环境中努力提高音量,甚至拉高声调,连着说两节课,无疑会对整个喉部造成极大的负担。适度控制课堂噪声,对保护教师的嗓子是相当重要的。同时,教师也可借助麦克风等设备提升音量,避免自己长时间以一个相对高的音量持续说话(尤其是当教室场地偏大,听课人数较多时)。应注意多用一些身体语言来代替发声,比如轻轻敲击桌子或黑板等,这样既能起到吸引学生注意力,降低噪声的作用,又可以避免以提升音量的方式增加嗓子的负担。

想一想

还记得我们强调的"动力-声源-共鸣"模型吗?想一想,当你用纸简单卷成一个喇叭,放在嘴巴前面说话时,你是在(动力/声源/共鸣腔体)哪一部分上"动手脚"?

环境因素中,还应注意空气污染。雾霾、粉尘、二手烟、油烟等细颗粒物非常容易被人体吸入,进而刺激黏膜组织,导致不适。因此,保证工作环境(包括办公室、教室等)的空气清洁与环境卫生是很必要的。尽量不用或少用传统的粉笔,以减少粉尘的产生和扩散。尽量回避二手烟,同时自己也避免一手烟。提前了解可能导致自身过敏的过敏原,在工作环境中尽可能做到有效规避。

此外,尤其应重视湿度问题。健康的声带及周边组织都是很光滑湿润的。如果环境湿度过低,加之你本身又不及时补充水分的话,很容易因为脱水而导致不适甚至病变。因此,尽量让你的工作生活环境维持在一个相对合适的湿度(以体感舒适为宜,根据需要进行加湿或除湿处理)。同时日常务必坚持多次饮水,建议一天至少1.5升。单次饮用量不必太多,具体数量则因人而异,以舒适为宜。同时注意观察排尿颜色,以浅黄清澈为宜,若颜色变深,则提示需要补水。尽可能让声带维持在一个相对湿润的状态,这样对声带本身可起到一个较好的保护作用。

二、不良用嗓习惯

日常生活中关于用嗓的一些不良习惯,可能会显著影响嗓子健康。这些不良习惯体现在"动力-声源-共鸣"模型中的各个部分,需要仔细留意纠正。

1.动力部分

嗓音的动力是呼吸时的气流。管理你的气流,就像花钱一样,核心要义在于两个方面:
(1)我有多少?(2)要怎么用?
下面,请尝试做一些任务。

试一试

（1）请直坐在椅子上，用一只手贴于胸前，另一只手贴于腹部，然后做一个深呼吸。感受一下，在你深呼吸的时候，两只手有没有感受到相应部位随着呼吸有所起伏？

（2）深吸一口气，然后以自然的状态持续说"啊"，一直说到气流不够无法再说为止。看一看，自己一共坚持了多长时间。

（3）请尝试读出下面这一段语句，体会一下在读的过程中有无偶尔出现气流不足的情况：

"在您使用服务时，我们可能会通过 IP 地址、GPS、WLAN（如 WiFi）或基站等途径获取您的地理位置信息；您或其他用户在使用服务时提供的信息中可能包含您所在地理位置信息，例如您提供的账号信息中可能包含的您所在地区信息，您或其他人共享的照片包含的地理标记信息。"①

在第一个任务中，深呼吸的时候，如果你贴于胸前的手感受到了非常明显的起伏，而贴于腹部的手几乎没有感到什么起伏。那么说明，你的呼吸可能比较"浅"，更多地采用了胸式呼吸的方式。胸式呼吸可能足以应付一般的日常需要，但当你需要长时间说话的时候，胸式呼吸有时候未必能为你提供足够的动力，这样一来就会导致说话音量偏小，换气频繁，且容易疲劳。

如果你在第二个任务中持续说"啊"的时间少于 10 秒，那么你可能需要警惕，在面对"我有多少"这个问题时，你也许稍显捉襟见肘。此时，你需要对你的动力进行更多的"开源"。针对这一点的解决方案，具体将在下一节中做相应的说明。

在第三个任务中，如果你在读这些稍显复杂的长句时感到接不上气，除了你的动力储备可能不足以外，还涉及"要怎么用"这个问题。如果你平时说话时总是喜欢说一些比较长的句子，或者喜欢说得很快，中间没有任何停顿，这就相当于你以一个较高的频率刷卡购买特别多单价很高的物品，刷完一轮回来发现卡里透支严重。所以，要学会善用你的气流，也即"节流"。说话时切记不要太快，同时尽量多一些节奏性的停顿，调整自己的气息。

2. 声源部分

在"动力-声源-共鸣"模型中，我们已经了解，声带作为声源，经过振动产生声音。两片声带振动时互相接触撞击，可以简单将其想象为两手正在拍击鼓掌。当你提升音量时，声带会更用力地接触撞击，类似于更大力地拍手鼓掌。想象一下，你突然很大力地拍手鼓掌，掌面难免会有痛感。要是长时间持续大力拍手鼓掌，会怎么样？手掌会拍得红肿疼痛，可能还会磨破皮磨出血，一直互相接触撞击的部位可能还会长出老茧。皮糙肉厚的手掌尚且如此，更何况脆弱敏感的两片声带？不管是突如其来的大力撞击，还是长时间持续

---

① 文本内容摘自腾讯隐私政策（2020 年 4 月 7 日更新版），网址：https://privacy.qq.com/。

高强度的接触碰撞，都可能导致声带红肿充血，甚至增生出小结，从而影响嗓子健康及生活质量。

咳嗽与清嗓子，尤其是清嗓子，是非常容易被忽视的有损嗓音的不良习惯。每一次咳嗽或清嗓子，都是一次声带的大力撞击，对声带非常不利。如果说咳嗽有时是实在没办法控制，清嗓子这个行为实际上是完全可控的。很多教师嗓子容易有不适感，每次感觉不适时，总是喜欢以清嗓子的方式缓解，许多人已经养成了近乎条件反射式的清嗓子习惯，甚至其实都没有不适感，但还是习惯性地清嗓子，这样一来就容易形成恶性循环。

小提示

针对清嗓子这一行为的控制，或许可以参考如下的一些建议。

（1）构建起这样的联想反馈：每一次清嗓子，都是一次大力拍手。体会并记住大力拍手的疼痛感，下一次清嗓子时，想一想这样的疼痛感，以此帮助你克制清嗓子这一行为。

（2）每一次有咽喉不适感时，如果身边有水，立即以小口饮水，多次吞咽的方法缓解。如果身边没有水，就以吞咽口水的方式缓解。

（3）请身边同事或家人代为监督，当你不自觉地出现清嗓子行为时，及时提醒并制止。

同时还需注意的是，声带连同喉头的运动主要依靠喉部肌肉的协调运作。喉部肌肉相对复杂，许多肌肉体积不大，又相互重叠，因此往往互相牵引，合作协调。在这样的机制下，只要一处肌肉相对紧张，就可能连带导致其他肌肉一起紧张，进而使得发声更为费力，也更易引发喉部不适。所以，保障整个颈部肌群，连同周边肩背胸腹部肌肉的相对松弛，避免全身肌肉过于紧张，也是影响嗓音的一个重要因素。在平时注意避免久坐或久站，及时做一些基础的肩颈部及全身性的肌肉拉伸与放松，是很必要的。在办公室中，哪怕是坐在椅子上进行一些简单的扩胸、伸背、耸肩、转颈，也是很有效的肌肉放松，对嗓音也有一定的舒缓助益作用。

3. 共鸣部分

日常生活中，我们可能有这样的体会：有的人说话口齿清晰，响亮能辨，但有的人说话却含混不清。关于这种说话含糊不清晰的现象，有一个形象的说法，"像嘴里含着什么东西似的"。请试想，一旦嘴里含着东西，最大的影响是什么？是极大地限缩了共鸣腔体的活动空间。因为含着东西，所以没办法轻易改变口腔的大小，舌头也无法灵活自如地运动，当然也就咬字不清，共鸣效果不佳了。生活中，确实有许多人有着这样的说话习惯，不愿意把发音动作做到位，也不会调节共鸣腔体的大小。这样的习惯很容易影响嗓音的共鸣效果，也可能导致声源及动力补偿性地多用功，对嗓音产生影响。

所以，我们的期望是：共鸣腔体的空间尽可能大一些，同时腔体的变化动作更灵活一些。基于这样的目标，首先应注意咬字的清晰，所有音的发音动作务必做到位。此外，后文也将介绍一些增强嗓音共鸣的训练方法。

小提示

　　a、i、u三个音大致反映了我们口腔中舌头运动的三个极限位置。因此，平时可以稍微夸张一点练习发这三个音，不仅要发到位，发清晰，动作还可以比正常状态下更为夸张一些。比如发a音时，可以将嘴张得更大，发i音时，可以把嘴咧得更开，发u音时，可以把嘴唇搓得更圆。

　　在说话时，也可以将手放在自己的下巴处。在连续说话的过程中，如果下巴始终没有太明显的动作变化，说明你并没有把口腔打得很开，相应的发音动作就可能没有做到位，进而导致口齿不会显得特别清晰。

　　还有一个小技巧是"咀嚼练习"。想象自己嘴里正在嚼东西，可以动得夸张一些，以此扩大口腔运动的灵活性。

　　此外，也可以多运动运动自己的舌头，让其在口腔内部随意转动，或尝试尽量将舌头用力伸展出口外，以此增强灵活性。

三、感染及炎症

1. 上呼吸道感染

　　上呼吸道感染，或者近似理解为"伤风感冒"，可能是所有人都会遇到的普遍性问题。上呼吸道的范围很广，因此"伤风感冒"的症状可能因人而异。当感冒并无明显的咽痛、喉部不适等症状，自觉发音也还可以的时候，可以适当用声。但就像前文中说的那样，当鼻塞流涕时，鼻腔会吸收许多声音的能量。当小舌红肿时，会让更多的气流经由鼻腔通过。这些都可能会造成说话更费力，同时音质也有所减损。这也是不建议教师群体"带病上阵"的一个原因。

2. 下呼吸道感染

　　下呼吸道感染，如支气管炎、肺炎等，会在很大程度上影响嗓音的动力，即气流的供给。要强调的是，整个"动力-声源-共鸣"模型是环环相扣、协调运作的。当其中一部分有了一些问题，而你又想维持最终的声音，这个时候最大的可能就是更多地调动其他的部分来弥补这部分的不足。而其他的部分一旦被迫"加班"了，自然负担更重，更容易出现问题。所以，出现下呼吸道感染时，积极干预治疗，同时尽量少用声，是一个比较明智的选择。此外，还需注意下呼吸道感染时引发的咳嗽症状，尽可能不要太用力咳嗽（想一想用力拍手时的痛感）。

3. 喉炎

　　当细菌或病毒感染引发感染性喉炎时，应当尽可能少用声，同时积极干预治疗。但也要注意，因细菌感染而服用抗生素时，可能会引起声带一定程度的干燥及肿胀。因此，要注意避免滥用抗生素。至于非感染性的喉炎，可能是因为长期过度发声（想一想长期大力拍手给手掌带来的后果），也可能是因为黏膜受到了刺激或长期处于干燥状态。

针对黏膜干燥及受刺激这个问题，除了前文提及的环境因素的影响之外，还需做到以下几点。

（1）小心过敏。不仅因为致敏物质本身可能刺激黏膜，还因为过敏后服用的抗过敏药物中大多含有抗组胺类成分。抗组胺类成分可能会导致黏膜干燥，易受刺激。

（2）注意饮食。辣味、咖啡因、酒精或其他刺激性较强的成分很有可能造成黏膜刺激，进而引发不适。所以应尽量避免过量饮用含酒精饮料、浓茶、咖啡，或大量进食刺激性较强的食物。

（3）尽量避免张口呼吸。用鼻子呼吸时，有鼻毛、黏液等物质起到一定的阻隔作用。而张口呼吸时，则相当于"门户大开，引狼入室"，容易对黏膜产生刺激。同时，张口呼吸时水分较易蒸发，更易导致黏膜干燥。

（4）气温低时，尽量避免冷空气直接迅速吸入口鼻进而刺激黏膜。在室外时，可以用口罩、围巾等物品罩住口鼻，做适当防护。

4. 声带出血

还有一个需要极度小心及注意的情况是声带出血。声带其实很容易充血，有时候用声时间过久，或者某天熬夜到很晚，都有可能导致声带充血。但是，一旦严重到黏膜破损、撕裂，或者声带出血时，则必须"禁声"。注意，不是少说话，是绝对禁止用声，同时积极配合治疗。女性教师群体尤其需要谨慎，因为在月经期前，声带本身就相对比较容易充血。每逢这一阶段，应尽量控制用声量，注意多喝水及保证充足睡眠与休息。避免过量服用阿司匹林止痛药，因为阿司匹林可能导致声带更易出血。

5. 鼻炎

鼻炎有时会产生许多脓性分泌物。这些分泌物如果大量处于鼻腔，会吸收鼻腔内的声音能量，影响共鸣效果。更需注意的是，当这些分泌物没有经鼻孔流出，而是倒流回去的时候，就容易刺激咽喉声带，引发不适。如果你本身就养成了清嗓子的坏习惯，那么这个时候无疑会刺激你更频繁地清嗓子，这对声带是极其不利的。因此，不要只是盯着你的喉咙、声带，同时也要注意鼻咽部的一些炎症问题。

四、咽喉反流

此处特地将咽喉反流单列，是想强调，咽喉反流对嗓音产生的影响可能很大，但大多数人又非常容易忽视这个问题。希望这部分内容能够引起大家对咽喉反流足够的重视。

图1-5在图1-2基础上增加标识了气管、食管与会厌软骨的位置。声带的下面连通的是气管，气管的后面则是食管。气管、食管之上是会厌软骨，在我们呼吸和说话时，会厌软

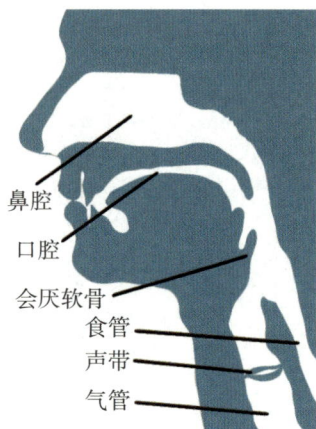

图1-5 声道示意

鼻腔
口腔
会厌软骨
食管
声带
气管

骨呈打开状态，以确保气流顺利由气管进出。当我们处于进食状态时，会厌软骨会垂下来遮挡住气管，以便食物进入食管。可以体会一下，当你喝水的时候，其实是没办法呼吸的，因为会厌软骨盖住了气管，以便水流流入食管中。因此，老话说"食不言"，是有道理的。你一边吃饭一边说话，吃饭时要用食管，说话时要用气管，会厌软骨来回运动。只要一个延迟，在气管还没来得及关闭时食物已经吃下去了，这时就容易呛到。

在日常生活中，你有时可能有这样的体会：刚吃下去不久的东西，突然"反上来了"一下。医学上一般把胃内容物反流入食管称为胃食管反流，这里的胃内容物大致包括饮食物，以及混合了胃中用来帮助消化而分泌的胃酸等物质。需要说明的是，胃食管反流其实是人的一个正常现象，一个人在一天之内可能有十几次甚至几十次的胃食管反流，大多数情况下你可能根本没有任何的察觉。但是，当出现一些病理症状，比如我们所知道的"反酸"，或者胸口有灼烧感，即所谓的"烧心"时，就可能是因为胃食管反流产生了疾病。如果反流得很厉害，就可能累及咽喉和声带，这个时候我们就称之为咽喉反流。

咽喉反流往往容易被人忽视，因为一般人可能很难想象，自己的嗓子不舒服怎么会和胃食管反流有关系。而有咽喉反流的人，又不一定都有特别明显的反酸或"烧心"的感觉（这些主要是食管炎症状），因此就更不容易会想到自己嗓子问题的根本性原因在于反流。这里也只能给出一些大概的指引，比如当你晨起感觉咽喉不适，口中有些异味；又或者声音呈现出一定的间歇性变化，比如每天好像到黄昏时声音就开始变得不太好，伴随着咽喉不适，有更多清嗓子的动作；又或者当你吃饭或平躺时总是容易突然咳嗽……这些时候或许要考虑一下咽喉反流的可能。

一些习惯可能会加剧反流，比如晚上过量饮食或平躺着饮食。因此，建议在睡前的两到三小时尽量不要有太多的饮食（最好是不进食，少饮水），避免吃完就躺，更要避免躺着吃。在饮食方面，要注意控制巧克力、碳酸饮料、柑橘类水果、番茄（酱）、洋葱、酸奶、咖啡、奶茶等食品饮料的摄入。吸烟和饮酒被认为是加剧反流的危险因素，需要尽可能避免。如果本身就有基础性胃炎，那就更需要重视这方面的问题。同时也应注意避免因情绪压力过大而引发胃部疾病。

小 结

本节重点介绍了影响嗓音的常见因素。环境中的噪声、污染、过敏原等需要引起重视，这是外部因素。内部则是个人的一些不良习惯。我们可以在牢牢把握"动力-声源-共鸣"模型的基础上系统反思自己可能存在的问题，比如：气流提供得够不够，用得好不好；声带有没有保养好（不要像大力拍手那样对待你的声带），肌肉是不是放松；

口齿是否清晰，共鸣效果好不好。既要注意咽喉本身的问题，包括声带的感染与炎症，又要小心咽喉周边的地方，如上、下呼吸道，鼻子，胃及食管。尤其要当心咽喉反流问题，了解一些可能由咽喉反流引起的症状，平时加以防范。只有善谋、多谋、未雨绸缪，才有可能守住你的"咽喉要塞"。

第三节　嗓音状况的自我评估与保健

想一想

还记得第一节小结中，我们依据"动力-声源-共鸣"模型所总结出的嗓音保健的核心目标吗？

"具有充足的气流动力储备，以尽可能省力不伤害声带的方式，达到最佳的共鸣效果。"

上述基于"动力-声源-共鸣"模型的嗓音保健核心目标是本节全部内容的根本立足点。通读完本节过后，你会发现，所有的练习、技巧和方法，均离不开我们的核心目标。这也是本章不断强调"动力-声源-共鸣"模型重要性的原因所在。

本节主要涉及教师群体嗓音的自我评估与保健，在介绍一些具体的方法或技巧之前，有两点认识需要说明。

（1）任何涉及病理的评估、诊断与治疗，都应以医师或言语治疗师的专业意见为准，当发现自身存在嗓音相关的不适或其他症状时，请务必及时寻求专业人士的帮助与意见。这一点尤为重要。

（2）你在日常生活中所能做的嗓音相关保健远比你想象得要多，并且这些举动能为你带来的潜在健康收益往往超乎预期。在日常生活中坚持关注自己的嗓音状况，注意留心各种可能的影响因素，适当做一些保健举措，或许能够有效保障并提升自身的嗓音健康水平。

本节不过多讲述专业医师与言语治疗师所使用的具体的评估、诊断与治疗方案，而是力图介绍一些不需要太多专业知识背景也可以自行在家尝试做的、风险较低的举措。有些内容尽管可能是专业医师或言语治疗师所采用的，但我们依然认为可以进行简单介绍，如一些评估量表。有些内容尽管看似简单易操作，比如喉部肌肉的按摩，但考虑到颈部生理组织结构复杂敏感，我们认为应当交由专业医师或言语治疗师进行操作（参考上文强调的第一点认识），因此在本节中就不做说明。

一、嗓音状况自我主观评估

嗓音障碍指数量表
Voice Handicap Index (VHI)

为评估发声问题对您生活的影响程度,请在您认为符合自己情况的数字上画圈:

0=无; 1=很少; 2=有时; 3=经常; 4=总是

第一部分　功能方面(Functional)

F01	由于我的嗓音问题别人难以听见我说话的声音	0	1	2	3	4
F02	在嘈杂环境中别人难以听明白我说的话	0	1	2	3	4
F03	当我在房间另一头叫家人时,他们难以听见	0	1	2	3	4
F07	面对面交谈时,别人会要我重复我说过的话	0	1	2	3	4

由于嗓音问题:

F04	我打电话的次数较以往减少	0	1	2	3	4
F05	我会刻意避免在人多的地方与人交谈	0	1	2	3	4
F06	我减少了与朋友、邻居或亲人说话	0	1	2	3	4
F08	我的个人及社交生活受到限制	0	1	2	3	4
F09	我感到在交谈中话跟不上	0	1	2	3	4
F10	我的收入受到影响	0	1	2	3	4

第二部分　生理方面(Physical)

P01	说话时我会感觉气短	0	1	2	3	4
P02	一天之中我的嗓音不稳定,会有变化	0	1	2	3	4
P03	人们会问我:"你的声音出了什么问题?"	0	1	2	3	4
P04	我的声音听上去嘶哑干涩	0	1	2	3	4
P05	我感到好像需要努力才能发出声音	0	1	2	3	4
P06	我声音的清晰度变化无常	0	1	2	3	4
P07	我会尝试改变我的声音以便听起来有所不同	0	1	2	3	4
P08	我说话时感到很吃力	0	1	2	3	4
P09	我的声音晚上会更差	0	1	2	3	4
P10	我说话时会出现失声的情况	0	1	2	3	4

第三部分　情感方面(Emotional)

E01	我的声音使我在与他人交谈时感到紧张	0	1	2	3	4
E02	别人听到我的声音会觉得难受	0	1	2	3	4
E03	我发现别人并不能理解我的声音问题	0	1	2	3	4

由于嗓音问题:

E04	我感到苦恼	0	1	2	3	4
E05	我变得不如以前外向	0	1	2	3	4
E06	我觉得自己身体有缺陷	0	1	2	3	4

E07	别人让我重复刚说过的话时,我感到烦恼	0	1	2	3	4
E08	别人让我重复刚说过的话时,我感到尴尬	0	1	2	3	4
E09	觉得自己能力不够(没有用)	0	1	2	3	4
E10	我感到羞愧	0	1	2	3	4

（引自徐文,李红艳,胡蓉,等,2008）

以上展示的是嗓音障碍指数自我主观评估量表,这是目前为止临床运用最为广泛的一份自我评价调查问卷,简体中文版由徐文、韩德民、李红艳等(2008)翻译制订。这份问卷涵盖了生理、功能和情感三个大的方面,每个方面10个问题,共计30个问题。填写人按照自己的实际情况,实事求是地针对每一个问题进行自我评价打分,最终的打分结果将会成为专业医师和言语治疗师的重要参考,也在很大程度上综合反映了填写人目前嗓音的实际状况。

本节之所以将这一问卷完整呈现出来,并不是说让你马上做一遍,得出一个分数,然后给你一个参考标准,直截了当地告诉你这个分数代表了你是否有嗓音问题。事实上,这份问卷本身只是专业医师与言语治疗师临床评估的参考之一,他们的专业判断还有赖于其他的各种检查与评估,因此,很难单纯就这份问卷来告诉你超过多少分就一定代表有问题,或者说严重到什么程度。在实际应用过程中,这份问卷也不是只填一次,而是伴随着各种介入、治疗、训练,持续定期地填写以获得相应的评价分数,以此来反映相应的嗓音状况变化。事实上,大量的研究与经验也表明,职业用声者,比如教师群体,不管有没有声带增生性的实际病变,其评价分数往往要高于一般健康对照组(从问卷分数安排来看,我们很容易发现,分数越高,代表越可能有嗓音问题或者说程度越严重)。

我们希望你通过仔细阅读这份专业人士制订的问卷,认识到原来要从多个方面去思考和审视自身的嗓音问题,而非仅仅是一个"舒服不舒服"的模糊标准。对这30个问题的关注与了解,实际上也是帮助你在日常生活工作中对自己的嗓音状况更为重视,并保持敏感。比如问卷中的P02问题,"一天之中我的嗓音不稳定,会有变化"。在了解这个问题之前,一般人可能不会专门注意观察自己一天之中的嗓音变化情况。当你熟悉了这个问题之后,你在日常生活工作中可能就会留个心眼,注意观察每一天的嗓音变化情况。如果你还记得咽喉反流,那么你会发现针对P02这个问题的留心观察可能会成为一个很重要的参考指标。

同时,这份问卷也可以帮助你做一个自行的日常监测评估。比如,当你需要增加工作量时,可以每隔一个月自行通过问卷来看看增加的工作量是否加重了嗓子的负担。如果分数按月上涨,或者显著高于你之前工作量时的情况,那可能意味着增加的工作量对你的嗓子来说有点"超载",这个时候你可能就需要进行相应的调整。

正是因为教师群体本身就是嗓子问题的高危人群,因此更需要本着对自身负责的态度,多了解嗓音状况评价的一些维度,包括生理、功能与情感,这不仅能提高你的健康意识,也能切实帮助你尽早发现问题,规避一些潜在的风险。

二、嗓音保健

本部分将介绍一些日常嗓音保健的方法与技巧。在介绍之前,再强调一遍,基于"动力-

2225222

225232223222222

"声源–共鸣"模型，我们嗓音保健的目标是：**具有充足的气流动力储备，以尽可能省力不伤害声带的方式，达到最佳的共鸣效果。**因此，本部分的安排也将围绕这三个主要方面展开。

（一）动力：腹式呼吸

回顾

在本章第二节中，曾请你做过如下的尝试：

直坐在椅子上，用一只手贴于胸前，另一只手贴于腹部，然后做一个深呼吸。感受一下，在你深呼吸的时候，两只手有没有感受到相应部位随着呼吸有所起伏？

在深呼吸的时候，如果感觉腹部没有什么明显的起伏，而胸部起伏明显，我们一般将这种呼吸状态称为胸式呼吸。如果腹部有起伏感，说明你使用了一些腹式呼吸的方式。对于我们的嗓音而言，腹式呼吸相对来说可以提供更多的动力，帮助维持更长时间的说话发声，减缓疲劳。因此，学会腹式呼吸的方式，对教师群体颇有助益。

如果你目前还是更多使用胸式呼吸的方式，在上面的例子中也没法体会到什么是腹部的起伏，下面一种方式也许可以帮你体会到腹式呼吸的动作。

试一试

类似刚才的例子，还是用一只手贴于胸前，另一只手贴于腹部。然后模仿"小狗哈气"的动作，即张开嘴，努力将舌头伸长出嘴外，然后往外哈气，类似于小狗哈气时的样子，可以持续时间长一些。

可能你是采用胸式呼吸方式的，但是在做这个动作，尤其是持续时间稍长一些时，贴于腹部的手大概能随着每一次"哈气"而体会到腹部相对明显的一个用力收缩的感觉。当你体会到这种腹部收缩的感觉时，请记住，这是腹式呼吸的主要表现。

腹式呼吸的训练可以从平躺开始，因为平躺的时候相对容易体会到腹部的起伏感。如图1-6所示。

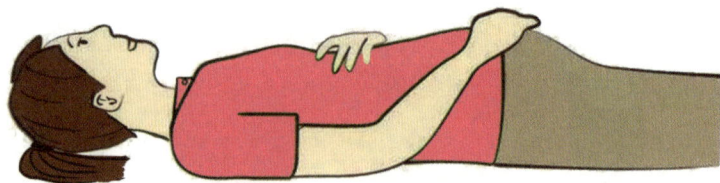

吸气　　肩膀放松　　胸部放松　　腹部隆起

图1-6　腹式呼吸（吸气时）示意

平躺时，尽量身体放平，不要有蜷曲。保证肩膀和胸部的放松，注意不要耸肩，也不要刻意收紧肩部。可以适当想象一下自己躺在美景之中，没有作业要批改，也没有教案要准备，全身放松。一只手放在胸部，另一只手放在腹部，体会这两个部位的起伏感。也可以在这两处放上一本书或者一个纸盒，当有起伏时，书或者纸盒也会明显上下晃动，这样能帮助你更好地体会。

图1-6中展示的是吸气时的样子。努力深吸一口气，注意，这一过程中不要抬动肩膀，也不要收紧胸部，就好像闻花香或者美味佳肴一样吸足空气。此时，尽可能做到往深处吸，使得腹部隆起。当然，一开始的时候也可以在吸气时主动去隆起你的腹部，让手能明显感觉到这种隆起，或者说使得垫在腹部上方的物件能够有一个明显的上抬。

呼气时，则可以像吹蜡烛一样，慢慢地用嘴呼出气体。呼出时腹部逐渐下降收缩，直到气流用尽。一开始可以人为地去控制腹部慢慢收缩（想一想模仿"小狗哈气时"腹部的收缩感），注意不要一下子猛烈收缩，而是伴随着整个呼气的过程慢慢进行。可以把自己想成是一管牙膏，你正捏着牙膏慢慢地挤压，然后牙膏就从口部慢慢流出，就是这样的感觉。

如果你平时更多使用胸式呼吸，那么在一开始练习腹式呼吸时可能需要人为控制腹部的这种起伏感，通过不断的练习，使这种腹部的起伏慢慢随着呼吸同步进行，最终实现腹式呼吸的使用，从而为嗓音提供更多的动力。

如上文所言，人在平躺时往往更加容易体会到这种腹部的起伏感，因此建议从平躺体位开始练习腹式呼吸，可以选择早晚醒后睡前平躺在床上各练习15分钟左右。当感觉平躺时腹部起伏已经比较明显，能够与呼吸匹配在一起时，则可以进阶至坐姿体位，即坐在椅子上练习。应注意上半身坐直，头部摆正直视前方，全身放松。尤其要注意观察自己的肩膀，确保呼吸时肩膀放松下沉，不要有紧张或耸肩、夹肩之类的动作。当坐姿体位也能感觉到明显有效的腹式呼吸时，就可以进一步注重站立及日常行走活动时的呼吸状态。从躺到坐、到站、到走，循序渐进，贯彻腹式呼吸。

（二）声源：声带的放松

1. 哈欠及叹气

试一试

　　现在，请你试一试，放松身体，两臂舒展，打一个哈欠。打哈欠时，不要憋着，以最轻松自然的状态喊出声音来。同时注意体会这样几件事：

（1）打哈欠时，你的口腔后部或者咽喉处有什么感觉？

（2）听一听自己打哈欠时的声音，感觉和平时说话的声音有什么不一样？

（3）打哈欠自然放出声音来的感觉，轻松舒服吗？

对于上述的第三个问题，回答是毋庸置疑的：当你放松全身，舒展身体，打一个畅快的哈欠，不用憋着声音时，感觉无疑是很爽快的。当你伏案工作很久，或者聚精会神在某件事情上一段时间以后，稍作休息，打个哈欠，是非常轻松舒服的一件事情。至于其他几个问题，你在打哈欠的时候，可能已经体会到：在打哈欠时，你的口腔后部或者咽喉处感觉好像有所扩张，似乎塞了一个鹅蛋。打哈欠时自然放出的声音，感觉要比平时说话响亮，但喉咙似乎更轻松了。同时，声音的气息也很足，听上去像一个很有力的叹气，而不是平时很低落无力的那种叹气。

请你再多打几个哈欠，仔细体会是否如上段文字所描述的那样。如果确实能体会到，那请你务必记住这种轻松的感觉。当你打哈欠时，喉头会自然下降，咽部通道因此会打得更开，不仅使得单位时间内通过的气流更多，也使得整个共鸣腔体扩大，相应的音响效果就会加强。同时，打哈欠的时候，身体处于放松状态，喉部不紧张，因此会觉得更为省力轻松一些。所以，如果你尝试着去用这种类似打哈欠的状态说话，就可以以更为放松的喉部状态发出共鸣效果更好的音。

因此，"哈欠+叹气"练习是一个很好的学会放松声带同时增强气流的练习。在练习腹式呼吸的基础上，可以尝试：坐直身体，放松肩颈（不要耸肩），头部放平，深吸一口气（感受腹部隆起），然后像打哈欠那样，感觉口腔后部咽喉处像塞了一个鹅蛋那样撑大，然后慢慢说"哈"（第四声），直到气息用尽。因为是第四声，是一个降调，所以慢慢降的时候好像在叹气，却是很有力气，声音很饱满的那种叹气。然后继续新一轮吸气，像打哈欠那样，叹气叹出声音说"哈"（第四声）。如果过程中真的打哈欠了（事实上很容易发生这样的情况），那就自然地把"哈"（第四声）说出来，顺便体会喉部的放松感。

之所以用声母h打头的字，是因为发h音时咽喉通道维持相对打开的状态，不会受太大的阻碍，更有利于气流通过。因此，一开始练习时可以多说一说声母h打头的字或词，先以第四声为主，体会那种调子慢慢降下来的感觉。

练一练

"哈欠及叹气"练习可以按照循序渐进的方法，从单字开始，到词语，再到句子。这里提供一些多以声母h开头的例子。

单字：
哈（第四声），嗨（英语打招呼hi），嘿（英语打招呼hey），护，贺，厚，会，画

词语：
画画，绘画，会后，祸害，换号，换货，互换，汉化，坏话

注意：练习时，请随时注意喉部的感觉和身体的放松感。如果喉部觉得紧张，用力，身体有些僵硬，那就说明状态不对，应该及时调整。此时可以自然地打个哈欠，再重新体会这种轻松的感觉。

当你能把声母h开头的一些字、词很轻松很响亮地说出来时，就可以试试别的字、词，配各种各样的声调了，再慢慢扩展到句子，形成一种维持喉部不紧张，咽喉通道扩展的省力发声方式。一旦养成习惯，就可以很好地舒缓说话时喉部的紧张与压力感。

2. 嘟嘴弹唇及吹吸管

试一试

现在,请你试一试,紧闭双唇坚持不要打开,但还是尝试持续说"啊",看看会发生什么。

如果你正在尝试上面的这个动作,就会发现,当你紧闭双唇尝试说"啊"时,还没说几秒呢,口内就撑满了气流,嘴巴都鼓胀了,然后就再也没法继续说下去了。这是为什么?我们知道,在"动力-声源-共鸣"模型中,气流不断通过声带,使得声带振动产生声音。已经通过声带的气流会从口腔或鼻腔中流出。如果硬是不让气流流出,那么气流会逐渐淤积堵塞在口腔内出不去,越积越多,嘴巴自然就鼓胀起来了,此时后面的气流再也无法继续通过声带,也就不能持续令声带振动产生声音了。反过来,如果气流一下子大量通过,带动声带强烈振动,也很容易使得声带处于紧张和大力撞击的状态,不利于声带的健康。所以,如果能有一个方式,可以让气流以一个舒缓、合理的速度通过声带,流出口外,不太快也不太慢,此时声带会处于一个很舒服的状态。

第一个比较有效的方式是嘟嘴弹唇。所谓嘟嘴弹唇,一般小朋友比较喜欢做,就是把自己的嘴唇努起来,然后说"嘟",同时把嘴唇吹得不断地弹动,发出类似"嘟嘟嘟嘟嘟"的声音。在嘟嘴弹唇的时候,两瓣嘴唇自然而然地形成了气流的阻碍,使得气流以一个相对不那么快的速度流出口外。这样一来,经过声带的气流相对舒缓,会带动声带以一个比较柔和的方式撞击振动。如果你看过一些音乐类的综艺节目,可能会发现许多歌手在上台前也会以这种嘟嘴弹唇的方式帮助暖嗓,实质上也是让声带先以一个较柔和舒服的方式动起来,相当于体育运动前的热身准备。教师群体在长时间讲课前,也可以采用这种嘟嘴弹唇的办法,提前进行声带的"热身"。

有些人一开始嘟嘴弹唇时可能没有办法把嘴唇吹得弹动起来,这个时候建议用双手点住两侧面颊,大概点在上下牙齿中间的位置,如图1-7所示。这时会更容易把嘴唇吹到弹动。有些人光是吹嘴唇,但声带并没有振动,这样也是达不到效果的。应该想象自己正在说"嘟",喉咙处确保有相应的振动感。在嘟嘴弹唇时,可以使用自然正常的声调,也可以在说"嘟"的时候采用从低到高,或者从高到低的声调,以此增强声带的拉伸性。

另一个有效的方式是吹吸管。如图1-8所示,拿一根吸管,粗细长短大致相当于普通盒装饮料提供的或者类似快餐店内喝饮料提供的,含在嘴中,吸一口气后发拼音"u"音,让气流全部从吸管流出,同时确保声带振动。让气流从吸管流出,本质上也是为了控制气流流出的速度,和嘟嘴弹唇其实是异曲同工。因

图1-7　用手指帮助嘟嘴弹唇示意

图1-8 吹吸管示意

嘟嘴弹唇、吹吸管
视频及解说

此，吸管不能像喝珍珠奶茶的吸管那样，因为太粗的话，气流很快就流失了。但也不能太细，太细的话会导致气流很难流出，这样一来口腔内气流淤积太多压力太大，会导致声带很难振动，反而费力。总之，应该保证吹的时候气流相对顺畅流出，同时自己感觉喉部相对以一个放松的方式在振动。

教师群体可以在长时间的讲课之前先吹一吹吸管，同样可起到暖嗓和按摩声带的作用，为接下来的大量用声做一定的热身准备。和嘟嘴弹唇一样，吹吸管时也可以进行适当的升调和降调，以加强声带的拉伸灵活性。

（三）共鸣：共鸣增强训练

嗓音的共鸣腔体主要为口腔和鼻腔。人在正常说话时，气流会同时经过口腔与鼻腔流出，在发鼻音时则有更多的气流从鼻腔流出。我们知道，共鸣腔的形状一旦发生改变，共鸣效果也会不一样。因此，我们主要是想追求一个相对较好的口腔与鼻腔共鸣效果。在"哈欠及叹气"练习中，我们努力扩大口腔后部的空间，实际上也是在扩大口腔共鸣，这也是打哈欠时声音往往比一般说话声音更响的原因。下面介绍一种体会鼻腔共鸣效果的办法，即感受哼鸣。

 试一试

> 现在，请你试一试，吸一口气，以自然的声调持续发"mmmmm"。体会一下：此刻口腔或鼻腔中什么地方有振动感，或者有略微麻麻的感觉？

一般情况下，大部分人发"mmmmm"的时候主要会体会到两个地方有振动感：一个是嘴唇，还有一个是鼻腔。请记住这种振动感。

这个时候，你可以随意调整自己的声调，发高一点或者低一点的"mmmmm"，此时再感受鼻腔及嘴唇处的振动感。你会发现，当声调变很高或很低时，振动感可能随之减弱，这就代表着共鸣效果的下降。通过不断调整声调，可以大致了解到自己鼻腔共鸣效果比较好的声调区间，以后说话用声时，尽量不要超出这个声调区间。

 试一试

> 现在，请你试一试，吸一口气，以自然的声调持续发"mmmmm"。然后想象自己要打哈欠，让口腔后部区域扩大。此时，除了嘴唇和鼻腔，感受一下：上颚前部（上排

牙龈后面一点的部位，即平时喝热饮或热汤时容易烫到的地方）有没有一点振动感？

如果没有，请参考上面帮助嘟嘴弹唇动作的图片。嘟嘴弹唇时，是用两根食指放在脸颊两侧。现在，可以尝试把手指更往内戳，嵌进两排牙齿中间。继续扩大口腔后部区域，说"mmmmm"，这样更容易体会到上颚前部的振动感。

上颚前部的振动感是为了告诉你，此时你的口腔共鸣主要集中于口腔前部，这样会有效提升共鸣效果，音量相应也会有一定的增强。当你体会并记住这种口腔前部共鸣的感觉以后，可以尝试下一步动作：吸一口气，持续发"mmmmm"，想象自己要打哈欠，扩大口腔后部区域，然后慢慢打开嘴唇发"a"音，整个过程连在一起形成"mmmmma"。在这一过程中，注意保持口腔前部的共鸣感，不要让振动感觉往后走。

当"mmmmma"练习得较好时，可以尝试其他的发音，如"mmmmmi""mmmmmu"。接下来可以循序渐进，减少前面"mmmm"的时间，直接练习"ma""mi""mu"，也可以不同组合放在一起说，如"mamami""mamimu"等。进一步还可不用鼻音开头，直接练习那些没有鼻音的单字或词语，同样确保在说这些字词时，共鸣的感觉相对靠前，这样能有效保证说话时的共鸣效果。

小　结

本节主要介绍了嗓音自我评估与保健的一些方法和技巧。在嗓音自我评估方面，主要介绍了嗓音障碍指数量表。作为教师群体，对自己的嗓音问题要更加重视，把量表中涉及的不同方面运用在日常生活中，对自己的嗓音健康状况进行适当的自我评估。在嗓音保健方面，应以"动力–声源–共鸣"模型为基础，从这三个方面进行全方位的训练与保健。动力方面，建议通过练习腹式呼吸，提供足够的动力储备；声源方面，建议以"哈欠及叹气"的方法放松声带，在大量用声前，用嘟嘴弹唇或吹吸管的方法暖嗓热身；共鸣方面，建议以感受哼鸣振动的方法，练习体会口腔前部振动感，以保持相对好的共鸣效果。

参考文献

［1］傅德慧,陈磊,崔壮,等.天津市47796名中、小学及幼儿园教师嗓音健康现状调查［J］.听力学及言语疾病杂志,2016,24（6）:559–564.

［2］韩德民,Robert T. Sataloff,徐文.嗓音医学（第2版）［M］.北京:人民卫生出版社,2017.

［3］吕丹,杨慧,徐亚男,等.小学教师嗓音疲劳测试结果分析［J］.听力学及言语疾病杂志,2016,24（5）:465–468.

［4］徐文,李红艳,胡蓉,等.嗓音障碍指数量表中文版信度和效度评价［J］.中华耳鼻咽喉头颈外科杂志,2008（9）:670–675.

［5］姚文礼,陈文琪.嗓音科学使用方法：教师及专业用声人士手册(第三版)［M/OL］.香港大学教育学院声线研究所,https://voice.edu.hku.hk/wp-content/uploads/sites/8/2020/11/attachment_Eng.pdf.

［6］Boone D R, McFarlane S C, Von Berg S L, et al. The voice and voice therapy[M]. 9th ed. New Jersey: Pearson Education, 2014.

［7］Roy N, Merrill R M, Thibeault S, et al. Voice disorders in teachers and the general population: effects on work performance, attendance, and future career choices[J]. Journal of speech, language, and hearing research: JSLHR, 2004, 47(3): 542−551.

［8］Yiu E M L. Impact and prevention of voice problems in the teaching profession: embracing the consumers' view [J]. Journal of voice: official journal of the Voice Foundation, 2002, 16(2): 215−228.

第二章　普通话语音

普通话是教师的职业语言,是教师运用语言进行教学的基础。一名合格的教师,必须能够熟练地发准普通话的声母、韵母、声调,掌握语流音变的规律,并具备一定的方言辨正能力。

在这一章,我们将学到的内容如表2-1所示。

表2-1　普通话语音主要内容

	我将学会这些技能（目标/产出）	我为什么要学习这些技能（需求/依据）	我将如何学到这些技能（过程/手段）	我如何知道已经掌握了这些技能（评价/测量/改进）
第一节 普通话语音概述	1. 语音的生理性质和物理性质 2. 音节、音素、元音、辅音、声母、韵母、声调等基本概念	1. 了解语音的生理性质和物理性质,可以帮助我们更好地控制发音器官 2. 掌握语音的基本概念,可以让我们理解发音的原理,发音准确	1. 理解概念 2. 在教师的指导下,通过实践,体会发音方法	通过课后练习,检查掌握情况
第二节 普通话声调	1. 了解声调概念 2. 掌握普通话四声	声调具有辨别语义、增强语言节奏感和感染力的作用	1. 理解声调调值 2. 在教师指导下,进行声调辨正训练 3. 利用"普通话智能评测及学习系统"进行训练	根据评价表逐项打分评价 自我反思总结
第三节 普通话声母	1. 掌握汉语拼音方案中声母的基本情况 2. 读准普通话声母	声母是音节开头的辅音,发好声母,可以让每个音节听起来清晰响亮,音节与音节间界限分明	1. 了解声母的发音部位和发音方法 2. 逐一学习《汉语拼音方案》中声母的发音 3. 利用"普通话智能评测及学习系统",对难点音进行辨正训练	根据评价表逐项打分评价 自我反思总结
第四节 普通话韵母	1. 掌握汉语拼音方案中韵母的基本情况 2. 读准普通话韵母	韵母是音节中声母后面的部分,发好韵母的音,可以让每个音节听起来圆润动听	1. 了解韵母的分类 2. 逐一学习《汉语拼音方案》中韵母的发音 3. 利用"普通话智能评测及学习系统"对难点音进行辨正训练	根据评价表逐项打分评价 自我反思总结

（续表）

	我将学会这些技能（目标/产出）	我为什么要学习这些技能（需求/依据）	我将如何学到这些技能（过程/手段）	我如何知道已经掌握了这些技能（评价/测量/改进）
第五节 普通话语流音变	1. 了解语流音变的概念 2. 掌握语流中的变调、轻声、儿化、语气词"啊"的音变	掌握普通话中语流音变的规律，可以让我们的普通话更加纯正、地道	1. 分类学习语流音变的规律 2. 在教师指导下，进行音变训练	根据评价表逐项打分评价 自我反思总结

总评价：普通话水平测试。

第一节　普通话语音概述

一、语音的性质

声音是语言的物质外壳，语言的交际作用是通过代表一定意义的声音来实现的。这种代表一定意义的声音就是语音。

我们可以从生理性质和物理性质两方面来认识语音。

（一）语音的生理性质

语音的产生：物体的振动产生声音，语音则是由人的发音器官发出来的。发音器官活动的部位和方法不同，就会发出不同的声音。

我们先来看一下和发音有关的人体器官，如图2-1所示。

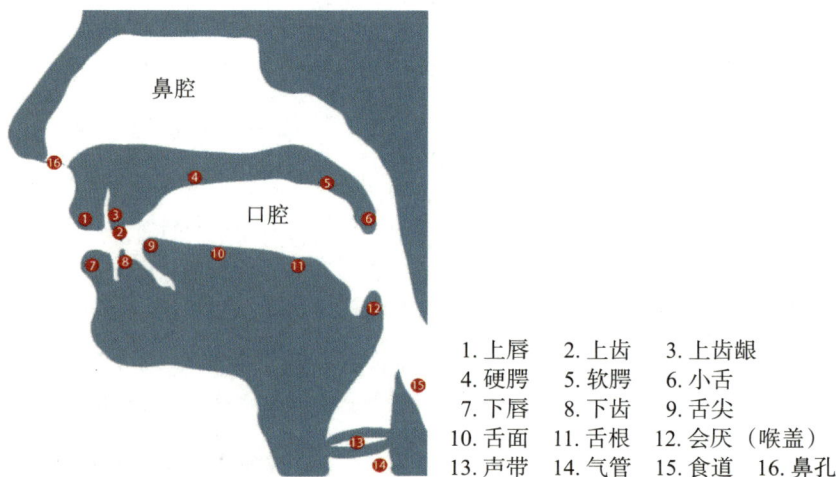

1. 上唇　2. 上齿　3. 上齿龈
4. 硬腭　5. 软腭　6. 小舌
7. 下唇　8. 下齿　9. 舌尖
10. 舌面　11. 舌根　12. 会厌（喉盖）
13. 声带　14. 气管　15. 食道　16. 鼻孔

图2-1　发音器官示意

人的发音器官是由呼吸器官和消化器官兼任的。包括以下几个部分：

（1）呼吸器官 $\begin{cases} 肺（产生气流）\\ 气管（输送气流） \end{cases}$

（2）振动器官——喉头和声带

　　　　　　　气流振动声带发出声音。

试一试

　　请将手放在喉头，尝试着说一句话，感受一下气流对声带冲击产生的振动。

（3）咬字器官——舌、唇、齿及齿龈、硬腭、软腭等

　　　　　　　咬字器官的运动对喉部发出的声素和肺呼出的气流加以节制，从而

　　　　　　　形成音素和音节。

（4）共鸣器官

A. 头腔（包括鼻腔）：软、硬腭以上

　　　　　　　——高频泛音区　声音高亢、响亮

B. 口腔：硬腭以下，胸腔以上

　　　　　　　——中频泛音区　声音丰满、圆润、庄重

C. 胸腔：喉部以下

　　　　　　　——低频泛音区　声音浑厚、低沉

　　另外，人体中还有一些零星的小共鸣腔，受过专门训练的人可以有意识地利用这些共鸣腔，让声音更有特色。

（二）语音的物理性质

　　声音由物体振动而产生，可以分为四个要素。

　　（1）音高—高低，即声音的高低，取决于发音体在一定时间内颤动次数的多少。次数多则音高高，次数少则音高低。与声带的长短、厚薄、松紧有关。

　　（2）音强—强弱，即声音的大小，取决于一定时间内音波振动幅度的大小。用力大，呼出的气流对发音器官冲击力强，幅度就大，声音就强。反之亦然。

　　（3）音长—长短，即音波存在时间的长短。

试一试

　　请大声读：一、姨、已、亿。体会一下：普通话的四声，哪个声调音长最长？哪个最短？

　　[ˉ（次短）　ˊ（次长）　ˇ（最长）　ˋ（最短）]

（4）音色—特色、本质，即声音的个性、特色，具有区别意义的作用，取决于音波颤动的形式。

想一想

> 语音的四要素在普通话里是如何表现的呢？

二、语音的基本概念

（一）音节

"语音"是对表达语言的声音的总称，它实际上是一连串有意义的人声。

例如汉语的"jintianxingqiyi"，这一连串声音的中间，事实上是有停顿的，可以从听感上分解为"jintian""xingqiyi"，还可以从更小的停顿上分为"jin//tian//xing//qi//yi"，这五个小的不可以再分的自然语音片段就是五个音节，这五个音节可以用五个汉字"今天星期一"写出来。

音节就是听觉上最自然，也最容易分辨出来的语音单位，是语音结构的基本单位。

就现代汉语来说，音节和汉字基本上是一对一的，每发一个音节，声带紧张一次；每听到一个音节，一般对应为一个汉字。如"同学"是两个音节，"不要紧"是三个音节，"一路平安"是四个音节。

汉语中往往是一个汉字代表一个音节，如"飘（piāo）"，是一个音节，而"皮袄（pi'ǎo）"，虽然与"飘"的音素完全相同，但发音时中间有短暂间隔，因而是两个音节，一听就可以分辨出来。

（二）音素

音节也是由一些音质不断改变的最小的语音片段组成的，如果按音色的不同去进一步划分，就会得到一个个最小的各有特色的单位，这就是音素。例如："爸（bà）"从音色的角度可以划分出"b"和"a"两个不同的音素；"刊（kān）"可以划分出"k、ɑ、n"三个音素。

因此，音素是最小的语音单位，它是从音色的角度划分出来的。每一个音素都有不同的音色。

一种语言的语音系统大多是由几十个不同的音素组成的。

普通话一共有32个音素（见表2-2）。

表2-2 普通话音素

书 写 办 法	音 素 符 号
一个字母代表一个音素	a、o、e、u、b、p、m、f、d、t、n、l、g、k、h、j、q、x、r、z、c、s

（续表）

书 写 办 法	音 素 符 号
一个字母与特定字母组合后代表一个音素	i 〔ji、qi、xi的i zi、ci、si的-i［前］ zhi、chi、shi、ri的-i［后］〕
两个字母代表一个音素	er、ng、zh、ch、sh
一个字母加一个符号代表一个音素	ê、ü

现代汉语普通话里的一个音节可以：

① 只有一个音素，比如 ā、è；

想一想

> yì、wǔ，是几个音素？
>
> 这两个音节看起来是两个拼音符号，但实际上发音只是一个音素。

② 也可以有两个音素，比如 gē、ài；

③ 还可以有三个音素，比如 xué、nán；

④ 最多可以有四个音素，比如 piào、nián、xiōng。

（三）元音和辅音

音素分为元音和辅音两大类。

一段话总是由一些音质不断改变的最小音段组成的。我们可以根据发音动作的不同把这些最小音段切分为开放型和封闭型两大类。气流从喉腔、咽腔进入口腔，从唇腔出去时，这些声腔完全开放，气流能顺利通过，这样产生的最小音段就是开放型的，如果这条通路的某一部分封闭起来，气流被阻不能畅通，这样产生的最小音段就是封闭型的。在一段话里，开放型音段和封闭型音段总是交替出现，形成音质各不相同的、连续不断的最小音段。传统语音学把开放型的最小音段称为"元音"，把封闭型的最小音段称为"辅音"。

普通话元音共10个：a、o、e、i、u、ü、ê、er、-i［前］、-i［后］。

元音又叫母音，是指发音时，气流振动声带，在口腔、咽头不受阻碍而形成的音。语音学中一般采取生理分类法，也就是根据舌头的位置和嘴唇的形状对元音进行分类和描述，包括舌头的前后、舌位的高低、嘴唇的圆展。

普通话辅音共22个：21个声母（b、p、m、f、d、t、n、l、g、k、h、j、q、x、zh、ch、sh、r、z、c、s）、ng

辅音又叫子音，是指发音时，气流在口腔或咽头受到一定的阻碍的声音。辅音发音时，气流通过口腔或者鼻腔时会受到阻碍，通过克服阻碍而发出声音。因此，我们可以从两个方面来研究声母的发音：

① 发音部位,即气流受到阻碍的部位。

普通话发音部位可以分为双唇、唇齿、舌齿、舌尖与齿背、舌尖与齿龈、舌尖与硬腭、舌叶与齿龈等。

b、p、m(上唇、下唇),f(上齿和下唇)

d、t、n、l(舌尖和上齿)

g、k、h(舌根后面和软腭)

j、q、x(舌面前和硬腭中部)

zh、ch、sh、r(舌尖和硬腭前部)

z、c、s(舌尖和上齿背)

② 发音方法,即气流克服阻碍发出声音的方法。

根据气流通过阻碍时所采取的方式,可以分为塞音、擦音、塞擦音、鼻音、边音。

根据声带是否颤动,可以分为清音和浊音。清音声带不颤动,发出的声音不响亮;浊音气流呼出时,颤动声带,发出的音比较响亮,如m、n、l、r。

根据气流的强弱,可以分为送气音和不送气音。

元音和辅音的区别主要表现在音色上。

(1)元音发音时,气流不受阻碍,是开放型的;

辅音发音时,气流通过口腔、鼻腔时要受到阻碍,是封闭型的。

例如:辅音b受双唇阻碍;f受上齿和下唇阻碍;g受舌根后面和软腭阻碍。

这是元音和辅音最主要的区别。

(2)元音发音时,发音器官各部位保持均衡的紧张状态;

辅音发音时,构成阻碍的部位比较紧张,其他部位比较松弛。

(3)元音发音时,气流较弱;

辅音发音时,气流较强。

(4)元音发音时,声带要振动,发出的声音比较响亮,可唱可延长;

辅音发音时,有的声带振动,声音响亮,如m、n、l、r;

有的声带不振动,声音不响亮,如b、t、z、c;

辅音有的可唱可延长,有的不可。

(四) 声母、韵母、声调

1. 声母

声母指音节中位于元音前面的那部分,大多是音节开头的辅音。普通话22个辅音中除"ng"不能当声母外,其余的都可以作声母,也就是说,普通话一共有21个辅音声母,即b、p、m、f、d、t、n、l、g、k、h、j、q、x、zh、ch、sh、r、z、c、s。

此外,有的音节开头的音素不是辅音,就是说音节的声母为零。语音学上称为"零声母",这样的音节称为"零声母音节",如"藕ǒu""肮āng"等。有了零声母的概念,可以说,普通话里所有的音节都有声母,都可以分为声母、韵母两部分。

声母由辅音构成,所有的声母都是辅音。但不能说凡是辅音都是声母。普通话里有22

个辅音,有20个专为声母。一个辅音"n",既作声母,也充当韵尾;另一个辅音"ng"只充当韵尾,不作声母。

2. 韵母

韵母指音节中声母后面的部分。普通话韵母一共有39个,其中,

单韵母有10个:ɑ、o、e、i、u、ü、-i(前)、-i(后)、ê、er。

复韵母有14个,包括二合韵母9个:ɑi、ei、ɑo、ou、iɑ、ie、uɑ、uo、üe;三合韵母4个:iɑo、iou、uɑi、uei。

鼻韵母16个,包括前鼻音尾韵母8个:ɑn、en、iɑn、uɑn、üɑn、in、uen、ün,后鼻音尾韵母8个:ɑng、iɑng、uɑng、eng、ing、ueng、ong、iong。

3. 声调

声调指音节中具有区别意义作用的音高变化。例如"老 lǎo",读起来先降低然后又上升,这种先降后升的音高变化形式和升降幅度就是音节"老"的声调。

普通话有四种基本声调:阴平、阳平、上声、去声。

练一练

> 请用线段将下列概念与具体例子连接起来。
>
> 音节　　　　　　　　　　sh、k、t、r
> 元音　　　　　　　　　　ɑ、i、u、b、f、d、s
> 汉字　　　　　　　　　　i、u
> 辅音　　　　　　　　　　元、辅、音、素
> 音素　　　　　　　　　　某人嘴里发出的"yuán"这个语音

第二节　普通话声调

一、声调的概念

(一) 声调的定义

声调是贯穿于整个音节的具有区别意义作用的音高变化。

注意
1. 声调的音高是相对音高,不是绝对音高。
2. 声调的高低升降变化是渐次的、滑动的,而不是跳跃的。

（二）声调的作用

（1）具有辨别语义的功能。

试一试

请大声读下面两句话，感受声调的作用。
① 从山西运来一火车松树。
② 从陕西运来一货车松鼠。

（2）具有减少音节数量的作用。一种语言，声调数量越多，音节数量往往就越少。英语有两三千个音节。汉语普通话只有大约410个音节。

（3）具有增强语言节奏感和感染力的作用。

想一想

你的名字包含几个声调？
试着把你名字的字都换成第一声，读起来有什么感觉？

试一试

请为下面这首诗中的每一个字标上声调，你发现了什么？
春夜喜雨
好雨知时节，当春乃发生。随风潜入夜，润物细无声。

二、普通话的四声

（一）普通话声调的概念

想一想

我们学汉语拼音时，四声是怎么标的？为什么会这样标呢？

请看图2-2的声调调值,这种标注声调的方法,我们称为"五度标调法"。

原理:

用一条竖线作为比较线,表示人说话时的音域。上标五点,从上往下依次标以数字5、4、3、2、1,分别代表高音、半高音、中音、半低音、低音。在竖线左边用带箭头的曲线表示不同声调的音高变化。

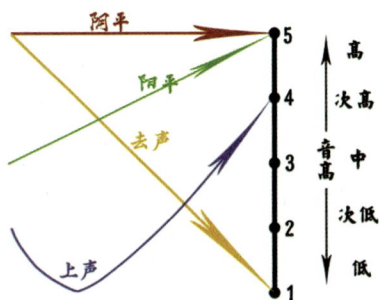

图2-2　普通话声调

从图2-2中,我们可以看到有关普通话声调的几个概念。

调值: 声调的实际读音,也就是音节的高低、升降、曲直、长短的变化形式。

调名: 阴平、阳平、上声、去声。

调号: 表示声调的符号。

普通话有四个声调。第一声也叫阴平声,调值是55;第二声也叫阳平声,调值是35;第三声也叫上声,调值是214;第四声也叫去声,调值是51。

普通话的声调具有以下三个特点。

① 四个声调的调型有明显的区别。一平、二升、三曲、四降。除阴平外,其他三个声调升降的幅度都比较大,所以普通话听起来抑扬交错,音乐性很强。② 高音成分多。阴平、阳平、去声都有最高度5,上声末尾也到4,所以普通话语音显得比较高昂。③ 四个声调的长度有一定的比例。从发声长短来说,上声最长,阳平次长,去声最短,阴平次短,在词语中形成和谐的节奏。

我们可以用四句话来归纳普通话声调的特点:

阴平,起音高高一路平。

阳平,由中到高往上升。

上声,先降后升曲折起。

去声,高起猛降到底层。

(二) 学习普通话声调的难点

声调是学习语音的难点,它比任何声母、韵母都难掌握。

1. 阴平

阴平调值是55,发音时声带始终拉紧,声音又高又平,阴平有为其他三个声调定高低的作用,如果阴平调值掌握不好,会影响其他声调的发音。有些人阴平读得过低或过高,造成去声降不下来,阳平高不上去的问题。

2. 阳平

阳平调值是35,发音时声带由不松不紧到逐渐拉紧,声音由不高不低升到最高。多数人读不好这个调值是高音升不上去,主要原因是起点太高,声带已相当紧了,无法再紧,音高也就不能再升。纠正的方法是设法先把声带放松,然后拉紧。可以先读一个去声,把声带放松,紧接着读一个升调,这样可以读出接近阳平的调值。多读去声和阳平相连的词语,有助于练好阳平。

3. 上声

上声调值是214,发音时声带由较松慢慢到最松,再很快地拉紧。声音由较低慢慢到最低,再快速升高。在朗读和谈话中,上声的基本调值出现的机会很少,经常出现的是变化之后的调值。但是基本调值是变化的基础,掌握了基本调值才能掌握它的变化,所以首先应读准上声的本调。读上声时主要的问题是起点高,降不下来,给人的感觉是拐弯不够大,也有的人虽有拐弯,但前面下降的部分太短,后面上升的部分太长。练习上声时,首先应设法把声带放松,使声调的起点降低,并尽量把低音部分拖长。可以先读一个去声,以帮助放松声带和增加前半段的长度,并使气流不中断,紧接着念个短促的升调,就能读出较正确的上声了。

4. 去声

去声的调值是51,发音时声带先拉紧,后放松,声音从最高降到最低。多数人读去声时并不感到困难,但也有少数人降不下去。可用阴平带去声的方法来练习,即先发一个阴平,使声带拉紧,再在阴平的高度上尽量把声带放松,就能读出全降调的去声了。多读阴平和去声相连的词语,有助于读好去声。

三、普通话声调训练

(一)基础练习

请按普通话四声的调值念下面的音节。

【练习1】

非	肥	匪	费		翻	凡	反	贩
乌	吴	武	误		优	油	有	又
迂	鱼	雨	玉		风	冯	讽	奉
腰	姚	舀	要		通	同	桶	痛
辉	回	毁	惠		抛	袍	跑	炮
涛	陶	讨	套		先	嫌	险	现

【练习2】

中	华	有	志		丰	年	景	象
坚	持	改	进		英	雄	好	汉
新	型	体	制		精	神	可	佩
发	扬	巩	固		千	锤	百	炼
中	华	伟	大		光	明	磊	落
山	河	美	丽		科	学	有	用
山	明	水	秀		钻	研	努	力

花	红	柳	绿	阴	阳	上	去
风	调	雨	顺	高	扬	转	降

【练习3】

破	釜	沉	舟	调	虎	离	山
奋	起	直	追	覆	水	难	收
逆	水	行	舟	字	里	行	间
步	履	维	艰	痛	改	前	非
救	死	扶	伤	笑	里	藏	刀
妙	手	回	春	信	以	为	真
袖	手	旁	观	异	口	同	声
弄	巧	成	拙	万	古	流	芳

【练习4】

按时——暗示——安适　　官吏——管理——惯例
边界——变节——辩解　　礼节——理解——历届
补发——步伐——不法　　声称——生成——省城
餐具——残局——惨剧　　诗集——时机——实际
穿通——传统——串通　　通知——同志——统治
初期——出奇——出气　　仙境——险境——陷阱
抵制——地址——地质　　妖艳——谣言——耀眼
抚育——赋予——富裕　　争辩——整编——政变

【练习5】

发达	国家	黑白	石油	食物	削减
活跃	积极	急忙	滑雪	血管	压力
即使	揭露	接触	杂技	乐器	阅读
结算	截止	决定	直径	职业	只要
缺点	确实	摄影	不久	百万	祝福

（二）声调辨正训练

1. 阴平声调的辨正

读阴平经常有人读得偏低，要注意它是高而平的调值，高度和去声的起音平齐。因此，可以利用去声去引导读阴平，把握55调值。

【练习1】

充55分51　　参55照15　　开55路51　　栽55种51　　拍55卖51　　工55作51

2. 阳平声调的辨正

常见的问题是起音有一小段降势，然后才往上升，成了曲折调，调值是435或325；还有人起点偏高，因而升不上去；或是升幅减小，调值成了45；还有人起点和终点都低1度，成了24。

矫正方法：起讫点应该是35，要升得直，不拐弯儿。情绪别紧张，别乱了方寸。声调的调值变化是音高变化，它的要素是高低、升降和曲直。阳平要中升（起音的高度是中等）而直，收音比起音强，一定要建立起音高的概念，熟练掌握音高变化技巧。

【练习2】

用去声引导阳平。

来35去51	随35便51	回35味51	神35圣51	嘲35笑51
去51来35	便51民35	退51回35	圣51城35	忘51怀35

3. 上声声调的辨正

上声在四声里难度最大，常见的问题有三：一是低音段不够低，不够长；二是起音过高，因而降幅大；三是上升段或是没有，或是收音过重。

矫正方法：低音段11最重要，须保持足够的长度；起音防止过高，形成明显降势；升段音高幅度虽然大，但也要快；收尾可以强，但要防止夸张；缺少升音段的要补上。

【练习3】

下列词语或句子中最后一个音节如果是上声，请按2114调值发音。

阅览　特准　跳舞　路阻　六百　不买　絮语　地理　报纸

山高路远　粉红的四米　每件四块五

春眠不觉晓(2114)，处处闻啼鸟(2114)。

夜来风雨声，花落知多少(2114)。

【练习4】

上声音节处于句中停顿处，有念2114（全上）调值的，也有念211（半上）调值的。

a：请问去浙江图书馆2114O坐几路车？（图书馆后没有标点，但有逻辑停顿，好让对方明白）

b：山O朗润起来了，水2114O涨起来了，太阳的脸2114O红起来了。（分句的主语都有逻辑停顿，求得语义显豁）

c：我也很好211，谢谢！您家里人都好吗？（首句逗号前的主谓结构是"我"，念强调重音，其后3个音节形成下降的语调斜坡，语势减弱）

【练习5】

上声音节处于句末，也有全上和半上两种，原因与练习2一致。

a：找给我的钱是一块八，不是一块九2114。

b：该降的要降，该免的要免2114。

这两句的重音都在分句末尾音节，"八"和"九"对比，是语调高峰，"降"和"免"呼应，上声念2114。

c：我只懂英语211，不懂法语211。

d：印花儿布请到对面柜台去买211。

这两句的语调高峰（强调重音）不在分句或单句末尾音节，而在"英""法"和"面"上，句末音节语势减弱，形成下降斜坡，所以念211。

4. 去声声调的辨正

常见的问题是读半截子去声，从5度降到4度或3度就没有了。解决读半截子的问题，首先要认识到去声是声带由最紧5到最松1的下滑状态，读半截就是不能将声带降至最松，因此第一步可以先读上声的前半截，将声带放松到最松，体会声带最松的感觉，第二步读一个阴平，体会声带最紧的感觉，然后顺势下划，往最松的感觉读，就是一个去声。要读准普通话四声，最重要的是要体会声带的松紧感觉，以便把握声调的调形和具体的调值。

【练习6】

● **阴平 + 去声**

黑夜　发动　波浪　公共　音乐　方向　黑暗　希望

● **去声 + 上声**

报纸　跳舞　历史　翅膀　彻底　幻想　妇女　戏曲

【练习7】

声调对比练习

● **阴平与阳平对比练习**

欺人——旗人	呼喊——胡喊	知道——直道
掰开——白开	包子——雹子	大锅——大国
拍球——排球	窗帘——床帘	大哥——大格
抽丝——愁思	小蛙——小娃	大川——大船
开初——开除	抹布——麻布	猎枪——列强

● **阳平与上声对比练习**

情调——请调	琴室——寝室	战国——战果
小乔——小巧	返回——反悔	老胡——老虎
牧童——木桶	大学——大雪	菊花——举花
直绳——纸绳	白色——百色	洋油——仰游

● **阳平与去声对比练习**

大麻——大骂	钱款——欠款	正直——政治
发愁——发臭	布娃——布袜	斗奇——斗气

同情——同庆　　　壶口——户口　　　凡人——犯人

白军——败军　　　肥料——废料　　　协议——谢意

- **绕口令练习**

堂端糖汤，

要去塘上堂，

汤烫糖又淌，

汤淌糖又烫，

堂堂躺堂上。

舅舅架鸠,鸠飞舅舅揪鸠。

妈妈骑马,马慢妈妈骂马。

妞妞轰牛,牛拧妞妞拧牛。

 **练一练**

有兴趣的同学可以在互联网上搜索"畅言网"www.iasy365.com，完成其中的"声调练习"。

对于普通话声调，请利用表2-3对自身掌握的情况作一个评价。

表2-3　普通话声调评价

	优	良	中	差
阴平				
阳平				
上声				
去声				

存在的问题：

第三节　普通话的声母

一、普通话声母的概念

声母，就是汉语音节中开头的辅音。它既在音节的开头，又必须是辅音，并且只有一个辅音。在普通话中，声母除少数（如 ng）例外，一般不独立自成音节，必须和韵母结合起来使用。

普通话一共有 21 个声母，《汉语拼音方案》规定了声母的顺序和呼读音。

回顾 普通话的声母有哪些？大声读一下这些声母。

辅音多数不带音，不响亮，所以声母的本音往往听不清，不便于呼读。我们平常所读的声母的音，并不是声母的本音，而是在本音后面加一个元音构成的呼读音。声母后所加的音，一律在本音的后面，大致情况如下。

❖ 在本音后面加 o：b、p、m、f
❖ 在本音后面加 e：d、t、n、l、g、k、h
❖ 在本音后面加 i：j、q、x
❖ 在本音后面加 –i：zh、ch、sh、z、c、s、r

注意 在读拼音时，声母要念本音，不能念呼读音。

二、普通话声母的分类

回顾 请回忆上一节的内容，思考：辅音发音的特征是什么？
假如请你为普通话的声母分类，你会从哪些角度入手？

辅音发音最基本的特征是：发音时气流在口腔中会遇到各部分发音器官造成的阻碍，不能自由通过。因此，声母发音的过程也就是气流受阻和克服阻碍的过程。也就是说，普通话 21 个声母的音值都是由形成什么样的阻碍，以及气流如何冲破阻碍这两个问题决定的。因此，可以按发音部位和发音方法对声母进行分类。按发音部位可以分为 7 类；按发音方法可以分为 5 类。

（一）声母的发音部位

发音部位，指的是发音时气流在发音器官中受到阻碍的部位。

根据气流在口腔中受阻的部位，可以将声母分为以下7类。

（1）双唇音：b,p,m。上唇和下唇构成阻碍。

（2）唇齿音：f。上齿和下唇构成阻碍。

（3）舌尖前音：z,c,s。舌尖和上门齿背构成阻碍。

（4）舌尖中音：d,t,n,l。舌尖和上齿龈构成阻碍。

（5）舌尖后音：zh,ch,sh,r。舌尖向硬腭的最前端接触或接近构成阻碍。

（6）舌面音：j,q,x。舌面前部和硬腭前部接触或接近构成阻碍。

（7）舌根音：g,k,h。舌根和软腭构成阻碍。

其中，（3）、（4）、（5）统称为舌尖音。因舌尖在声腔中最为灵活，可以前伸，可以上翘，从下齿背到硬腭都是舌尖能够接触到的地方，所以形成了专门的舌尖音。

（二）声母的发音方法

声腔由气流畅通到形成阻碍，一定会有一个动程。这个动程按时间顺序可分为三个阶段：

（1）发音器官的活动部分开始向固定部分靠拢形成阻碍，称为"成阻"阶段；

（2）形成阻碍部分的肌肉保持一段时间的紧张，使阻碍持续，称为"持阻"阶段；

（3）活动部分脱离固定部分，肌肉放松，阻碍解除，称为"除阻"阶段。

在动程的不同阶段采取不同的阻碍方式来发音，就形成了不同的辅音。

分析辅音的发音方法，就要看在整个动程中阻碍的方式以及其他方面都发生了哪些变化。

1. 阻碍方式

辅音的阻碍方式指的是气流通过阻碍时所采取的方式，主要有以下5种。

1）塞音

塞音：持阻阶段阻碍完全闭塞，使气流无法通过，声音短暂间歇，维持到除阻阶段，阻碍突然放开，气流骤然冲除，从而形成极为短暂的瞬音。发音时阻碍必须使声门完全闭塞，因此称为"塞音"或"闭塞音"。如b、p、d、t、g、k，发音时构成阻碍的上下部位靠紧，然后气流突然冲破阻碍，爆发成音。

> **注意**　我们不把塞音称为爆破音。

2）擦音

擦音：持阻阶段阻碍并不完全闭塞，让气流挤出去形成湍流，产生的紊音。气流挤过阻碍时必然发生摩擦，因此称为"擦音"或"摩擦音"。语言中常见的11种发音部位都能产生擦音。如f、h、x、sh、r、s，发音时，构成阻碍的上下部位靠近，留下窄缝，气流从窄缝中挤出，摩擦成声。擦音通过阻碍时，由于持阻阶段没有完全闭塞，气流要比塞音弱一些，擦音的持阻时间可以任意延长,只要气流不断,就一直有声音。到除阻阶段,阻碍解除,声音自然消失,和塞音一发即逝、无法延长的性质截然不同。

　　3）塞擦音

🎈 **想一想**

　　从"塞擦音"这一名称看,其发音动程应该是怎样的?

　　成阻阶段阻碍完全闭塞,气流无法通过;进入持阻阶段后阻碍略略放松,让气流挤出去产生摩擦,形成一种先塞后擦的音,称为"塞擦音"。塞擦音中闭塞部分和摩擦部分结合得很紧,一般把它看成是一个发音动程。如果把塞擦音延长,就变成了擦音。塞擦音的发音部位一般在中舌面之前,舌面之后的塞擦是比较少见的。如 j、q、z、c、zh、ch,发音时,构成阻碍的上下部位开始靠紧,然后气流冲开一条窄缝,接着从窄缝中挤出,摩擦成声。塞擦音是塞音和擦音紧密结合形成的一个语音单位。

　　4）鼻音

　　成阻阶段口腔里形成的阻碍完全闭塞,但软腭下降,打开气流通往鼻腔的通路,在持阻阶段气流能顺利从鼻腔出去,形成鼻音。鼻音是可以任意延长的。一般鼻音都是浊音性的,发音时声带颤动产生周期性声波,因此有它的特殊共振峰模式。如 m、n,发音时口腔发音器官构成阻碍的上下部位靠紧,软腭下降,打开鼻腔通路,气流从鼻腔通过,发出声音。

　　5）边音

　　舌尖形成阻碍不让气流通过,但舌头两边或一边留出空隙,让气流从舌边流出,这样发出的声音称为"边音"。边音和鼻音一样,一般都是浊音,有它的特殊共振峰模式,普通话的边音是"l"。舌尖形成阻碍的部位可以在齿龈,也可以在硬腭前部。

2. 声带是否振动

　　发辅音时声带振动的、较响亮的声音是浊音,如 m、n、r、l;声带不振动、不响亮的声音是清音,如 k、t、p、f。

3. 气流的强弱

　　根据除阻后呼出气流的强弱,可以把塞音、塞擦音这两类共 12 个声母分为送气音和不送气音。送气音:p、t、k、q、ch、c。不送气音:b、d、g、j、zh、z。

🎈 **想一想**

　　仔细观察上面的送气音和不送气音,你有没有发现什么规律?

（三）零声母

普通话音节的开头除了会用上面分析的21个辅音做声母外，还有一些不以辅音而用元音开头的，这些一般被认为是没有声母的音节。没有声母的音节，习惯上称为"零声母"。

零声母大致有以下几种情况：① 全音节是a、o、e开头的，如啊 ā，安 ān，欧 ōu；② 全音节是i开头的，如衣 yī，央 yāng，拥 yōng；③ 全音节是u开头的，如屋 wū，弯 wān，翁 wēng；④ 全音节是ü开头的，如淤 yū，渊 yuān，晕 yūn。

注意

前面有y、w的音节，实际上是以i、u、ü作为开头音的。y、w是为了隔音而用，如衣 yī，鱼 yú，屋 wū。

三、普通话声母综合说明与训练

普通话的音节由声母、韵母和声调三部分组成，声母是音节的开头部分，传统的名词叫"字头"。声母由辅音充当，而辅音的特点是时程短（除擦音f、h、x、sh、s、r外）、音势弱，很容易受到干扰，也很容易产生"吃字"现象，从而影响语音的清晰度和可懂度。所以发声母时要努力做到"咬得准、发得清"，使整个音节完整、清晰。

（一）舌尖中音：d、t、n、l

舌尖中音，指舌尖抵住上齿龈，气流在这一部位受到阻碍后发出的声音。

练习时注意成阻部位要准确，舌尖要有力度。调整好气息，使受腹部控制的气流，不断地冲击成阻部位，让舌尖灵活有力地弹击上齿龈，要能够敲响它，形成舌尖阻碍被突然冲开的感觉，不要拖泥带水。注意，着力点放在舌尖上。

d，舌尖中音、不送气音、清音、塞音。

发音时舌尖抵住上齿龈，软腭上升，堵塞鼻腔通道，声带不颤动，较弱的气流冲破舌尖和上齿龈的阻碍，迸发而出，爆破成声。如：

大豆 dà dòu	单调 dān diào	等待 děng dài	当地 dāng dì

t，舌尖中音、送气音、清音、塞音。

发音时除冲破阻碍用较强的气流外，其他情况和d完全一样。如：

逃脱 táo tuō　　体贴 tǐ tiē　　天堂 tiān táng

跳台 tiào tái　　淘汰 táo tài　　团体 tuán tǐ

n，舌尖中音、浊音、鼻音。

发音时，舌尖抵住上齿龈，软腭下降，阻塞气流在口腔中的通路。打开鼻腔通道，气流从鼻腔出来，同时颤动声带。如：

农奴 nóng nú　　能耐 néng nài　　男女 nán nǚ

扭捏 niǔ niē　　袅娜 niǎo nuó　　南宁 nán níng

l，舌尖中音、浊音、边音。

发音时舌尖顶住上齿龈，软腭上升，堵住鼻腔通路。气流振动声带，从舌头前部的两边通过。如：

留恋 liú liàn	联络 lián luò	理论 lǐ lùn
玲珑 líng lóng	冷落 lěng luò	流露 liú lù

【总结】

d、t的发音部位是舌尖和齿龈；n是"舌尖中阻""鼻音"，发音时，舌尖前面用力，上下齿接近，鼻的气息轻；l是"舌尖中阻""边音"，发音时，舌尖顶住齿龈，比n稍后，声带颤动，气息由舌前部两边出来，最后，舌尖放下，发音结束。

注意

n、l两个音，发音方法完全不同，n是鼻孔出气，l是舌头两边出气。都是浊音。

>>> **【鼻音和边音辨正训练】**

试一试

你知道n和l正确的发音方法吗？请试一试以下做法并作对比。

做法一：按照n的发音要求做好发音准备，然后用拇指和食指捏住鼻孔并试图发n音。如果有很强的憋气的感觉，说明发音的部位和方法正确，松开拇指和食指，带上元音e或a呼读，n则自然成声；反之则错误。

做法二：按照l的发音要求做好发音准备，然后用手捂住嘴巴，并试图发l音。如果两腮鼓起并伴有憋气的感觉，说明符合发音要求，移开手掌，带上元音e或a呼读，l则自然成声。

小提示

练习发边音时可适当地将嘴咧开一些，这样可以帮助气流从舌头两边顺利流出。

读准：忍耐 rěn—nài　　烂泥 làn—ní　　安娜 ān—nà

>>> **【发音练习】**

【练习1】鼻边音组词练习。

• n—l

纳凉	那里	奶酪	年龄
暖流	鸟类	农林	女郎

● l—n

冷暖	留念	老牛	老农
来年	烂泥	凌虐	蓝鸟

【练习2】对比辨音练习。

大路——大怒	涝灾——闹灾
小牛——小刘	内胎——擂台
无奈——无赖	脑子——老子
宁静——邻近	思念——思恋
女客——旅客	南天——蓝天
呢子——梨子	大娘——大梁

【练习3】绕口令。

> 蓝帘子内男娃娃闹，
> 搂着奶奶连连哭，
> 奶奶只好去把篮子拿，
> 原来篮子内留了块烂年糕。

> 老龙恼怒闹老农，
> 老农恼怒闹老龙，
> 龙怒龙恼农更怒，
> 龙闹农怒龙怕农。

（二）舌尖后音：zh、ch、sh、r

舌尖后音，指舌尖后移与齿龈后部接触构成阻碍发出的一种辅音，发音时易和舌尖前音相混。从发音部位上说，易产生两种语音错误，一种情况是：声母发得比较靠后，把翘舌音发成了卷舌音；另一种情况是发音偏前，舌位较平，接近于平舌音的位置。

> **小提示**
>
> 矫枉不妨过正，舌尖尽量后移，顶住硬腭前部，再发舌尖后音，听起来就不那么偏前了。发音时注意要下巴松弛，牙关打开，气息通畅。

zh，舌尖后音、不送气音、清音、塞擦音。

发音时，舌尖向上翘起，顶住硬腭前部，软腭上升，堵住气流通道，声带不颤动。让较弱的气流冲开舌尖的阻碍，从窄缝中挤出摩擦成声。如：

主张 zhǔ zhāng	珍重 zhēn zhòng	茁壮 zhuó zhuàng
战争 zhàn zhēng	支柱 zhīzhù	站长 zhàn zhǎng

ch,舌尖后音、送气音、清音、塞擦音。

发音时,情况和zh相同,只是从窄缝里挤出来的气流较强。如:

车床 chē chuáng　　　蹰躇 chóu chú　　　出产 chū chǎn
驰骋 chí chěng　　　抽查 chōu chá　　　长城 cháng chéng

sh,舌尖后音、清音、擦音。

发音时舌尖向上翘起,接近硬腭前部,留出窄缝,软腭上升,堵塞鼻腔通路,声带不颤动。
气流从窄缝中挤出,摩擦成声。如:

闪烁 shǎn shuò　　　少数 shǎo shù　　　史诗 shǐ shī
神圣 shén shèng　　　事实 shì shí　　　设施 shè shī

r,舌尖后音、浊音、擦音。

发音时情况和sh相近,只是要振动声带。如:

荣辱 róng rǔ　　　软弱 ruǎn ruò　　　容忍 róng rěn　　　闰日 rùn rì

注意

r 的发音容易出现以下问题。

（1）声母r和零声母混淆,如:

肉 ròu→yòu（音同"又"）、人 rén→yín（音同"银"）、乳 rǔ→yǔ（音同"雨"）。

（2）声母 r 和声母 l 混淆。如:

肉 ròu→lòu（音同"漏"）、让 ràng→làng（音同"浪"）、饶 ráo→láo（音同"劳"）。

>>> **【发音练习】**

【练习1】读准下列词语

r	冉冉	仍然	荣辱	柔软	软弱	容忍
r·y	容易	仁义	热药	日月	人员	软硬
r·y	鱼肉	圆润	有人	音容	优柔	依然

【练习2】r、l对比辨音

碧蓝——必然　　　　娱乐——余热
阻拦——阻燃　　　　囚牢——求饶
卤汁——乳汁　　　　露馅——肉馅
近路——进入　　　　流露——流入
衰落——衰弱　　　　脸色——染色
收录——收入　　　　绒子——聋子

【练习3】词语练习

染料　热浪　热泪　热恋

热流　　日历　　蹂躏　　锐利

礼让　　利刃　　利润　　例如

（三）舌尖前音：z、c、s

舌尖前音，指舌尖平伸抵住或接近上齿背，气流在这一部位受到阻碍后发出的音，又叫平舌音。这组音的发音也是容易产生问题的。发音时，第一，部位一定要准确，舌尖要与上齿背成阻而不是舌前部整个贴在上齿背上，否则舌中部无力；第二，成阻面要小，力量要集中；第三，要避免舌尖伸到两齿中间变成齿间音。

z，舌尖前音、不送气音、清音、塞擦音。

发音时舌尖向上轻轻顶住上齿背，软腭上升，堵住鼻腔通路，声带不颤动，较弱的气流先把舌尖的阻碍冲开一道窄缝，接着从窄缝中挤出，摩擦成声。如：

自尊 zì zūn　　　总则 zǒng zé　　　造作 zào zuò

c，舌尖前音、送气音、清音、塞擦音。

发音时，除冲破阻碍时用较强的气流外，其他情况和 z 一样。如：

苍翠 cāng cuì　　　草丛 cǎo cóng　　　仓促 cāng cù

s，舌尖前音、清音、擦音。

发音时，舌尖接近上齿背，形成窄缝，软腭上升，堵塞鼻腔通道，声带不颤动，气流从舌尖和上齿背间的窄缝中挤出，摩擦成声。如：

思索 sī suǒ　　　诉讼 sù sòng　　　洒扫 sǎ sǎo

>>>【平、翘舌音辨正训练】

试一试

> 请先将你的舌尖平伸，然后让舌尖慢慢翘起，感觉舌尖先是接触上门齿背，然后接触上齿龈，最后抵住硬腭前部。

平、翘舌音这两组声母在发音方法上一一相对，区别在于发音部位的不同。舌尖前音（平舌音）z、c、s 发音时舌尖平伸，顶住或接近上齿背；舌尖后音（翘舌音）zh、ch、sh 发音时舌尖翘起，接触或接近硬腭前端。

要区分平、翘舌音，首先要能够听辨这两种音。

练一练

> 有兴趣的同学可以在互联网上搜索"畅言网"www.iasy365.com，完成"听力练习"中平、翘舌音对比部分。

其次,要找出两组音发音的区别。两组声母的共同点是舌头整个呈现马鞍形,即有两个焦点,一个在前(舌尖与上齿龈),一个在后(舌面后部与硬腭),前高后低,舌面中部呈下凹形态。舌尖前音的第一焦点比舌尖后音靠前,但第二焦点舌尖前音比舌尖后音靠后。舌尖前音的舌面中部下凹度较浅,而舌尖后音的舌面下凹度较深。

★ **重点训练**:zh、ch、sh与z、c、s的辨读

平、翘舌音不分,是常见的普通话语音问题,有些方言只有平舌音z、c、s,没有翘舌音zh、ch、sh;有些人平、翘舌音不分,即便是能够区分,在发音和字的归类上跟普通话也不尽相同。

那么如何掌握这两组声母的发音呢?

(1)区分发音部位。平、翘舌音对应的发音方法相同,区别主要在发音部位。zh、ch、sh是舌尖后音,发音时舌尖翘起并后缩,触击(zh、ch)或靠近(sh)硬腭前端,翘起的舌尖与硬腭前端构成阻碍,使气流受阻摩擦成声。z、c、s是舌尖前音,发音时舌尖平伸,触及(z、c)或靠近(s)上齿背,舌尖与上齿背构成阻碍,使气流受阻摩擦成声。

请注意看对比图2-3。

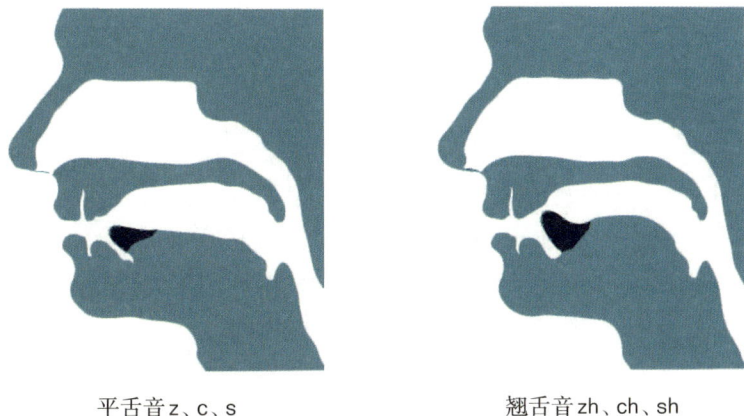

平舌音z、c、s　　　　　翘舌音zh、ch、sh

图2-3　平、翘舌发音对比示意

(2)增强翘舌能力。平时说的方言中没有翘舌音的,要从发音动作和语音听觉上反复训练翘舌能力。首先,练习翘舌动作,初学时,可以夸张地把舌尖尽量后缩,以至舌尖的背面接触到硬腭后面。这样可以找到、体会翘舌的感觉,反复操练,直到有了翘舌能力,再把舌尖前后位移,发出相对明晰的翘舌音。听觉训练上,可以试着让舌尖依次抵住上齿背、上齿龈(上牙床),前硬腭、后硬腭,依次发音,细心体会、揣摩。舌尖平伸,发s;舌尖翘起,发成sh;舌尖平伸,又变成s,就像用耳语不断地说“四十”。从音色上来讲,平舌音音色窄而细,出气不畅,翘舌音则相对宽而粗,出气较畅。

发翘舌音主要存在的问题有:

① 发音部位靠前,用舌尖抵住上齿龈发音;

② 舌尖过于后卷,或接触上腭的面积过大,发音含混;

③ 舌尖肌肉过于紧张,舌叶上翘,外部又同时伴有拢唇动作;

④ 舌尖过于上靠,带有舌面音色彩。

>>> 【发音练习】

【练习1】字的对比

散—闪　　字—挚　　粽—种　　辞—迟
砸—炸　　增—蒸　　赠—正　　尊—谆
从—崇　　才—豺　　村—春　　苍—昌
四—市　　司—师　　素—树　　桑—伤

【练习2】组词对比

z—zh	在职	杂质	增长	奏章	阻止	诅咒
zh—z	渣滓	张嘴	种族	长子	沼泽	振作
c—ch	财产	操场	残喘	采茶	彩绸	餐车
ch—c	车次	唱词	蠢材	纯粹	差错	陈词
s—sh	散失	桑葚	丧失	扫射	死水	四声
sh—s	上诉	山色	深思	深邃	申诉	神思

【练习3】词的对比

嘱咐——祖父	支援——资源	照旧——造就
资助——支柱	栽花——摘花	早稻——找到
擦嘴——插嘴	暂时——战时	粗布——初步
春装——村庄	死记——史记	自力——智力
大字——大志	塞子——筛子	散光——闪光
自愿——志愿	鱼刺——鱼翅	搜集——收集
私人——诗人	近似——近视	仿造——仿照
申诉——申述	宗旨——中止	物资——物质
从来——重来	姿势——知识	糟了——招了
资助——支柱	自动——制动	增订——征订

【练习4】综合训练

滋长	总是	祖传	菜市	残杀	从属
凑数	死水	四时	祝词	竹笋	充足
筛子	师资	疏散	自始	至终	去世
思潮	速成	斥责	抽丝	出租	上诉
失策	主宰	制裁	措施	从事	资助
总之	致辞	总数	损失	姿势	最初

【练习5】绕口令

我说四个石狮子，你说十个纸狮子。

石狮子是死狮子,四个石狮子不能嘶,

纸狮子也是死狮子,十个纸狮子不能撕。

狮子嘶,撕狮子,死狮子,狮子尸。

要想说清这几个字,

读准四、十、石、死、嘶。

四是四,十是十,

十四是十四,四十是四十,

谁说四十是十四,就打谁十四,

谁说十四是四十,就打谁四十。

（四）舌面音：j、q、x

舌面音,指舌面前部抵住或接近硬腭前部,气流在这一部位受到阻碍后形成的音。

j,舌面音、不送气音、清音、塞擦音。

发音时舌面前部抵住硬腭前部,软腭上升,堵住鼻腔通路,声带不颤动,然后把舌面放松一点儿,让气流很微弱地冲开舌面的阻碍,从窄缝中挤出,摩擦成声。如：

焦急 jiāo jí	境界 jìng jiè	家具 jiā jù
将军 jiāng jūn	季节 jì jié	结晶 jié jīng

q,舌面音、送气音、清音、塞擦音。

发音时和j相同,只是气流比j强。如：

崎岖 qí qū	全球 quán qiú	亲切 qīn qiè
情趣 qíng qù	祈求 qǐ qiú	牵强 qiān qiáng

x,舌面音、清音、擦音。

发音时,舌面前部抬起,接近上齿龈和硬腭前部,留出窄缝,软腭上升,堵鼻腔通路,声带不颤动,让气流从窄缝中挤出来。如：

学习 xué xí	形象 xíng xiàng	雄心 xióng xīn
相信 xiāng xìn	喜讯 xǐ xùn	细小 xì xiǎo

★**重点训练：分清zh、ch、sh和j、q、x**

翘舌音与舌面音易在粤方言区产生问题,如：知道—机到。

要分辨这两组音,就要知道它们的不同之处。

我们来分组对比一下这两类音的发音要领：

zh,舌尖后音、不送气音、清音、塞擦音——j,舌面音、不送气音、清音、塞擦音

ch,舌尖后音、送气音、清音、塞擦音——q,舌面音、送气音、清音、塞擦音

sh,舌尖后音、清音、擦音——x,舌面音、清音、擦音

可以看出,这两类音的区别主要是发音部位不同。发翘舌音时,舌尖翘起后,顶住或靠近齿龈后部,属于舌尖后音；而发舌面音的时候,舌面前部抵住或接近硬腭前部,属于舌面音。

>>> **【发音练习】**

【练习1】读准 j、q、x

j·q	坚强	进取	讲情	娇气	金钱
j·x	继续	侥幸	积习	酒席	捐献
q·j	奇迹	勤俭	全局	迁居	清净
q·x	气象	庆幸	取消	求学	曲线
x·j	孝敬	谢绝	详尽	信笺	小节
x·q	心情	新奇	寻求	喜庆	相劝

【练习2】读准下列词

剪除	精致	进展	签署	清唱
趋势	消失	细长	袖珍	直接
禁止	教授	据说	确实	庆祝
享受	简称	决战	介绍	球场
吸收	显著	缺少	相差	性质
香肠	驱逐	消除	秋收	节省
秩序	沉寂	耻笑	尚且	少将
深浅	审讯	手续	说情	石匠

【练习3】zh、ch、sh 和 j、q、x 对比辨音练习

密集——密植	边际——编制	墨迹——墨汁
就业——昼夜	交际——交织	浅明——阐明
砖墙——专长	洗礼——失礼	姓名——盛名
详细——翔实	缺席——确实	艰辛——艰深
获悉——获释	逍遥——烧窑	电线——电扇
修饰——收拾	记叙——记述	

想一想

z、c、s 和 j、q、x 在发音时有什么区别？请从发音部位、发音方法两方面来说明。

z、c 是"舌尖前阻""塞擦音"。在"塞"的阶段是舌尖前伸，顶住上门齿的背后，在"擦"的阶段和"舌尖前阻""擦音"s 的发音一样，不送气是 z 音，送气是 c 音。念 c 时要用力喷出一口气。s 与 x 对比，x 的舌尖是下垂的，不接触上齿背，舌面向硬腭接近。

★**重点训练：分清尖团音**

这组音在吴方言地区容易出现的问题就是尖音（舌尖化）。

舌面音 j、q、x 跟 i、ü 或以 i、ü 开头的韵母拼合的，叫团音；舌尖前音 z、c、s 跟 i、ü 或以 i、ü 开头的韵母拼合的，叫尖音。普通话里没有尖音，只有团音。一部分人把舌面音发成了尖音，也就是将舌面音发得太靠前了。

大家听过昆曲吗？昆曲里面很多字的发音都是尖音。

想一想

请在互联网上搜索"游园惊梦"昆曲《牡丹亭》选段，仔细体会昆曲中汉字的发音。

图 2-4　昆曲《牡丹亭》剧照

为防止尖音出现，除做好辨音外，注意舌尖不要碰到牙齿或两齿之间。另外，部分人发音的舌位比较靠后，这可能受方音影响（如鸡），所以发音时要找准发音部位。

j、q 是"塞擦音"，是塞音和擦音两种发音方法的混合，先"塞"后"擦"。在准备和蓄气阶段，完全像"塞音"的发音方法，但是到第三步发音时，并不像"塞音"第三步那样忽然把挤紧的发音部位完全放开，而是稍稍放松，留一道窄缝，让气息挤着通过。这一步和"擦音"的发音方法一样。

j、q 在"塞"的阶段是用舌面顶住硬腭（稍前），舌尖是下垂的，舌尖不可碰着上齿。"擦"的阶段和"舌面阻""擦音"一样。将这一阶段的舌、腭距离，气息通路和 x 比较后发现：不送气的是 j，气息弱些；送气的是 q，气息强些，把气息喷吐出来。

x 是"舌面阻"（舌面接近硬腭）"擦音"。擦音的发音方法就是在发音部位两个部分中间，留一道极窄的缝，让气息由窄缝中挤出来，在挤出的时候，发出摩擦的声音。在普通话中 j、q、x 只能和前高元音 i、ü 相拼，因此只能出现在齐齿、撮口呼中。

（五）唇齿音：f

唇齿音，指下唇与上齿接触构成阻碍后发出的一种辅音。发音时注意上齿与下唇形成阻碍时要自然接触，不要上齿咬住下唇发音，否则成阻部位面积大，力量分散，有发成塞音的趋势，显得笨拙。同时，上齿和下唇接触面积不要太大，易产生杂音，要调理好气息，除阻后紧接元音，这样字音就清楚了。

f，唇齿音、清音、擦音。

发音时下唇和上齿接近，形成窄缝。软腭上升，堵塞鼻腔通道。声带不颤动，气流从唇齿之间的窄缝中挤出，发出摩擦声。如：

仿佛 fǎng fú　　　奋发 fèn fā　　　防范 fáng fàn
肺腑 fèi fǔ　　　丰富 fēng fù　　　芬芳 fēn fāng

（六）舌根音：g、k、h

舌根音，指舌根和软腭相接，气流在这一部位受到阻碍后发出的一种辅音。它们是 21 个声母中发音最高、较靠后的 3 个音，音色也是属于最暗的一组。男声为了追求声音的宽厚、有气势，把这3个本已经靠后的舌根音发得更靠后,但这样极容易把韵母也带到了后面,导致发声状态不正确。喉音的产生和它有直接的关系。要注意舌位有意识地前移,也就是"后音前发"。

g、k,是"舌根阻""塞音"。发音部位是舌根和软腭。h是"舌根阻"(舌根接近软腭)"擦音"。 g、k和h的成阻点比较自由,当与前高元音韵母相拼时,成阻点就前移(如gei语音腭化也是这样造成的);当与后元音韵母相拼时,成阻点相应后移(如gu、ku、hu)。

g,舌根音、不送气音、清音、塞音。

发音时舌根抵住软腭,软腭后部上升,堵塞鼻腔通道,声带不颤动,较弱的气流冲破舌根和软腭形成的阻碍,迸发而出,爆破成声。如:

钢轨 gāng guǐ	高贵 gāo guì	梗概 gěng gài
公共 gōng gong	桂冠 guì guān	故宫 gù gōng

k,舌根音、送气音、清音、塞音。

发音时,除冲破阻碍时用较强的气流外,其他情况和g一样。如

可靠 kě kào	困苦 kùn kǔ	慷慨 kāng kǎi
苛刻 kē kè	空旷 kōng kuàng	开垦 kāi kěn

h,舌根音、清音、擦音。

发音时,舌根接近软腭,形成窄缝,软腭上升堵鼻腔通道,声带不颤动,让气流从舌根和软腭之间的窄缝中挤出,摩擦成声。如:

黄河 huáng hé	辉煌 huī huáng	互惠 hù huì
荷花 hé huā	憨厚 hān hòu	绘画 huì huà

★重点训练:f和h辨正训练

从发音方法上看,f和h都是清音。不同之处在于它们的成阻部位不同,f是上齿和下唇的内侧形成阻碍,而h是软腭和舌根形成阻碍。应特别注意的是,发f时不能用两唇吹气,不能用上齿紧咬下唇,齿和唇之间必须留有缝隙。

>>> 【发音练习】

【练习1】读准下面的词语

f—h

返航	肥厚	防护	符合	发挥
绯红	附和	飞花	分化	奉还

h—f

盒饭	恢复	何方	伙房	耗费
挥发	海风	合肥	焕发	富豪

【练习2】对比辨音

公费——工会	翻腾——欢腾	附注——互助	发红——花红
放荡——晃荡	防风——黄蜂	飞鱼——黑鱼	浮面——湖面
老房——老黄	芬芳——昏黄	流犯——流汗	西服——西湖

舅父——救护　　仿佛——恍惚　　防虫——蝗虫　　斧头——虎头

奋战——混战　　非凡——辉煌　　飞机——灰鸡　　复员——互援

方地——荒地

【练习3】绕口令

风吹灰飞，

灰飞花上花堆灰，

风吹花灰灰飞去，

灰在风里飞又飞。

【声母综合练习】

设计	设施	设置	涉及	组织	阻止	自治	祖父
失去	失误	师傅	诗歌	租屋	足以	织布	只是
实质	使得	十五	时机	制度	主席	女婿	次序
氏族	事故	势力	实力	畜牧	戏曲	固执	歌剧
书籍	木梳	舒服	舒适	故事	发射	致富	大师
输出	输入	熟悉	栗树	忽视	毒素	漆器	日益
数字	司机	思路	四肢	日子	如何	辞职	机制
佛寺	素质	似乎	宿舍	忽视	扶持	绿色	试制
屠杀	徒弟	无知	物质	局势	数据	辅助	初步
侮辱	紫色	仔细	自己				

对于普通话声母，请利用表2-4对自身掌握的情况作一个评价。

表2-4　普通话声母评价

	优	良	中	差	有问题的音
双唇音：b、p、m					
唇齿音：f					
舌尖前音：z、c、s					
舌尖中音：d、t、n、l					
舌尖后音：zh、ch、sh、r					
舌面音：j、q、x					
舌根音：g、k、h					

存在的问题：

第四节 普通话韵母

一、普通话韵母的概念

韵母是汉语音节中声母后面的部分。普通话韵母一共有39个，主要由元音音素构成，部分韵母可由元音音素和鼻辅音（n 和 ng，只在韵母末尾）音素共同构成。

想一想

> 普通话韵母最多的可以有几个音素，最少的可以有几个音素？

二、普通话韵母的分类

按音素的构成，普通话韵母可以分为单元音韵母、复合元音韵母和鼻韵母三类。

（1）单韵母：a o e ê i u ü -i［前］ -i［后］ er（分类：舌面，舌尖，卷舌）

（2）复韵母：ai ei ao ou ia ie ua uo üe uai uei iao iou

（3）鼻韵母：an ian uan üan en in uen ün ang iang uang ong iong eng ueng ing

想一想

> 请仔细观察单韵母，你能说出"-i［前］""-i［后］"是什么意思吗？请举例说明。

三、普通话韵母综合说明与训练

（一）单韵母

1. 单韵母的概念

单韵母，由一个元音音素构成的韵母。普通话有10个元音，都可以充当单韵母。

回顾

请回忆一下，元音和辅音的区别是什么？声母的不同是由哪些方面造成的？

单韵母的不同音色是由三方面造成的。

① 舌位的前后,指发音时舌头隆起部分的前后。

② 舌位的高低(即开口度的大小),指发音时舌头隆起部分的最高点和上颚之间的距离。具体分高、半高、中、半低、低。

想一想

开口度和舌位高低是怎样的对应关系?

舌位的降低或抬高与口腔的开合有关,舌位越高开口度越小,舌位越低开口度越大。

③ 唇形的圆扁,指嘴唇形状的变化形态,如圆、展/不圆。

单韵母的发音特点:发音时,舌位、唇形及开口度按发音要求维持发音状态,始终不变,没有动程。发音时要注意口腔、舌位及唇形的配合。

2. 单韵母的发音

1)舌面元音韵母

舌面元音韵母,即发音时舌头的高点在舌面,是舌面起主要作用的单元音韵母。

共有7个:a、o、e、ê、i、u、ü。

a,舌面、央、低、不圆唇元音。

o,舌面、后、半高、圆唇元音。

e,舌面、后、半高、不圆唇元音。

ê,舌面、前、半低、不圆唇元音。

i,舌面、前、高、不圆唇元音。

u,舌面、后、高、圆唇元音。

ü,舌面、前、高、圆唇元音。

ê的用途:单独注音只有叹词"欸";与i、ü组成复韵母ie、üe,使用时把上面的"∧"去掉。

>>> • a的发音练习

【练习1】读准下列词语

阿姨	把握	马车	发育	打仗	他人	蜡烛	差距	沙滩	擦拭
挺拔	惧怕	骏马	蒸发	高大	灯塔	接纳	辛辣	爆发	潇洒
发达	大厦	哪怕	打靶	刹那	打岔	大法	大妈	沙发	马达

【练习2】绕口令

瓦打马

路上跑来马,撞上路边瓦,

瓦打坏马,马踏碎瓦,

瓦要马赔瓦,马要瓦赔马。

注意　淄博、潍坊一带发a音(包括复韵母ia、ua中的a音)时,舌位往往比普通话靠后,同时开口度不够大,并带圆唇色彩,纠正时舌头应往前伸一点。

>>> • o的发音练习

【练习1】读准下列词语

波浪　迫使　陌生　佛教　玻璃　浅薄　停泊　打破　急迫　观摩

冷漠　偏颇　磨破　淹没　伯伯　勃勃　薄膜　婆婆　泼墨　默默

【练习2】绕口令

伯伯买饽饽

张伯伯,李伯伯,饽饽铺里买饽饽,

张伯伯买了个饽饽大,李伯伯买了个大饽饽。

拿回家里喂婆婆,婆婆又去比饽饽,

也不知是张伯伯买的饽饽大,还是李伯伯买的饽饽大。

注意　容易出错的情况:o→e或→uo

如:玻 簸 驳 拨 薄 坡 破 颇 压 婆 漠 模 末 摸 墨 佛

>>> • e的发音练习

【练习1】读准下列词语

疙瘩　喝水　收割　磕破　可以　河水　歌曲　个体　科学　禾苗

祝贺　天鹅　鸽子　道德　客人　色彩　手册　格式　原则　政策

【练习2】绕口令

哥与锅

大哥有个大锅,

二哥有个二锅,

大哥要换二哥的二锅，
二哥不换大哥的大锅。

哥哥捉鸽

哥哥过河捉个鸽，
回家割鸽来请客，
客人吃鸽称鸽肉，
哥哥请客乐呵呵。

注意

容易出错的情况：
① e 与 a 的分辨，"喝、割、磕、疙（瘩）"等音节。
② e 与 uo 的分辨，"哥、各、课、渴、歌、个、可、禾、河、鹅、饿"等音节。
③ e 与 ei 的分辨，"德、择、色、册、策、克、责，客"等音节。

>>> • i 的发音练习

【练习1】读准下列词语

依稀　仪器　遗迹　遗弃　遗体　以及　熠熠　比例
议题　屹立　异己　异体　意义　毅力　比拟　离奇

【练习2】绕口令

七棵树上结七样儿

一二三，三二一，一二三四五六七。
七个阿姨来摘果，七个花篮儿手中提。
七棵树上结七样儿，
苹果、桃儿、石榴、柿子、李子、栗子、梨。

>>> • u 的发音练习

【练习1】读准下列词语

污辱　无辜　无故　无数　无误　五谷　侮辱　舞步
补助　补足　哺乳　部署　部属　出路　出土　出租

【练习2】绕口令

有个小孩叫小杜，上街打醋又买布。
买了布，打了醋，回头看见鹰抓兔。
放下布，搁下醋，上前去追鹰和兔。
飞了鹰，跑了兔，洒了醋，湿了布。

>>> • ü**的发音练习**

【练习1】读准下列词语

有余　给予　起居　科举　城区　争取　聚居　区域
胡须　储蓄　寓于　语句　女婿　居于　须臾　序曲

>>> 【i**和**ü**辨正训练**】

想一想

i和ü发音时的区别是什么?
韵母i和ü的主要区别在于:i是不圆唇音,ü是圆唇音。发音时注意唇形的圆展。

【练习1】基本发音练习

i　剃头　泥巴　鸡蛋　音乐　英雄　家园
ü　距离　毛驴　女孩　趣味　绿草　抚恤

【练习2】对比辨音练习

名义——名誉　　结集——结局　　意义——寓意　　盐分——缘分
绝迹——绝句　　沿用——援用　　通信——通讯　　意见——预见
容易——荣誉　　雨具——雨季　　原料——颜料　　院子——燕子

2)舌尖元音韵母

舌尖元音韵母,即发音时舌尖位置起主要作用的单元音韵母。有2个: -i［前］和 -i［后］。

-i［前］,舌尖、前、高、不圆唇元音。可把si念长,后半部分读音即是。这个音只出现在声母z、c、s的后面,如"自私""四次"的韵母。

-i［后］,舌尖、后、高、不圆唇元音。可把shi念长,后半部分读音即是。这个音只出现在声母zh、ch、sh、r的后面,如"支持""日蚀"的韵母。

>>> • -i［**前**］**的发音练习**

【练习1】读准下列词语

资金　词典　似乎　字体　祠堂　死活
舞姿　打字　歌词　主次　无私　生死

【练习2】绕口令

大嫂子和大小子

一个大嫂子,一个大小子。

大嫂子跟大小子比包饺子,

看是大嫂子包的饺子好,还是大小子包的饺子好,

再看大嫂子包的饺子少,还是大小子包的饺子少。

大嫂子包的饺子又小又好又不少,大小子包的饺子又小又少又不好。

>>> • –i(后)的发音练习

【练习1】读准下列词语

日食 失实 失职 时日 时事 时势 试纸
实施 实事 实质 食指 史实 事实 试制

【练习2】绕口令

知之为知之

知之为知之,

不知为不知,

不以不知为知之,

不以知之为不知,

唯此才能求真知。

3)卷舌元音韵母

卷舌元音韵母,即有卷舌作用的韵母。有1个,即er。

er,**卷舌、央、中、不圆唇元音**。这是一个用双字母表示的单韵母,e表示舌位和唇形,r表示卷舌动作。

💡

小提示

读er时,舌头应卷至硬腭中部。

>>> • er的发音练习

【练习1】读准下列词语

而且 儿歌 儿化 儿女 儿子 耳朵 而后 而已 儿童 尔后
二胡 贰臣 饵料 二十 反而 耳机 然而 幼儿 耳光 耳环

🎯

注意

容易出现的问题:① 开口度不够大或太大;② 卷舌不对。

对于普通话单韵母,请利用表2-5对自身掌握的情况作一个评价。

表2-5 普通话单韵母评价

	优	良	中	差	有 问 题 的 音
a					
o					
e					
i -i[前] -i[后]					
u					
ü					
er					

存在的问题:

(二)复韵母

1. 复韵母的概念

复韵母是由两个或两个以上的元音复合而成的韵母,一共有13个。根据其结构、口腔变化、发音特点,可以分为以下三类。

(1)前响:ai、ei、ao、ou。腹+尾,大—小,低—高。

(2)后响:ia、ie、ua、uo、üe。头+腹,小—大,高—低。

(3)中响:iao、iou(iu)、uai、uei(ui)。头+腹+尾,小—大—小,高—低—高。

想一想

上文中的"头""腹""尾"分别是什么意思?

复韵母的发音要领包括三点:① 有明显的动程。② 发音时由一个元音到另一个元音的舌位,是滑动的、自然连贯的。③ 韵腹受前后音素的影响,实际音值与单元音不同,发音时不要拘泥于单元音的舌位、唇形。

2. 复韵母发音训练

1）前响复韵母训练

发音时,前面的元音清晰响亮,音值稍长,后面的元音轻短模糊。

ai——白菜　爱戴　拆开　拍卖　采摘
ei——蓓蕾　配备　肥美　飞贼　卑微
ao——号召　草包　草稿　吵闹　逃跑
ou——欧洲　口头　丑陋　猴头　筹谋

2）后响复韵母训练

发音时,前面的元音轻短模糊,后面的元音清晰响亮。

ia——恰恰　假牙　加价　压价
ie——乜斜　铁鞋　贴切　结业
ua——耍滑　挂画　花袜　娃娃
uo——蹉跎　过错　骆驼　没落
üe——雪月　约略　雀跃　决绝

3）中响复韵母训练

发音时,中间的元音清晰响亮,前后的元音轻短模糊。

iao——巧妙　妙药　教条　吊桥　逍遥
iou——悠久　绣球　久留　求救　优秀
uei——灰堆　鬼祟　摧毁　归队　回味
uai——外快　摔坏　怀揣　乖乖

4）复韵母词语拼读训练

爱国	摆脱	保持	保卫	保留
报告	报纸	暴露	爆炸	悲哀
背后	比赛	毕业	标准	表达
老师	薄弱	投资	过来	不要
部队	部位	材料	采取	操作
差别	茶叶	超过	潮流	差不多
潮湿	此外	达到	大家	开会
代表	代替	导致	道德	的确
地球	地位	对待	多少	而且
耳朵	否则	符号	改革	改造
高潮	告诉	给以	考试	规划
国家	轨道	果实	过去	孩子
花朵	华侨	化学	怀抱	节约
快乐	介绍	缩小	未来	税收

3. 复韵母辨正

1）复韵母的动程问题

复韵母发音时常见的问题是动程被压缩,二合的复韵母 ai、ei、ao、ou 等常常发音近似单韵母;三合的复韵母 uai、uei、iao、iou 等则常常被"压缩"掉某个元音,发音近似二合复韵母。

>>> 【发音练习】

【练习1】读准下列词语

白菜　海带　配备　肥美　非得　高考　报告　水位　巧妙
号召　漏斗　口头　守候　国货　骆驼　摔坏　逍遥　悠久

【练习2】绕口令

猫与鸟

东边庙里有猫,
西边树梢有鸟,
猫鸟天天闹。
不知猫闹树梢鸟,
还是鸟闹庙里猫。

2）ou 与 ao 的分辨

注意 ou 的发音,不要与 ao 的发音混淆。

>>> 【发音练习】读准下列词语

剖析　剖白　解剖　阴谋　谋略　否定
是否　计谋　某人　谋划　谋取　击缶
保守　刀口　稿酬　毛豆　矛头　酬劳
逗号　漏勺　柔道　手套

3）ie 与 iai 的分辨

注意 ie 的发音,不要与 iai 的发音混淆。

>>> 【发音练习】

【练习1】读准下列词语

街道　团结　介绍　评价　解放　球鞋
解散　松懈　和谐　鞋城　大街　威胁

【练习2】绕口令

鞋子和茄子

一个小孩子,

拿双布鞋子,出门看见紫茄子。

小孩子急忙放下布鞋子,去拾紫茄子,

拾了紫茄子,忘了布鞋子。

4）uei的韵头丢失

试一试

你能准确读出下面的字吗?

队　堆　对　兑　腿　推　颓　蜕　最　嘴　醉　罪

uei发音时,常见的问题是将韵头"u"省略了。

>>> **【发音练习】**

【练习1】读准下列词语

堆积　对于　兑换　腿脚　最后　嘴脸　军队　对偶　退却　后退
陶醉　摧毁　催促　姓崔　虽然　脆弱　麦穗　清脆　愧对　喝醉
年岁　尾随　打碎　团队　未遂　退回　回味　荟萃　追随　垂危

【练习2】绕口令

嘴与腿

嘴说腿,腿说嘴,

嘴说腿爱跑腿,腿说嘴爱卖嘴。

光动嘴不动腿,光动腿不动嘴,

不如不长腿和嘴。

5）韵母ai和ei发音辨正

注意

ai和ei发音时开口度的大小不同。

【练习1】对比练习

分配——分派　耐心——内心　卖力——魅力　百强——北墙

白鸽——悲歌　外部——胃部　牌价——陪嫁　陪伴——排版

【练习2】绕口令

大妹和小妹

大妹和小妹,一起去收麦。

大妹割大麦,小妹割小麦。

大妹帮小妹挑小麦,

小妹帮大妹挑大麦。

大妹小妹收完麦,

噼噼啪啪齐打麦。

对于普通话复韵母,请利用表2-6对自身掌握的情况作一个评价。

表2-6　普通话复韵母评价

	优	良	中	差	有 问 题 的 音
ai、ei、ao、ou					
ia、ie、ua、uo、üe					
iao、iou(iu)、uai、uei(ui)					

存在的问题:

(三) 鼻韵母

鼻韵母,是由元音和鼻辅音韵尾构成的韵母。

1. 鼻韵母的分类

根据鼻辅音韵尾的不同,鼻韵母可分为两种:

① 前鼻韵母,由元音和前鼻辅音(舌尖鼻辅音)韵尾n构成;

②后鼻韵母,由元音和后鼻辅音(舌根鼻辅音)韵尾ng构成。

试一试

（1）你能准确辨别下面这些字是前鼻音还是后鼻音吗？
（2）你能读准下面的字吗？

万	朋	们	亲	行	声	忙	真
关	光	完	兴	放	亮	千	香
唱	向	更	干	赶	明	净	专
房	网	林	黄	跟	往	量	因
像	井	想	进	情	练	问	伴
分	江	星	帮	玩	刚	兰	名
成	晚	新	旦	慢	神	难	刚
伴	阳	光	军	什	江	玩	荆

2. 鼻韵母的发音

1）前鼻韵母的发音

发前鼻韵尾-n时,舌尖要轻轻抵住上齿龈,舌面前部有相当一部分是和上腭接触的,接触面并不单单在舌尖一点上。

前鼻韵尾n与声母n发音部位相同,区别在于声母n要除阻,韵尾n不除阻。

an ——漫谈　繁难　淡蓝　坦然　橄榄

ian ——变迁　偏见　电线　连绵　沿线

uan——贯穿　宽缓　专断　转弯　婉转

üan ——渊源　全权　源泉　圆圈　轩辕

en ——人参　本分　深圳　愤恨　沉闷

in ——亲近　尽心　殷勤　金银　琴音

ün ——均匀　逡巡　纭纭　军训　允许

uen——温顺　温存　昆仑　论文　分寸

2）后鼻韵母的发音

后鼻韵尾ng与声母g、k、h发音部位相同,即舌根抵住软腭;区别在于ng是浊鼻音,发音时软腭下垂,气流振动声带从鼻腔通过,没有除阻过程。发后鼻音韵尾-ng时,舌根轻轻抵住软腭。这个动作相对简单一些,只要把嘴巴张开,舌根往上顶,便可得到正确的发音动作。

ang ——纲常　螳螂　上当　盲肠

iang ——将相　想象　湘江　向阳

uang——狂妄　装潢　状况　双簧

eng ——更正　风声　萌生　鹏程
ing ——情景　倾听　命令　宁静
ueng ——老翁　渔翁　水瓮　葱郁
ong ——公众　轰动　总统　从容
iong ——汹涌　穷凶　熊熊　炯炯

>>>【发音练习】

小陈和小沈（en）

小陈去卖针，小沈去卖盆。俩人挑着担，一起出了门。

小陈喊卖针，小沈喊卖盆。也不知是谁卖针，也不知是谁卖盆。

台灯和屏风（eng）

郑政捧着盏台灯，彭澎扛着架屏风，彭澎让郑政扛屏风，郑政让彭澎捧台灯。

土变金（in）

你也勤来我也勤，生产同心土变金。工人农民亲兄弟，心心相印团结紧。

天上七颗星（ing）

天上七颗星，树上七只鹰，梁上七个钉，台上七盏灯。

拿扇扇了灯，用手拔了钉，举枪打了鹰，乌云盖了星。

老翁和老翁（ueng）

老翁卖酒老翁买，老翁买酒老翁卖。

栽葱和栽松（ong）

冲冲栽了十畦葱，松松栽了十棵松。

冲冲说栽松不如栽葱，松松说栽葱不如栽松。

是栽松不如栽葱，还是栽葱不如栽松？

>>>【★训练要点：前后鼻音区别】

（1）发音要领。①发鼻韵母时，由元音向鼻辅音滑动。②鼻辅音韵尾只有成阻和持阻阶段，没有除阻阶段，鼻音一生即收。鼻韵尾成阻时，归音必须到位（不同于元音韵尾），即成阻部位完全闭塞，以形成鼻辅音（也就是说不能发成鼻化韵）。

（2）如何消除鼻化韵？在方言里，由于鼻韵尾的消失，读成了鼻化元音韵母，形成了鼻化韵。

读一读

鼻韵母和鼻化韵

鼻韵母发音时,先发元音,由元音的发音状态向鼻辅音的发音状态过渡,收音时,舌位到达鼻辅音的发音部位,出现鼻音,但不除阻,闭塞而止。

鼻化韵的成分是元音,没有辅音,发音时口腔、鼻腔同时出气,成为带有鼻音色彩的元音,称为鼻化元音。

两者的区别如下。

(1)鼻韵母收音时是辅音,有明显的成阻动作;鼻化韵没有辅音的发音动作。

(2)鼻韵母的鼻音色彩到最后才完全显现出来,鼻化韵的鼻音色彩同元音融合在一起。

(3)鼻韵母的韵尾读成唯闭音,音不能延长,收缩感强;鼻化韵发音无阻碍,音可延长,音感柔和。

发前、后鼻音时,如果在发音过程中发音暗淡,可采取挺软腭的方法:平时不说话时,软腭是向下垂着的,但有目的地说话时,由于声音和咬字的需要,就必须把软腭挺起,这样做可以加大口腔后部空间,也可以避免声音过多地灌入鼻腔而造成鼻音。可以用夸大吸气、"半打哈欠"来体会挺软腭的感觉。

(3)前后鼻音辨正训练。

试一试

请面对镜子,大声读"安""昂",仔细观察自己口腔中舌头的情况有什么不同。

① 对镜训练法。发前鼻韵尾-n时,舌尖上抵成阻,镜中可以看见舌头底部(舌身随舌尖前伸);

发后鼻韵尾-ng时,舌根上抵成阻,镜中可见舌面(舌身随舌根后缩)。

② 后字衬音法。n,加一个用d、t、n、l作声母的音节(舌尖中音),如:温暖、心得、看哪、分流、村头。

ng,加一个用g、k、h作声母的音节(舌根音)。如:唱歌、疯狂、灯火、捧个场、送过信。

想一想

以上训练方法的原理是什么?

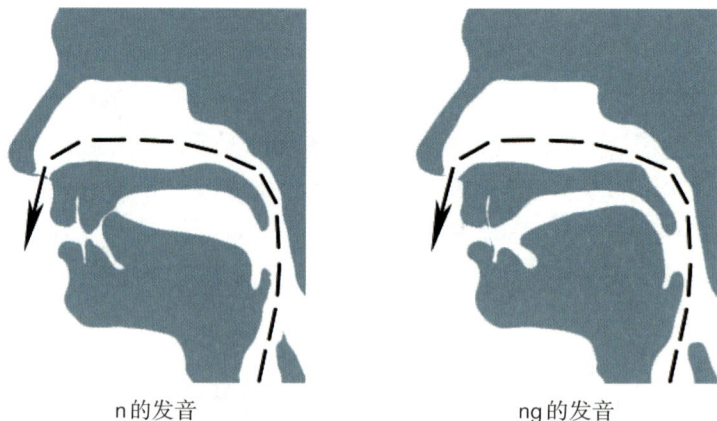

n 的发音　　　　　　　　　　　ng 的发音

图 2-5　前后鼻音发音对比

【练习1】词的对比练习

an·ang	安防	繁忙	肝脏	南方	反抗
	赞赏	傍晚	畅谈	方案	钢板
en·eng	本能	人称	神圣	文风	真正
	认证	诚恳	登门	缝纫	成分
in·ing	民警	聘请	银杏	心灵	新型
	引擎	灵敏	迎新	影印	清新

【练习2】

① an——ang

烂漫——浪漫　　　　　反问——访问

赞颂——葬送　　　　　开饭——开放

担心——当心　　　　　弹词——搪瓷

渔竿——鱼缸　　　　　施展——师长

一般——一帮　　　　　寒天——航天

心烦——心房　　　　　散失——丧失

产房——厂房　　　　　小县——小巷

an——ang

担当　安放　班长　繁忙　山岗　战场　班长

南方　反抗　安康　返航　漫长　肝脏　擅长

ang——an

商贩　当然　傍晚　畅谈　上班　房山

账单　方案　商战　汤饭　钢板　浪漫

② en——eng

陈旧——成就　　　　　真理——争理

申明——声明　　　　　木盆——木棚

清真——清蒸　　　　瓜分——刮风
绅士——声势　　　　人参——人生
诊治——整治　　　　沉积——乘机
长针——长征　　　　粉刺——讽刺

en——eng
真诚　本能　深层　奔腾　真正　人生
神圣　纷争　门缝　人称　晨风　分封

eng——en
成本　成分　登门　承认　成人　诚恳　生根
城镇　风尘　缝纫　能人　胜任　正门　证人

③ in——ing
亲生——轻生　　　　金质——精致
人民——人名　　　　信服——幸福
频繁——平凡　　　　亲近——清净
贫民——平民　　　　金银——经营
弹琴——谈情　　　　进攻——静功

in——ing
心情　禁令　新兴　民警　品行　聘请
进行　新型　尽情　心灵　拼命　民兵
金星　新颖

ing——in
听信　灵敏　清新　挺进　平民　迎新　京津
影印　警民　领巾　精心　轻信　病因　定亲

【练习3】绕口令

洞　庭

东洞庭,西洞庭,
洞庭山上一条藤,
藤条顶上挂铜铃。
风吹藤动铜铃鸣,
风停藤定铜铃静。

陈庄程庄

陈庄程庄都有城,陈庄城通程庄城。
陈庄城和程庄城,两庄城墙都有门。
陈庄城进程庄人,陈庄人进程庄城。
请问陈程两庄城,两庄城门都进人,
哪个城进陈庄人,程庄人进哪个城?

对于普通话鼻韵母,请利用表2-7对自身掌握情况作一个评价。

表2-7 普通话鼻韵母评价

	优	良	中	差	有 问 题 的 音
前鼻音					
后鼻音					

存在的问题:

第五节 普通话语流音变

一、关于语流音变

(一)语流音变的含义

音变,就是语音的变化。

人们说话时,不是孤立地发出一个个音节,而是把音节组成一连串自然的"语流"。在语流中,由于相邻音节的相互影响或表情达意的需要,有些音节的读音(声母、韵母、声调等)会发生一定变化,这就是语流音变。

(二)语流音变的内容

常见的语流音变有3种:变调、语气词"啊"的音变、儿化。

二、变调

(一)上声的变调

上声是个曲折调,又比较长,在快速连读时常常会挤短、扯直,不是把开头的下降部分挤掉,就是把末尾的上升部分挤掉。

试一试

请大声读出下面的词语,仔细思考这些词语的读音发生了什么变化?
柳树　散装

（1）在非上声之前,上声由214变为21,读作"半上"。

上声+阴平:首先 shou214/21xian55　　启发 qi214/21fa55　　奖章 jiang214/21zhang55

上声+阳平:礼节 li214/21jie35　　假如 jia214/21ru35　　考察 kao214/21cha35

上声+去声:理论 li214/21lun51　　假设 jia214/21she51　　审讯 she214/21xun51

注意　音变后的上声调值是21,不要发成51,那就成"去声"了。

>>> 【发音练习】请读准下面的词语

北方	纺织	广播
简单	马车	祖先
把持	反常	可怜
谎言	理疗	暖流
摆动	宝贵	等待
古怪	讽刺	好意

（2）在上声之前,前一上声音节的调值由214变为35,读作"阳平"。

渺小 miao214/35xiao214　　理解 li214/35jie214　　祈祷 qi214/35dao214

宝马 bao214/35ma214　　古典 gu214/35dian214　　鼓掌 gu214/35zhang214

>>> 【发音练习】请读准下面的词语

矮小	版本	腐朽
奖品	考古	扭转
手表	浅显	勇敢
长者	领导	演讲

（3）三个上声相连,第三个音节的上声读音不变,前两个上声的变调格式按照词语内部的结构作相应变化。

①"单双格"结构:读为半上+阳平+上声,用调值表示为"21+35+214"。

如:纸214/21 老214/35虎214　　李214/21厂214/35长214

② "双单格"结构：读为阳平＋阳平＋上声,用调值表示为"35+35+214"。

如：理214/35想214/35者214　　　　手214/35表214/35厂214

试一试

请将下列词组按上声音变归类,并大声读出来。

好小伙　　管理组　　水彩笔

蒙古语　　冷处理　　古典舞　　往北走

李小姐　　演讲稿　　跑百米　　跑马场

老保姆　　洗脸水　　小两口　　很友好

其中,

单双格结构有:

（4）多个上声音节相连："化整为零",按语音停顿分节处理。如：我找展览馆柳馆长→我找/展览馆①/柳馆②长

"我、展览、馆②"读阳平,调值35；"找、馆①、长"读上声原调,调值214；"柳"读半上,调值21。

试一试

请给下面每个字标上音变后的调值,然后大声说出下面这个句子：请　给　我　把　小　雨　伞。

（二）轻声

1. 轻声的定义

轻声是一种特殊的音变现象。它是由普通话的四声——阴平、阳平、上声、去声演变而来。

在普通话中,某些音节长期处于口语轻读音节的位置,失去了原有声调的调值,重新构成了自身特有的音高形式,听感上表现为轻短模糊,我们把这种失去原有调值,读成又短又轻的调子叫轻声。

"轻声"实际上也是一种特殊的变调,它是由于整个音节的弱化,使得声调模糊而形成的。它总是出现在其他音节的后面,或是夹在词语中间,不会出现在一个词或一句话的开头。正因为普通话存在着轻声,才使普通话更富于表现力。掌握好轻声是学好普通话的重

要一环,因为它是普通话语音面貌的重要特点之一。

轻声是普通话语音的一个重要特点,南方方言区的人掌握起来不太容易。

2. 轻声的声学特征

1) 没有固定的调值

轻声的调值不是取决于自身原有的声调,而是取决于它前面音节的调值。由于轻声音节的音高不固定,不容易掌握轻声音节的高度。轻声音节由于音强的弱化,常常影响到音值的改变,如果对于这种音值的改变不了解或掌握不好,就念不好轻声。

当前面一个音节的声调是阴平、阳平、去声时,后面一个轻声音节的调值为31,是短促的低降调;当前面一个音节的声调是上声时,后面一个轻声音节的调值是44,是短促的半高平调。

例如:阴·轻——姑娘、家伙;阳·轻——粮食、行李;

去·轻——意思、豆腐;上·轻——使唤、耳朵。

为了便于记忆,可以把轻声字的音高归纳如下:① 二声后的轻声比较低;② 第三声后的轻声最高;③ 第四声后的轻声最低。

2) 不能独立存在

轻声必须出现在词语或句子中,或者处于词句末尾,或者处于词语中间,不能出现在词句的开头。

3) 音色会发生变化

轻声音节的音色变化是不稳定的,由于多数变化是比较微弱的,可不必特别强调,但对于已经固定下来的轻声现象,在语音训练时则必须掌握。

实验语音学研究认为,轻声音节的能量较弱,是音高、音长、音色、音强综合变化的效应。轻声音节的特征主要是音高、音长这两个比较重要的因素变化形成的。

> **小提示**
>
> 轻声音节在听感上显得轻短模糊,于是有些人认为是音强起很大作用,其实这是一种心理感知,实验语音学告诉我们,影响轻声音节的主要音素是音长、音高。

要想轻声音色纯正必须注意以下两点。

一是要有"堵塞感",比如"棉花"一词,如果整个词读音时长一秒,那么"花"不是对半读半秒,而是读四分之一秒就可以了。念轻声音节很像音乐节拍中"符点"的感觉,只要在词语行将结束时捎带一下即可。

二是轻声音节的音色或多或少都要发生变化。比如"棉花",主要元音舌位趋向中央;"豆腐",韵母消失;"奶奶",韵母单元音化;"爸爸",声母浊化等。

学习轻声没有什么简便的方法,要下一定的功夫来练习。除了有些语法成分要按照一定规律读轻声以外,还有一大批复音词的第二音节按习惯也要读轻声。对于这些复音词只能采取学一个记一个、积少成多的办法。

3. 轻声的作用

1）区分词性

地道 dìdào（名）——地道 dìdao（形）　　不是 búshì（动）——不是 bushi（名）

对头 duìtóu（形）——对头 duìtou（名）　　大意 dàyì（名）——大意 dàyi（动）

2）区分词义

兄弟 xiōngdì（哥哥和弟弟）——兄弟 xiōngdi（弟弟）

东西 dōngxī（方位词）——东西 dōngxi（泛指具体事物）

3）调节语流的节奏

同学们！把窗户打开透透气，把玻璃擦擦再关上。听明白了吗？

4. 轻声的判断

普通话里大多数轻声词都同词汇、语法上的意义有密切的关系。

下列成分一般都读轻声。

① 语气词。说呀！／行吗？／好啦！／走吧！／报纸呢？／下课了。

② 助词。他的书／红的花／好得很／慢慢地走／拿着／写了／看过／他们／咱们／人们／我们

③ 名词后缀："子、儿、头"。桌子／身子／屋子／儿子／房子／孩子／花儿／石头／前头／木头

④ 个别量词。一个／每个

⑤ 名词后的方位词："上、下、里"。书上／地下／屋里

⑥ 作补语的趋向动词。上来／坐下／跑出／拉开／抬起／走上来／跑下去／拿出来／带回去

⑦ 叠音名词的末一音节。妈妈／哥哥／爷爷／伯伯／奶奶／姐姐／爸爸／妹妹／弟弟

⑧ 重叠动词的末一音节。说说／读读／看看／想想

⑨ 做宾语的人称代词。老师叫你／我找他

5. 轻声的注音

《汉语拼音方案》规定：轻声音节不标声调符号。在《现代汉语词典》中，读轻声的音节除了不标声调符号外，还在该音节前面加圆点。若该词语在不同场合分别读轻声和非轻声，则该词语为可轻声，标注为既加圆点又标调号。

★普通话轻声词语表

（1）本表根据《普通话水平测试用普通话词语表》编制。

（2）本表共收词545条（其中"子"尾词206条），按汉语拼音字母顺序排列。

（3）条目中的非轻声音节只标本调，不标变调；条目中的轻声音节，注音不标调号，如"明白 míngbai"。

a

爱人 àiren　　　　　　　　　　　案子 ànzi

b

巴掌 bāzhang　　包袱 bāofu　　辫子 biànzi
把子 bǎzi　　包涵 bāohan　　别扭 bièniu
把子 bàzi　　包子 bāozi　　饼子 bǐngzi
爸爸 bàba　　豹子 bàozi　　拨弄 bōnong
白净 báijing　　杯子 bēizi　　脖子 bózi
班子 bānzi　　被子 bèizi　　簸箕 bòji
板子 bǎnzi　　本事 běnshi　　补丁 bǔding
帮手 bāngshou　　本子 běnzi　　不由得 bùyóude
梆子 bāngzi　　鼻子 bízi　　不在乎 bùzàihu
膀子 bǎngzi　　比方 bǐfang　　步子 bùzi
棒槌 bàngchui　　鞭子 biānzi　　部分 bùfen
棒子 bàngzi　　扁担 biǎndan

c

裁缝 cáifeng　　车子 chēzi　　畜生 chùsheng
财主 cáizhu　　称呼 chēnghu　　窗户 chuānghu
苍蝇 cāngying　　池子 chízi　　窗子 chuāngzi
差事 chàishi　　尺子 chǐzi　　锤子 chuízi
柴火 cháihuo　　虫子 chóngzi　　刺猬 cìwei
肠子 chángzi　　绸子 chóuzi　　凑合 còuhe
厂子 chǎngzi　　除了 chúle　　村子 cūnzi
场子 chǎngzi　　锄头 chútou

d

奓拉 dāla　　带子 dàizi　　提防 dīfang
答应 dāying　　袋子 dàizi　　笛子 dízi
打扮 dǎban　　耽搁 dānge　　底子 dǐzi
打点 dǎdian　　耽误 dānwu　　地道 dìdao
打发 dǎfa　　单子 dānzi　　地方 dìfang
打量 dǎliang　　胆子 dǎnzi　　弟弟 dìdi
打算 dǎsuan　　担子 dànzi　　弟兄 dìxiong
打听 dǎting　　刀子 dāozi　　点心 diǎnxin
大方 dàfang　　道士 dàoshi　　调子 diàozi
大爷 dàye　　稻子 dàozi　　钉子 dīngzi
大夫 dàifu　　灯笼 dēnglong　　东家 dōngjia

东西 dōngxi　　　　　嘟囔 dūnang　　　　　对头 duìtou
动静 dòngjing　　　　　肚子 dǔzi　　　　　　队伍 duìwu
动弹 dòngtan　　　　　肚子 dùzi　　　　　　多么 duōme
豆腐 dòufu　　　　　　缎子 duànzi
豆子 dòuzi　　　　　　对付 duìfu

e

蛾子 ézi　　　　　　　儿子 érzi　　　　　　耳朵 ěrduo

f

贩子 fànzi　　　　　　风筝 fēngzheng　　　　斧子 fǔzi
房子 fángzi　　　　　　疯子 fēngzi
份子 fènzi　　　　　　福气 fúqi

g

盖子 gàizi　　　　　　格子 gézi　　　　　　寡妇 guǎfu
甘蔗 gānzhe　　　　　个子 gèzi　　　　　　褂子 guàzi
杆子 gānzi　　　　　　根子 gēnzi　　　　　怪物 guàiwu
杆子 gǎnzi　　　　　　跟头 gēntou　　　　　关系 guānxi
干事 gànshi　　　　　工夫 gōngfu　　　　　官司 guānsi
杠子 gàngzi　　　　　弓子 gōngzi　　　　　罐头 guàntou
高粱 gāoliang　　　　公公 gōnggong　　　　罐子 guànzi
膏药 gāoyao　　　　　功夫 gōngfu　　　　　规矩 guīju
稿子 gǎozi　　　　　　钩子 gōuzi　　　　　闺女 guīnü
告诉 gàosu　　　　　姑姑 gūgu　　　　　　鬼子 guǐzi
疙瘩 gēda　　　　　姑娘 gūniang　　　　　柜子 guìzi
哥哥 gēge　　　　　　谷子 gǔzi　　　　　棍子 gùnzi
胳膊 gēbo　　　　　骨头 gǔtou　　　　　锅子 guōzi
鸽子 gēzi　　　　　故事 gùshi　　　　　果子 guǒzi

h

蛤蟆 háma　　　　　行当 hángdang　　　　盒子 hézi
孩子 háizi　　　　　合同 hétong　　　　　红火 hónghuo
含糊 hánhu　　　　和尚 héshang　　　　　猴子 hóuzi
汉子 hànzi　　　　　核桃 hétao　　　　　后头 hòutou

厚道 hòudao   皇上 huángshang   火候 huǒhou
狐狸 húli   幌子 huǎngzi   伙计 huǒji
胡琴 húqin   胡萝 húluóbo   护士 hùshi
糊涂 hútu   活泼 huópo

j

机灵 jīling   剪子 jiǎnzi   姐姐 jiějie
脊梁 jǐliang   见识 jiànshi   戒指 jièzhi
记号 jìhao   毽子 jiànzi   金子 jīnzi
记性 jìxing   将就 jiāngjiu   精神 jīngshen
夹子 jiāzi   交情 jiāoqing   镜子 jìngzi
家伙 jiāhuo   饺子 jiǎozi   舅舅 jiùjiu
架势 jiàshi   叫唤 jiàohuan   橘子 júzi
架子 jiàzi   轿子 jiàozi   句子 jùzi
嫁妆 jiàzhuang   结实 jiēshi   卷子 juànzi
尖子 jiānzi   街坊 jiēfang
茧子 jiǎnzi   姐夫 jiěfu

k

咳嗽 késou   扣子 kòuzi   框子 kuàngzi
客气 kèqi   窟窿 kūlong   困难 kùnnan
空子 kòngzi   裤子 kùzǐ   阔气 kuòqi
口袋 kǒudai   快活 kuàihuo
口子 kǒuzi   筷子 kuàizi

l

喇叭 lǎba   老子 lǎozi   栗子 lìzi
喇嘛 lǎma   姥姥 lǎolao   痢疾 lìji
篮子 lánzi   累赘 léizhui   连累 liánlei
懒得 lǎnde   篱笆 líba   帘子 liánzi
浪头 làngtou   里头 lǐtou   凉快 liángkuai
老婆 lǎopo   力气 lìqi   粮食 liángshi
老实 lǎoshi   厉害 lìhai   两口子 liǎngkǒuzi
老太太 lǎotaitai   利落 lìluo   料子 liàozi
老头子 lǎotóuzi   利索 lìsuo   林子 línzi
老爷 lǎoye   例子 lìzi   翎子 língzi

领子 lǐngzi　　　　炉子 lúzi　　　　　骡子 luózi

溜达 liūda　　　　路子 lùzi　　　　　骆驼 luòtuo

聋子 lóngzi　　　　轮子 lúnzi

笼子 lóngzi　　　　萝卜 luóbo

m

妈妈 māma　　　　冒失 màoshi　　　　苗头 miáotou

麻烦 máfan　　　　帽子 màozi　　　　名堂 míngtang

麻利 máli　　　　　眉毛 méimao　　　　名字 míngzi

麻子 mázi　　　　　媒人 méiren　　　　明白 míngbai

马虎 mǎhu　　　　妹妹 mèimei　　　　蘑菇 mógu

码头 mǎtou　　　　门道 méndao　　　　模糊 móhu

买卖 mǎimai　　　　眯缝 mīfeng　　　　木匠 mùjiang

麦子 màizi　　　　迷糊 míhu　　　　　木头 mùtou

馒头 mántou　　　　面子 miànzi

忙活 mánghuo　　　苗条 miáotiao

n

那么 nàme　　　　能耐 néngnai　　　　镊子 nièzi

奶奶 nǎinai　　　　你们 nǐmen　　　　奴才 núcai

难为 nánwei　　　　念叨 niàndao　　　　女婿 nǚxu

脑袋 nǎodài　　　　念头 niàntou　　　　暖和 nuǎnhuo

脑子 nǎozi　　　　娘家 niánjia　　　　疟疾 nüèji

p

拍子 pāizi　　　　朋友 péngyou　　　　骗子 piànzi

牌楼 páilou　　　　棚子 péngzi　　　　票子 piàozi

牌子 páizi　　　　脾气 píqi　　　　　漂亮 piàoliang

盘算 pánsuan　　　皮子 pízi　　　　　瓶子 píngzi

盘子 pánzi　　　　痞子 pǐzi　　　　　婆家 pójia

胖子 pàngzi　　　　屁股 pìgu　　　　　婆婆 pópo

狍子 páozi　　　　片子 piānzi　　　　铺盖 pùgai

盆子 pénzi　　　　便宜 piányi

q

欺负 qīfu　　　　　旗子 qízi　　　　　前头 qiántou

钳子 qiánzi　　　　清楚 qīngchu　　　　拳头 quántou
茄子 qiézi　　　　　亲家 qìngjia　　　　裙子 qúnzi
亲戚 qīnqi　　　　　曲子 qǔzi
勤快 qínkuai　　　　圈子 quānzi

r

热闹 rènào　　　　　人们 rénmen　　　　日子 rìzi
人家 rénjia　　　　　认识 rènshi　　　　褥子 rùzi

s

塞子 sāizi　　　　　婶子 shěnzi　　　　事情 shìqing
嗓子 sǎngzi　　　　生意 shēngyi　　　　柿子 shìzi
嫂子 sǎozi　　　　　牲口 shēngkou　　　收成 shōucheng
扫帚 sàozhou　　　　绳子 shéngzi　　　　收拾 shōushi
沙子 shāzi　　　　　师父 shīfu　　　　　首饰 shǒushi
傻子 shǎzi　　　　　师傅 shīfu　　　　　叔叔 shūshu
扇子 shànzi　　　　虱子 shīzǐ　　　　　梳子 shūzi
商量 shāngliang　　狮子 shīzǐ　　　　　舒服 shūfu
上司 shàngsi　　　　石匠 shíjiang　　　舒坦 shūtan
上头 shàngtou　　　石榴 shíliu　　　　疏忽 shūhu
烧饼 shāobing　　　石头 shítou　　　　爽快 shuǎngkuai
勺子 sháozi　　　　时候 shíhou　　　　思量 sīliang
少爷 shàoye　　　　实在 shízai　　　　算计 suànji
哨子 shàozi　　　　拾掇 shíduo　　　　岁数 suìshu
舌头 shétou　　　　使唤 shǐhuan　　　孙子 sūnzi
身子 shēnzi　　　　世故 shìgu
什么 shénme　　　　似的 shìde

t

他们 tāmen　　　　桃子 táozi　　　　　铁匠 tiějiang
它们 tāmen　　　　特务 tèwu　　　　　亭子 tíngzi
她们 tāmen　　　　梯子 tīzi　　　　　头发 tóufa
台子 táizi　　　　　蹄子 tízi　　　　　头子 tóuzi
太太 tàitai　　　　挑剔 tiāoti　　　　兔子 tùzi
摊子 tānzi　　　　　挑子 tiāozi　　　　妥当 tuǒdang
坛子 tánzi　　　　　条子 tiáozi　　　　唾沫 tuòmo
毯子 tǎnzi　　　　　跳蚤 tiàozao

W

挖苦 wāku
娃娃 wáwa
袜子 wàzi
晚上 wǎnshang
尾巴 wěiba

委屈 wěiqu
为了 wèile
位置 wèizhi
位子 wèizi
蚊子 wénzi

稳当 wěndang
我们 wǒmen
屋子 wūzi

X

稀罕 xīhan
席子 xízi
媳妇 xífu
喜欢 xǐhuan
瞎子 xiāzi
匣子 xiázi
下巴 xiàba
吓唬 xiàhu
先生 xiānsheng
乡下 xiāngxia
箱子 xiāngzi

相声 xiàngsheng
消息 xiāoxi
小伙子 xiǎohuǒzi
小气 xiǎoqi
小子 xiǎozi
笑话 xiàohua
谢谢 xièxie
心思 xīnsi
星星 xīngxing
猩猩 xīngxing
行李 xíngli

性子 xìngzi
兄弟 xiōngdi
休息 xiūxi
秀才 xiùcai
秀气 xiùqi
袖子 xiùzi
靴子 xuēzi
学生 xuésheng
学问 xuéwen

Y

丫头 yātou
鸭子 yāzi
衙门 yámen
哑巴 yǎba
胭脂 yānzhi
烟筒 yāntong
眼睛 yǎnjing
燕子 yànzi
秧歌 yāngge
养活 yǎnghuo
样子 yàngzi

吆喝 yāohe
妖精 yāojing
钥匙 yàoshi
椰子 yēzi
爷爷 yéye
叶子 yèzi
一辈子 yībèizi
衣服 yīfu
衣裳 yīshang
椅子 yǐzi
意思 yìsi

银子 yínzi
影子 yǐngzi
应酬 yìngchou
柚子 yòuzi
冤枉 yuānwang
院子 yuànzi
月饼 yuèbing
月亮 yuèliang
云彩 yúncai
运气 yùnqi

Z

在乎 zàihu
咱们 zánmen

早上 zǎoshang
怎么 zěnme

扎实 zhāshi
眨巴 zhǎba

栅栏 zhàlan　　　镇子 zhènzi　　　庄稼 zhuāngjia
宅子 zháizi　　　芝麻 zhīma　　　庄子 zhuāngzi
寨子 zhàizi　　　知识 zhīshi　　　壮实 zhuàngshi
张罗 zhāngluo　　侄子 zhízi　　　状元 zhuàngyuan
丈夫 zhàngfu　　指甲 zhǐjia（zhījia）　锥子 zhuīzi
帐篷 zhàngpeng　指头 zhǐtou（zhítou）　桌子 zhuōzi
丈人 zhàngren　种子 zhǒngzi　　字号 zìhao
帐子 zhàngzi　　珠子 zhūzi　　　自在 zìzai
招呼 zhāohu　　竹子 zhúzi　　　粽子 zòngzi
招牌 zhāopai　　主意 zhǔyi（zhúyi）　祖宗 zǔzong
折腾 zhēteng　　主子 zhǔzi　　　嘴巴 zuǐba
这个 zhège　　　柱子 zhùzi　　　作坊 zuōfang
这么 zhème　　　爪子 zhuǎzi　　　琢磨 zhuómo
枕头 zhěntou　　转悠 zhuànyou

（三）“一、不”的变调

（1）“一、不”在单念或用在词句末尾时，读原调，“一”阴平，调值55，如：九九归一、唯一、三七二十一。“不”去声，调值51，如：不、决不。

（2）“一、不”用在重叠动词中间，如：试一试、看一看、走不走、是不是。“不”用在重叠的动词、名词、形容词中间或者形容词中间，如：人不人、鬼不鬼、能不能、好不好、对不对、酸不溜丢、说不来。都读轻声。

（3）“一”在阴平、阳平、上声前面，变为去声。如：阴平，一心、一天、一般、一生；阳平，一时、一头、一团、一直；上声，一体、一举、一总、一起。“不”在阴平、阳平、上声前面，仍读去声。如：阴平，不堪、不惜、不安、不公；阳平，不曾、不行、不符、不如；上声，不等、不法、不许、不久。

（4）“一、不”在去声前面，变为阳平。如：一定、一切、一致、一律、不去、不在。

“一、不”的变调规律可以总结为：“一、不”两字变调同，去声前面读阳平，遇到非去要念去，夹在词间读轻声。

三、语气词“啊”的音变

试一试

下面句尾的“啊”，你知道怎么读吗？
（1）今年六十二啊！　　　（2）歌声多好听啊！
（3）有没有啊？　　　　　（4）好大的鱼啊！

（一）变化规律

（1）前面的音素是 a、o（ao、iao 除外）e、ê、i、ü 时读 ya，汉字写作"呀"。

（2）前面的音素是 u（包括 ao、iao，因为 o 实际上是稍紧的 u）时，读成 wa，汉字写作"哇"。

（3）前面的音素是 n 时，读成 na，汉字写作"哪"。

（4）前面的音素是 ng 时，读成 nga，汉字仍写作"啊"。

（5）前面的音素是 -i（舌尖后元音）、er 时，读 ra，汉字仍写作"啊"。

（6）前面的音素是 -i（舌尖前元音）时，读成 za，汉字仍写作"啊"。

想一想

上面六条规则看起来很复杂，有什么简便的方法可以很快地掌握"啊"的音变吗？

小提示

请试着将"啊"前面的音节拉长，然后加上一个舌面元音 a，你发现什么了吗？

（二）"啊"的音变练习

【练习 1】请读准词尾的"啊"

不动啊	很帅啊	真脆啊	没治啊
多棒啊	多苦啊	杂志啊	写字啊
来啊	看啊	高啊	是啊
蓝啊	命啊	蠢啊	有啊
奇啊	干啊	你啊	我啊
渴啊	秀啊	气啊	唱啊

【练习 2】请判断下列句尾的"啊"应该读什么音，汉字写作什么。

① 这是一本好书啊！

② 是你哥哥啊！

③ 这究竟是怎么回事啊！

④ 大家一起唱啊！

⑤ 多少工资啊！

⑥ 要认真学习啊！

⑦ 两个什么字啊！

⑧ 他真是个好人啊！

四、儿化

（一）儿化的含义

在语流中，有时单韵母er与其他音节的韵母结合，会改变原来韵母的读音，成为带有卷舌动作的韵母，我们将其称为儿化韵。儿化韵的"儿"，不是一个独立的音节，它要"化"到前一个音节上，只保持一个卷舌动作，使两个音节融合成为一个音节，前面音节里的韵母或多或少地发生变化。这种音变现象，就是"儿化"。

（二）儿化的作用

（1）表示温婉的语感。

如：鲜花儿　　花篮儿　　油画儿　　　您慢慢儿走！　　有工夫来玩儿！
（2）形容细小轻微的性质和形状。

如：小狗儿　门缝儿　木棍儿　线绳儿
（3）确定名词词性。

如：盖——盖儿　　画——画儿　　罩——罩儿
（4）区分词义。

如：一点儿（少量，不同于表示时间的"一点、两点"）　　一块儿（一同）
（5）区别同音词。

如：拉练——拉链儿　开火——开伙儿
（6）习惯儿化，没有什么特殊作用。

如：旁边儿　　圆圈儿　　走道儿　　没人儿　　捎信儿

（三）儿化的发音

儿化的发音，以方便"儿化"为规则，便于卷舌的（舌位较低或较后，如：a、o、e、ê、u），直接卷舌，原韵母不变；不便于卷舌的，指韵母的末尾音素是前、高元音，舌尖元音或鼻韵尾，末尾音素与卷舌动作冲突，则调整韵母再卷舌。

具体可以分为以下几类：

（1）韵腹或韵尾是a、o、e、u时，韵母不变，直接加卷舌动作。

号码儿（hàomǎr）

唱歌儿（chànggēr）

小狗儿（xiǎogǒur）

草帽儿（cǎomàor）

（2）当韵尾是-i、-n时，由于不便卷舌，丢掉-i、-n，然后加卷舌动作。

壶盖儿（húgàr）

香味儿（xiāngwèr）

转弯儿（zhuǎnwàr）

邪门儿（xiémér）

（3）当韵尾是-ng时，丢-ng加卷舌动作，同时主要元音鼻化。

皮影儿（píyǐr）

（4）当韵母是i、ü时，韵母不变，加er。

玩艺儿（wányìer） 毛驴儿（máolǘer）

（5）当韵母是舌尖韵母-i时，丢-i，加er。

唱词儿（chàngcér） 没事儿（méishèr）

（6）当韵母是ui、in、un、ün时，丢-i或-n，加er。

麦穗儿（màisuèr）干劲儿（gànjièr）车轮儿（chēluér）彩云儿（cǎiyuér）

普通话39个韵母中，er、ê不能被儿化，o、ueng未见儿化词，所以只有35个韵母可被儿化。

（四）儿化的注音

一般情况下，对于儿化词的注音要求是：被儿化的音节保持原型不变，直接在其后面加注表示卷舌动作的符号"r"；专门用于指导发音的时候除外。

普通话儿化词语表
朗读音频

★普通话儿化词表

（1）本表根据《普通话水平测试用普通话词语表》编制。

（2）本表共收词545条（其中"子"尾词206条），按汉语拼音字母顺序排列。

（3）条目中的非轻声音节只标本调，不标变调；条目中的轻声音节，注音不标调号，如："明白 míngbai"。

一

a〉ar

刀把儿 dāobàr	板擦儿 bǎncār	打杂儿 dǎzár
戏法儿 xìfǎr	号码儿 hàomǎr	
找茬儿 zhǎochár	在哪儿 zàinǎr	

ai〉ar

名牌儿 míngpáir	加塞儿 jiāsāir	小孩儿 xiǎoháir
壶盖儿 húgàir	鞋带儿 xiédàir	

an〉ar

快板儿 kuàibǎnr	笔杆儿 bǐgǎnr	包干儿 bāogānr
蒜瓣儿 suànbànr	老伴儿 lǎobànr	门槛儿 ménkǎnr
脸蛋儿 liǎndànr	脸盘儿 liǎnpánr	
栅栏儿 zhàlánr	收摊儿 shōutānr	

二

ang 〉ar（鼻化）

药方儿 yàofāngr　　　　赶趟儿 gǎntàngr

香肠儿 xiāngchángr　　瓜瓤儿 guārángr

三

ia 〉iar

掉价儿 diàojiàr　　　豆芽儿 dòuyár　　　一下儿 yīxiàr

ian 〉iar

小辫儿 xiǎobiànr　　牙签儿 yáqiānr　　拉链儿 lāliànr

扇面儿 shànmiànr　　心眼儿 xīnyǎnr　　坎肩儿 kǎnjiānr

一点儿 yīdiǎnr　　　照片儿 zhàopiānr　　露馅儿 lòuxiànr

聊天儿 liáotiānr　　差点儿 chàdiǎnr

冒尖儿 màojiānr　　雨点儿 yǔdiǎnr

四

iang 〉iar（鼻化）

鼻梁儿 bíliángr　　花样儿 huāyàngr　　透亮儿 tòuliàngr

五

ua 〉uar

脑瓜儿 nǎoguār　　牙刷儿 yáshuār　　笑话儿 xiàohuar

麻花儿 máhuār　　大褂儿 dàguàr

uai 〉uar

一块儿 yīkuàir

uan 〉uar

茶馆儿 cháguǎnr　　好玩儿 hǎowánr　　拐弯儿 guǎiwānr

火罐儿 huǒguànr　　饭馆儿 fànguǎnr　　大腕儿 dàwànr

打转儿 dǎzhuǎnr　　落款儿 luòkuǎnr

六

uang 〉uar（鼻化）

蛋黄儿 dànhuángr　　天窗儿 tiānchuāngr　　打晃儿 dǎhuàngr

七

üan〉üar

烟卷儿 yānjuǎnr   杂院儿 záyuànr   绕远儿 ràoyuǎnr
出圈儿 chūquānr   手绢儿 shǒujuànr
人缘儿 rényuánr   包圆儿 bāoyuánr

八

ei〉er

刀背儿 dāobèir   摸黑儿 mōhēir

en〉er

老本儿 lǎoběnr   走神儿 zǒushénr   纳闷儿 nàmènr
嗓门儿 sǎngménr   小人儿书 xiǎorénrshū   高跟儿鞋 gāogēnrxié
哥们儿 gēmenr   刀刃儿 dāorènr   一阵儿 yīzhènr
后跟儿 hòugēn r   花盆儿 huāpénr   大婶儿 dàshěnr
别针儿 biézhēnr   把门儿 bǎménr   杏仁儿 xìngrénr

九

eng〉er（鼻化）

钢镚儿 gāngbèngr   夹缝儿 jiāfèngr
脖颈儿 bógěngr   提成儿 tíchéngr

十

ie〉ier

半截儿 bànjiér   小鞋儿 xiǎoxiér

üe〉üer

旦角儿 dànjuér   主角儿 zhǔjuér

十一

uei〉uer

跑腿儿 pǎotuǐr   围嘴儿 wéizuǐr   墨水儿 mòshuǐr
耳垂儿 ěrchuír   一会儿 yīhuìr   走味儿 zǒuwèir

uen〉uer

打盹儿 dǎdǔnr   砂轮儿 shālúnr   没准儿 méizhǔnr

胖墩儿 pàngdūnr　　　　冰棍儿 bīnggùnr　　　　开春儿 kāichūnr

　　　　　　　　　　　ueng〉uer（鼻化）*

小瓮儿 xiǎowèngr

十二

－i（前）〉er

瓜子儿 guāzǐr　　　　　石子儿 shízǐr
没词儿 méicír　　　　　挑刺儿 tiāocìr

－i（后）〉er

墨汁儿 mòzhīr　　　　　记事儿 jìshìr　　　　　锯齿儿 jùchǐr

十三

i〉i：er

针鼻儿 zhēnbír　　　　　垫底儿 diàndǐr
肚脐儿 dùqír　　　　　　玩意儿 wányìr

in〉i：er

有劲儿 yǒujìnr　　　　　脚印儿 jiǎoyìnr　　　　送信儿 sòngxìnr

十四

ing〉i：er（鼻化）

花瓶儿 huāpíngr　　　　火星儿 huǒxīngr　　　　蛋清儿 dànqīngr
图钉儿 túdīngr　　　　　打鸣儿 dǎmíngr　　　　人影儿 rényǐngr
眼镜儿 yǎnjìngr　　　　　门铃儿 ménlíngr

十五

ü〉ü：er

毛驴儿 máolǘr　　　　　痰盂儿 tányúr　　　　　小曲儿 xiǎoqǔr

üe〉ü：er

合群儿 héqúnr

十六

e〉er

模特儿 mótèr　　　　　唱歌儿 chànggēr　　　　打嗝儿 dǎgér

在这儿 zàizhèr   挨个儿 āigèr
逗乐儿 dòulèr   饭盒儿 fànhér

十七
u〉ur

碎步儿 suìbùr   泪珠儿 lèizhūr   梨核儿 líhúr
儿媳妇儿 érxífur   没谱儿 méipǔr   有数儿 yǒushùr

十八
ong〉or（鼻化）

果冻儿 guǒdòngr   酒盅儿 jiǔzhōngr   抽空儿 chōukòngr
胡同儿 hútòngr   门洞儿 méndòngr   小葱儿 xiǎocōngr

iong〉ior（鼻化）*

小熊儿 xiǎoxióngr

十九
ao〉aor

红包儿 hóngbāor   口哨儿 kǒushàor   绝着儿 juézhāor
半道儿 bàndàor   灯泡儿 dēngpàor   蜜枣儿 mìzǎor
跳高儿 tiàogāor   手套儿 shǒutàor
口罩儿 kǒuzhàor   叫好儿 jiàohǎor

二十
iao〉iaor

鱼漂儿 yúpiāor   豆角儿 dòujiǎor   面条儿 miàntiáor
跑调儿 pǎodiàor   火苗儿 huǒmiáor   开窍儿 kāiqiàor

二十一
ou〉our

衣兜儿 yīdōur   门口儿 ménkǒur   小偷儿 xiǎotōur
老头儿 lǎotóur   线轴儿 xiànzhóur   纽扣儿 niǔkòur
年头儿 niántóur   加油儿 jiāyóur   小丑儿 xiǎochǒur

二十二
iou〉iour

顶牛儿 dǐngniúr   棉球儿 miánqiúr   抓阄儿 zhuājiūr

二十三

uo〉uor

火锅儿 huǒguōr　　　小说儿 xiǎoshuōr　　　邮戳儿 yóuchuōr
大伙儿 dàhuǒr　　　做活儿 zuòhuór　　　被窝儿 bèiwōr

（o）〉or

耳膜儿 ěrmór　　　粉末儿 fěnmòr

对于普通话语流音变，请利用表2-8对自身掌握情况作一个评价。

表2-8　普通话语流音变评价

	优	良	中	差	有 问 题 的 音
上声的变调					
轻声					
"一、不"的变调					
儿化					
语气词"啊"的音变					

存在的问题：

参考文献

［1］陈传万,何大海.教师口语艺术［M］.合肥：合肥工业大学出版社,2017.
［2］贺虎.普通话教程［M］.兰州：兰州大学出版社,2019.
［3］黄伯荣,廖序东.现代汉语［M］.北京：高等教育出版社,2017.
［4］祁艳红,彭爽.新编教师普通话口语教程［M］.天津：南开大学出版社,2017.
［5］孙萍.普通话培训与测试教程［M］.西安：西北工业大学出版社,2020.
［6］吴月芹,李素琴.新编普通话水平测试教程［M］.南京：南京大学出版社,2019.
［7］杨立岗.正音学（修订版）［M］.北京：中国广播电视出版社,2007.
［8］朱道明.普通话教程［M］.武汉：华中师范大学出版社,2006.

第三章　一般口语表达

　　语言是教师工作中最常使用的工具，教师需要用语言来表达自己的思想，需要用语言与学生进行沟通。因此，在能够说标准或比较标准的普通话后，教师需要掌握一般口语表达技巧，比如朗读、演讲、辩论等，做到表意明确，条理清晰，语句规范，表达流畅，态势得体。

　　在这一章，我们将学到的内容如表3-1所示。

表3-1　一般口语表达主要内容

	我将学会这些技能（目标/产出）	我为什么要学习这些技能（需求/依据）	我将如何学到这些技能（过程/手段）	我如何知道已经掌握了这些技能（评价/测量/改进）
第一节 口语表达概述	1. 区分口语表达和书面语表达 2. 口语表达的基本方式	1. 更好地运用口语进行有效表达 2. 为教师职业口语表达奠定基础	1. 了解口语表达的概念及特点 2. 掌握口语表达基本方式的要求、类型及训练方法 3. 分析示例 4. 实践任务	自我反思 根据评价表逐项自我评价 巩固训练自查
第二节 朗读训练	1. 常见的朗读表达技巧 2. 不同文体的朗读方法	1. 提升朗读能力，强化朗读感染力 2. 应对不同文本，读出文体特点 3. 激发朗读兴趣，夯实教学基本功	1. 了解不同朗读技巧的含义、类型及运用方法 2. 掌握不同文体的朗读要求 3. 分析示例 4. 实践任务	自我反思 根据评价表逐项自我评价
第三节 演讲训练	1. 命题演讲的能力 2. 即兴演讲的能力 3. 态势语的恰当使用	1. 提升演讲能力，强化演讲感染力 2. 培养分析命题，提炼主题，组织语言的能力 3. 培养快速构思，即兴反应的能力 4. 能更好地运用态势语辅助演讲表达	1. 了解命题演讲稿的写作及语言运用要求 2. 掌握即兴演讲取材及构思的方法 3. 掌握演讲中面部表情、体态姿势的使用 4. 分析示例 5. 实践任务	自我反思 根据评价表逐项自我评价
第四节 辩论训练	1. 辩论的思维能力 2. 辩论的攻防技巧	1. 锻炼思辨能力及判断能力 2. 能在言语交锋时占据优势 3. 提升快速应答的能力	1. 了解辩论思维的要求及方式 2. 掌握辩论交锋时常见的进攻和防守的技巧 3. 分析示例 4. 实践任务	自我反思 根据评价表逐项自我评价

第一节 口语表达概述

以下是某位演讲者对自己演讲稿中一段文字的修改：

（修改前）

母亲闭口不言，面露不悦，俯身拿起行李，转身离开了。桌子上的东西丝毫未动，那把钥匙依然放在桌上。

（修改后）

妈妈一句话也没说，看上去很不高兴，弯下腰拿起行李，转身走了。桌子上的东西一点儿也没动，那把钥匙还是放在桌子上。

想一想

比较修改前、后两段内容的表达，想想：演讲者为什么要做这样的修改？

一、口语表达的概念

口语表达是人们运用口头语言及态势语言进行信息传递和思想交流，以实现一定的交际目的的言语活动，是一种有意识的社会实践活动。口语表达有别于书面语表达，它是以语音为载体，诉诸听觉的，因此表达更通俗、更直接、更灵活，使用也更广泛。

口语表达有一般口语表达和专业口语表达之分。一般口语表达，是指在发言、交谈、朗读、演讲、辩论等常见口语活动中的表达。专业口语表达，是指在专业领域中，遵循专业规范和要求，完成专业任务的表达活动。

教师在掌握普通话标准发音的基础上，应该具有一定的一般口语表达的能力，这既是教师素养的反映，也是为今后教师专业口语培养奠定基础。

二、口语表达的特点

口语表达是运用有声语言，通过口说耳听进行交流的，这种表达方式有自己的特点。

1. 暂留性

口语是有声语言的即时传递，是转瞬即逝的，它不像书面文字那样可以长时间保存。因此，人们在表达时，话一说出口，就是思想表达的最终形式，这就对表达者提出了较高的要求。表达者只有思维敏捷、条理清晰、声音响亮、语速得当，才能提高语言信息的传递质量。

2. 临场性

口语表达不像书面表达那样相对固定，它受时空的限制，表达必须符合时空的现时要求，而现时情况是瞬息万变的，因此口语表达需要表达者根据临场情况，在与听众的现场交流中，不断产生新的想法，适时调整，即兴而谈，现想现说。

3. 灵活性

口语表达是为实现一定的交际目的而做，听众往往就在面前，表达时要求信息传递速度快、信息量大、易于理解。因此，多采用短句、散句、省略句，词汇使用丰富，结构较松散，甚至有时不完整，有重复，有脱节，有补充，有插说，有冗余，组合较灵活。

4. 综合性

口语表达的过程是人的思维、语音、体态、表情等多种因素的综合呈现。口语表达的内容即思维的结果，而一个人的思维结果，又和这个人的文化素质、道德水平、生活体验等相关。语音是口语表达的主要构成要素，而语音又有高、低、强、弱、快、慢等的不同表现。体态及表情也是口语表达中不可或缺的辅助因素，而体态又包括手势、体势、动作等，表情则包括目光、微笑等。可见，口语表达是多种因素作用下的综合呈现。

案例分享：

小张是师范专业的毕业生，专业知识扎实，毕业后就职于一所重点中学，成为一名新教师。每次上课前，小张都会认真思考，精心备课，她希望自己的每一堂课，都能获得学生的喜爱。可是一段时间之后，她发现在自己的课上，学生们时不时会走神，甚至有人昏昏欲睡，她不知道问题出在哪儿。于是，她请来办公室有多年教学经验的王老师听课。听完课，王老师说道："小张，你的课内容设计还是不错的，但是你讲课时，语速很快，声音又太小，而且语调单调，没什么变化，重点不突出，你又专注于自己的讲课中，不注意根据学生反应，调整内容，语言互动性不足，很多表达也不够口语化，缺少亲和力和感染力，这样很容易让学生产生听觉上的疲劳。"原来是这样，小张恍然大悟。

（根据师范专业毕业生工作经历整理改编）

案例中小张出现的情况是很多新入职的年轻教师都会遇到的问题，在课堂教学中，口语表达的基本能力对于教学效果有不容忽视的影响，除了普通话表达要标准外，还要了解口语表达的特点，在音量、语速、语调、语言风格、沟通策略等方面都要根据教学需要来进行合理的调整。这样，口语表达才能生动灵活，富有感染力，才能更好地传递教学信息，提高教学质量。

三、口语表达的基本方式

口语表达方式多种多样。这里重点介绍复述、描述、解说、评述四种基本方式。

（一）复述

1. 复述的含义

复述就是把读过、听过的语言文字材料在理解的基础上加以整理，重新叙述出来的口语表达形式。

2. 复述的要求

（1）忠于原作，重点突出。复述要准确地体现原材料的中心和重点，即使是做扩展，也需要尊重原作的情节框架和主题思想，展开合理想象。

（2）条理清晰，要素齐全。复述时要条理井然，前后连贯，逻辑清晰，要素齐全，不管讲一件事情，还是说一个道理，都要使听众听得明明白白。

（3）语调自然，表达晓畅。复述要在理解原作思想感情的基础上，选用合适自然的语调贴切地表达，适当地把书面语转化为口语，使表达晓畅，易于理解。

3. 复述的主要类型

1）详细复述

这是在忠于原材料的基础上，用自己的语言按照原材料的内容顺序，准确、完整地述说，尽量保留原材料的内容，表现方法不改变。但复述不同于背诵，可以稍加调整，将书面语适当地改为口语，长句改为短句，使复述通俗易懂。

2）简要复述

这是对原材料的浓缩概括，要求省去细枝末节，简明扼要地讲述，但必须尊重原材料的中心要点，脉络清晰，前后连贯，结构完整。

案例分享：

桥梁专家茅以升

茅以升是我国著名的桥梁工程专家。他从小聪慧过人，记忆超群，几乎每次考试都是第一名。

十一岁那年，他的家乡发生了一场事故。那天是端午节，一场激烈的龙舟赛正在家乡的秦淮河上进行。当时，河岸边、桥上挤满了看热闹的人。谁也没有想到由于人太多，"轰"的一声桥塌了，一下子砸死、压死了不少人。从那以后，茅以升坚定了一个信念："长大以后，我要为人们建一座坚固的、压不塌的大桥。"十九岁那年，茅以升以优异的成绩获得公派赴美留学的机会。为了实现理想，他选修了桥梁建筑专业。经过几年的努力学习，他顺利完成学业，获得了博士学位。四年的留学生涯结束后，茅以升回到祖国。

三十七岁时，他接到了建造钱塘江大桥的任务。他内心无比激动，欣然接受了任务，立刻把全部精力投入了钱塘江大桥的筹备工作中。钱塘江是著名的险江，山洪暴发和海潮上涨同时发生时，江内波涛汹涌，不可抵挡。茅以升以科学家的严谨态度和求实精神，对钱塘江的水文、气象和地质条件进行了多次调查和研究，精心设计了上层为公路，下层为铁路的建桥方案。茅以升和全体工作人员经过三年的艰苦奋斗,终于建起了一座雄伟的钱塘江大桥。

（选自《中外科学家的故事》,南京大学出版社,2014年,71页,有删改）

桥梁专家茅以升（详细复述实录）

茅以升是我国著名的桥梁工程专家。他小时候就很聪明,记忆力非常好,几乎每次考试都得第一名。

在他十一岁端午节那天,他的家乡发生了一场事故。当时在秦淮河上正在进行激烈的龙舟赛,河岸边、桥上都挤满了看热闹的人。没想到,由于人太多,桥被压塌了,压死了不少人。那件事以后,茅以升坚定了自己的信念:长大以后,一定要为人们建造一座压不塌的、坚固的大桥。十九岁时,茅以升以优异的成绩获得公派留学机会,前往美国留学,他一心想要实现自己理想,选修了桥梁建筑专业。几年以后,他顺利完成学业,获得了博士学位,并回到了祖国。

茅以升三十七岁时,接到了建造钱塘江大桥的任务。他非常激动,很高兴地接受了这个任务,马上把所有的精力都投入筹备工作中。钱塘江是出了名的险江,如果山洪暴发和海潮上涨同时发生,江内波涛汹涌,真是无法抵挡。茅以升抱着严谨和求实的态度,对钱塘江的水文、气象、地质情况进行了多次的调查和研究,精心设计了建造方案,确定了上层为公路,下层为铁路的设计。经过茅以升和全体工作人员三年多的艰苦奋斗,一座雄伟的钱塘江大桥终于建成了。

桥梁专家茅以升（简要复述实录）

茅以升是我国著名的桥梁工程专家。他小时候目睹了一次塌桥事故,深受触动,于是立志要为人们建造一座坚固的大桥。成年后他赴美留学,选修桥梁建筑专业,完成学业后回到祖国。三十七岁时,接受了建造钱塘江大桥的任务。他不畏艰难,多次对钱塘江进行全方面的调查和研究,精心设计了建桥方案。经过他和全体工作人员三年的艰苦努力,终于建起了一座雄伟的钱塘江大桥。

3）创造性复述

这是在不改变原材料中心思想的前提下,展开合理丰富的想象,扩充原材料的内容,或细化情节,或增加修饰,或加强论证,使讲述的内容更生动、更完整。

案例分享:

两 只 青 蛙

两只青蛙是邻居,一只住在远离道路的深水池塘里,另一只住在路上的小水洼中。池塘里的青蛙劝邻居搬到他那里去,一起过更美好、更安全的生活。邻居不听,说难以离开住惯了的地方。结果,过路的车子把他轧死了。

（选自《伊索寓言精选》,人民文学出版社,2016年,34页）

两只青蛙（创造性复述实录）

小青和小蛙是两只青蛙,它们是朋友,小青生活在远离道路的深水池塘里,那里环境优美,安静舒适,小青每天在那里游泳、捕虫、玩耍,没有危险,自由自在。小蛙生活在一条路上的小水洼中，那里环境嘈杂，充满了危险。好几次，因为天气干燥，小水洼的水都快干竭了，又有好几次，车来车往，差点轧到了小蛙。小青看到这些，担心朋友的生活状况，就对小蛙说：“小蛙，你看看你的生活环境，多么糟糕啊，你还是搬过来和我一起住吧，我们可以在这里愉快地生活。”小蛙听了，不屑一顾地说：“搬家多麻烦呀，我都习惯了小水洼的生活，想那么多干什么，过一天是一天吧！”说着跳着回到它的小水洼中躺着睡觉去了。小青无奈地摇了摇头。不久以后，一辆过路的车子把小蛙轧死了。

>>> 【实践训练】

复述训练的要领

（1）认真记忆。从框架、细节、衔接等方面对原材料进行记忆，理清原材料的表述思路。

（2）编写提纲。在原材料记忆的基础上，根据复述要求，编写复述提纲。

（3）组织内容。根据复述要求，采用合适的方法，对原材料进行综合、概括、取舍、组合等。

（4）梳理语言。梳理表述语言，选用适合口头语言的措辞、句式等，做好复述准备。

任务一：阅读下列内容，对其进行详细复述和简要复述。

姜太公钓鱼

吕尚，名望，字子牙，祖上本是贵族，但到商纣王时期已沦为平民。他是东海之滨的一位博学多才、深通韬略的名士。因为吕尚的祖先本姓姜，所以后人也称他为“姜子牙”。

吕尚曾短期在商朝为官，侍奉过商纣王。后来因为见纣王暴虐无道，便辞官逃走了。后得知周国西伯昌是明君，就想投到他的门下，但知道他手下有很多谋士，要让他重用自己，冒冒失失上门自荐未必是良策，必须制造一次奇特的“偶遇”。于是，吕尚就离开了周国都城，住进了大山深处的茅屋，天天在渭水北岸垂钓，静候西伯昌任用自己的时机。

这一天，西伯昌要外出打猎，他先占了一卦，想看一看今日会有哪些收获。卦辞上竟写着：“今天您的收获不是老虎，也不是熊，而是辅佐您成就霸业的贤人。他手上拿着的钓竿可有点奇怪，您可千万别错过了。”西伯昌大喜，赶紧带上一批文武大臣直奔深山。

果然，他们一行在渭水北岸见到了一名白发苍苍的老渔翁。渔翁在水边的石头上淡定地坐着，半天，也不见他钓上一条鱼来。西伯昌让随从退避，走上前去深作一揖，说了自己的困惑：“为什么您的鱼钩是直的？这里面有什么讲究吗？”白发老翁就是吕尚，他大笑说：“因为我钓的不是鱼，而是天下的明君您呀！”西伯昌说：“您过誉了。我今日能遇到您，那真是周国的幸运啊。”

两人一同在水边的石头上坐下来，谈得十分投机。西伯昌便派车把吕尚接回周国都城，让他充当了军师。

（选自《史记故事》，江苏少年儿童出版社，2010年，15页，有删改）

任务二：请根据下面古诗提供的情节和意境展开想象,创造性地复述成一则小故事。

回 乡 偶 书

［唐］贺知章

少小离家老大回,

乡音无改鬓毛衰。

儿童相见不相识,

笑问客从何处来。

训练步骤如下。

步骤一：请快速阅读提供的文字材料,并在原材料中划出重点字、词、句。完成任务一时请记录下你所用的阅读时间。

步骤二：请整理归纳原材料重要信息,说出原材料内容涉及的时间、地点、人物,事情的起因、经过、结果等要素。完成任务二时可以发挥想象,在原材料基础上创作补充这些要素。

步骤三：请编写复述提纲,并依据提纲分不同层次,每个层次写出2～3个复述关键词,围绕关键词进一步组织、复述内容。

步骤四：请以小组为单位进行组内复述展示,并相互交流点评,推选一位小组代表进行班级展示,教师点评。

步骤五：训练反思。

(1)你觉得你的复述亮点是什么? 不足是什么?

(2)比较任务一和任务二两种复述形式,谈谈在复述时各自要注意些什么。

(3)同学和老师有没有给你的复述提什么意见? 你觉得最有启发意义的意见是什么?

(4)如有同学要进行复述,你会给他(她)一些什么建议?

(5)自我评价(见表3-2)。

表3-2 复述训练评价

评 价 内 容	优	良	中	差
在内容方面,符合复述要求,与原材料贴合度高。				
在结构方面,脉络清晰,结构完整,前后连贯。				
在表达方面,用语准确,叙述流畅,大方得体。				

>>>【巩固训练】

(1)以小组为单位,选一篇短篇小说,由组员们分别对其进行简要复述,组内讨论评比,挑选出小组成员一致认可的最好的一个复述,并说明你们的挑选标准。

（2）以小组为单位，选择一段说明性材料、一段议论性材料，分别进行详细复述，组内讨论思考，叙事性材料的复述、说明性材料的复述、议论性材料的复述注意点有何不同。

（3）请选择一部你最近观看过的电影，简要复述其内容。

（二）描述

1. 描述的含义

描述就是用生动形象的语言，把自己对客观事物的看法细致地讲述给别人听的一种口语表达形式。通过这种讲述，听者能获得鲜明的印象和深刻的感受。

2. 描述的要求

（1）真实贴切。描述要符合描述对象的基本状况，不能随意夸张渲染，不能毫无根据地胡编乱造，要贴切地表现真实的生活，让人信服。

（2）形象鲜明。描述要抓住事物的特征，突出事物的特点，将事物的形象鲜明地呈现给听者，使人如临其境，如见其人。

（3）生动优美。描述时要想将事物描绘得活灵活现，就要注意言辞准确优美，语调丰富多变，表达生动感人，给人以深刻的感受。

3. 描述的主要类型

1）直接描述

直接描述也叫正面描述，指说话者将描述对象的状况和自己对描述对象的感受直截了当地说出来。这种方法很普遍，是描述最基本的方法。

案例分享：

先说说太湖吧。远望太湖是那么一望无际，怎么也看不见对岸，只见它在阳光的照耀下波光粼粼，散发着神秘的气息，令人心驰神往。湖面上还不时有几只水鸟在嬉戏，时而振臂高飞，时而轻拂水面，快乐自在地享受着这自然的美景。走进太湖，站在湖边，湖水有时也会汹涌地扑面而来，掀起不大不小的风浪，沾湿了我的裤脚。有时又会缓缓流动，漾起一圈圈的涟漪，仿佛在向我诉说着它的故事。

（选录自普通话水平测试命题说话《我的家乡》学生作答内容）

这一段描述的是家乡太湖的景色。说话者直接向我们描述了她远望太湖和走进太湖时看见的美丽景色，以及内心的感受，表达了对太湖的喜爱之情。

2）间接描述

间接描述也叫侧面描述，是通过描述与描述对象有联系的其他景、事物，或是别人的评价，来达到对描述对象的烘托表达。这种描述方法有时是说话者为了实现特殊的表达效果而特意为之，有时是出于交际目的的需要而不得不为之。

案例分享：

我们的心里很忐忑，不知道这次新来的班主任会是个怎样的人。中午去食堂吃饭时，听见高年级的同学说："听说你们新来的班主任可是个才女，琴棋书画样样精通呢！"路过隔壁班，外号小灵通的刘同学又说："你们新来的班主任很凶的，听说以前带班，经常会把人弄哭。"去老师们办公室交作业，又听见老师们谈起这位新来的，都说这下办公室可热闹了。这究竟是个怎样的老师呢，我们的心里更不安了。

（选录自普通话水平测试命题说话《我尊敬的人》学生作答内容）

这一段是从学生角度描述一位尚未露面的班主任，因为和新来的班主任还没见过面，因此说话者没有直接描述，而是借助他人的评价，间接地从侧面一点点地勾画这位老师的形象，为下文具体描述做好了铺垫。

>>> 【实践训练】

小提示

描述与复述的区别

复述以现有的语言文字材料为依据，以读和听为表达基础，可以使用原材料的现成语言。描述以客观存在的事物为依据，以观察为表达基础，需要自己迅速组织语言。因此在描述前，要认真观察，抓住特征，提炼要点，组织语言。

任务："猜猜他（她）是谁"。

请描述本班某位同学，要求既有直接描述，又有间接描述，但不能说出姓名，让同学们猜猜他（她）是谁。

训练步骤如下。

步骤一：观察描述对象，思考选择哪些特征进行描述。

步骤二：思考描述顺序，你打算先讲什么，再讲什么，然后讲什么，最后讲什么。

步骤三：编写描述提纲，并依据提纲分不同层次，每个层次写出2～3个描述关键词，围绕关键词进一步组织描述内容。

步骤四：以小组为单位，"你描述我来猜"，组内互评，并推选一位小组成员作代表进行班级展示，教师点评。

步骤五：训练反思。

（1）你觉得你的描述亮点是什么？不足是什么？

（2）你觉得描述时重点要注意什么问题？

（3）同学和老师给你提了哪些意见？你觉得最有启发意义的意见是什么？

（4）如果下次要进行环境描述，你觉得和人物描述相比，需要注意些什么？

（5）自我评价（见表3-3）。

表3-3 描述训练评价

评 价 内 容	优	良	中	差
在内容方面,符合描述要求,与描述对象贴合度高。				
在结构方面,脉络清晰,结构完整,前后连贯。				
在表达方面,用语准确,叙述流畅,大方得体。				

>>>【巩固训练】

（1）口头写生。请选择你日常生活中或学习生活中熟悉的一个场景,进行口头描述。

（2）追忆往事。请选择你记忆中印象深刻的一件往事,进行口头描述。

（3）捕捉细节。请选择你的某个紧张时刻,详细描述你当时的心理细节。

（三）解说

1. 解说的含义

解说就是对客观事物或事理作准确的说明或解释的一种口语表达方式。它与我们的生活和工作密切相关,也是人们获得知识的重要途径。

2. 解说的要求

（1）科学准确。解说是阐明事理、传授知识的,内容要具有科学性。因此,解说要尊重科学,实事求是,采用恰当的表达方式,准确表意。

（2）条理清晰。解说的目的是使人明白、理解,因此,解说时要根据解说对象本身的特点和人们认识事物的规律,合理安排顺序,做到层次分明,条理清晰。

（3）简洁易懂。解说语言一方面要求简洁明了,精当利落,使人一听就能抓住重点,理解内容;另一方面要求深入浅出,通俗易懂,使人一听就明白。

3. 解说的主要类型

1）简约性解说

简约性解说需要说话者对表达内容进行提炼,概括,省略复杂的细节说明,用简明扼要的话说明事物,解释事理。

案例分享:

做年糕是宁波人庆贺新年的一种传统,以前的宁波家庭要在新年之前做上几十斤至上百斤年糕,泡在冬水里储藏,从腊月一直吃到来年。宁波水磨年糕用当年新产的晚粳米制作,经过浸泡、磨粉、蒸粉、搡捣的过程,分子重新组合,口感也得以改善。搡捣后的米粉团,在铺板上使劲揉压,再揉搓成长条,一条最普通的脚板年糕就成型了。

（《舌尖上的中国·主食的故事》旁白节录）

这段解说用语简练、语义明晰,简要说明了宁波水磨年糕的制作传统和过程,但并未具体详细地展开说明,只是做要点式的呈现,重点突出,令人印象深刻。

2)阐明性解说

阐明性解说关注事物或事理的细节,对事物或事理做详细、全面的阐述说明。解说方法多样,有举例子、列数字、打比方、做对比等,可以把抽象的内容说得具体形象,把深奥的道理说得浅显易懂。

案例分享:

这是越王勾践剑,它通高55.6厘米,宽4.6厘米,柄长8.4厘米,而重量只有875克,不足两瓶矿泉水的重量。不仅如此,它的含锡量为16%~17%,剑身千年不朽。剑柄处有11道同心圆,距离仅为0.2毫米,和现代机床的技术相比,也毫不逊色。目前出土的越王剑有很多把,但能证明是勾践的只此一把。这把越王勾践剑劈开了春秋与战国。

(《国家宝藏·越王勾践剑》台词节录)

这段文字,运用数字较为精准地介绍了越王勾践剑的大小、重量、质地、工艺等信息,运用了列数字、作比较等方法,把专业性较强的知识说得较为细致、具体。

>>> **【实践训练】**

小提示

根据"解说"内容,可以从三个角度把握解说思路:① 讲清"是什么";② 讲清"为什么";③ 讲清"怎么做"。

任务一:简约性解说训练

(1)请用简约性解说方式介绍一处景点。

(2)请用简约性解说方式说明垃圾分类的必要性。

(3)请用简约性解说方式介绍外语学习的方法。

任务二:阐明性解说训练

(1)请用阐明性解说方式介绍家乡的一种特产。

(2)请用阐明性解说方式说明环境保护的重要性。

(3)请用阐明性解说方式介绍一道菜肴的制作方法。

训练步骤如下。

步骤一:任务一、任务二中各选一项任务(可自选,也可教师分配),明确任务要求,思考解说要点及解说顺序。

步骤二:思考解说方法,如举例子、打比方、列数字等。

步骤三:编写解说提纲,并依据提纲分不同层次,每个层次写出2~3个解说关键词,围绕关键词进一步组织描述内容。

步骤四：以小组为单位，进行组内解说展示，组内互评，并推选一位小组代表进行班级展示，教师点评。

步骤五：训练反思。

（1）你觉得在准备解说时难点在哪？你是如何克服这个难点的？

（2）你觉得解说时有哪些解说方法是非常实用的？请结合你的解说实践举例说明。

（3）老师和同学给你提了哪些意见？你觉得最有启发意义的意见是什么？

（4）如有同学要进行解说，你会给他（她）什么建议？

（5）自我评价（见表3-4）。

表3-4 解说训练评价

评 价 内 容	优	良	中	差
在内容方面，符合解说要求，内容准确，要点清晰。				
在结构方面，层次分明，逻辑清晰，结构完整。				
在表达方面，用语准确，叙述流畅，大方得体。				

>>>【巩固训练】

（1）请用三句话简约性解说下列网络流行语。

① 什么是"凡尔赛"？

② 什么是"神兽"？

③ 什么是"后浪"？

④ 什么是"逆行者"？

（2）请用简约性解说作自我介绍。

（3）请选用举例子、列数字、打比方、做对比等方法，对下列话题进行阐明性解说。

① 请说说科学用眼的主要方法。② 请介绍你喜爱的一件礼物。③ 请说说求职应聘应该注意的问题。④ 请说说体育锻炼的好处。

（4）请用阐明性解说介绍你手机上的某个应用程序。

（四）评述

1. 评述的含义

评述是对客观事物发表自己的见解。评述的核心在于"评"，要将自己的见解和感受表达出来，同时又不能少了"述"，必要的"述"可以为"评"提供依据。

2. 评述的要求

（1）客观公正。评述要实事求是，公正中肯，不能主观片面，不能绝对化，不能夸大其词，要做到以理服人。

（2）观点鲜明。评述要观点明确，态度鲜明，支持什么，反对什么，强调什么，都要说得明明白白，不可含糊其词，模棱两可。

（3）准确严谨。评述用词要精当准确，简练通俗，明白易懂，表达要逻辑严密，条理分明，论证合理，使评述具有强大的说服力。

3. 评述的主要类型

1）先述后评

先叙述评论内容，然后进行全面或重点的评论。述是评的基础，评是述的目的和深入，一般用于对人物、事件、发言等的评述。

案例分享：

一些青少年不能正确对待网络，通宵达旦打游戏、聊天、浏览不良信息，沉迷于虚拟世界，甚至不顾身体健康，无节制上网。我曾听说一个男生在网吧打游戏，不吃不喝，也不休息。到了第三天早上，因为体力不支而昏倒在地，送到医院抢救，却为时已晚，死因是疲劳过度。父母含辛茹苦抚养大的孩子，就这样被虚幻的网络游戏夺去了宝贵的生命。由此看来，网络是一把双刃剑。也许人们会因此对网络产生一些偏见，可在我看来还是应该辩证地看这个问题。如果不能正确使用网络功能和资源，便会像刚才提到的那位少年一样，沉迷于上网而无法自拔，但是如果你能积极健康地利用网络功能和资源，它便不是一把无形的剑，而是一位生活的好帮手。

（选自《播音主持艺术入门训练手册》，中国传媒大学出版社，2020年，255页）

这段话先讲述了一些无节制上网的情况，然后列举了一个因连续多天通宵上网而失去生命的少年的例子，最后发表评论，表明自己的看法，是典型的先述后评。

2）先评后述

先阐明自己的观点，再叙述事实和理由来证明自己观点的正确性。这种方式，叙述的事实不求周详具体，材料选取不限于某一范围，可以广泛取材。

案例分享：

在这个信息高速发展的时代，网络使人们的学习、工作和生活变得更加方便快捷，也让我们的生活变得丰富多彩。有一次，老师让我查找一位历史人物的资料，我翻阅了许多书籍，还是没能找到，真是心急如焚。可是后来上网一查，不一会儿，便找到了资料。还有一次我在电视上看到有一个村的几十户农民种植了好几亩绿色蔬菜，一直没有销售出去。一个懂电脑和网络的人帮他们上网找客户，没过几天，便把村里成堆的蔬菜销售一空，这些蔬菜原本等待腐烂的命运，就这样被网络完全改变了。

（选自《播音主持艺术入门训练手册》，中国传媒大学出版社，2020年，255页）

这段文字先提出观点，然后引用说话者经历和看到的事例证明观点的正确性，是典型的先评后述。

3）边述边评

一边叙述客观事物，一边进行评论，述与评紧密结合，交错进行，一般以评重点、评片段为主。常用于串讲课文、评点文章、评价人物等。

案例分享：

《木兰诗》一开始就写木兰在织布，但"不闻机杼声，惟闻女叹息"，这就使读者产生了疑问，不知木兰为何叹息。"问女何所思，问女何所忆"作者自己发问，然后回答"女亦无所思，女亦无所忆"，这样一问一答才进入正题，"昨夜见军帖，可汗大点兵，军书十二卷，卷卷有爷名"，木兰没有心思织布是因为可汗大征兵，木兰的父亲也在被征之列。父亲已经年老无法应征，但"阿爷无大儿，木兰无长兄"，这就不能不使木兰犯愁了。诗一开始就把木兰放在这样一个矛盾面前来表现。面对困难，木兰打算怎么办呢？

（初中语文课堂教学实录）

这是一段《木兰诗》的讲课稿，一边引述原文内容，一边进行点评分析，"述"和"评"结合，融为一体。

>>> 【实践训练】

小提示

"评述"要注意处理好"评"和"述"的关系。

（1）述是手段，评是目的。

（2）述要具体，评有分寸。

（3）述有取舍，评有针对。

（4）评述一体，相辅相成。

任务一：请用先述后评的方式对图3-1所反映的情况进行评述。

任务二：有人说"佛系"是当代青年人的幸福之道，对此你是怎么看的？请用先评后述的方式对此话题进行评述。

任务三：请用边述边评的方式评述一部电视剧或电影。

训练步骤如下。

步骤一：从任务一、任务二、任务三中选择一项任务（可自选，也可教师分配），明确任务要求。对任务

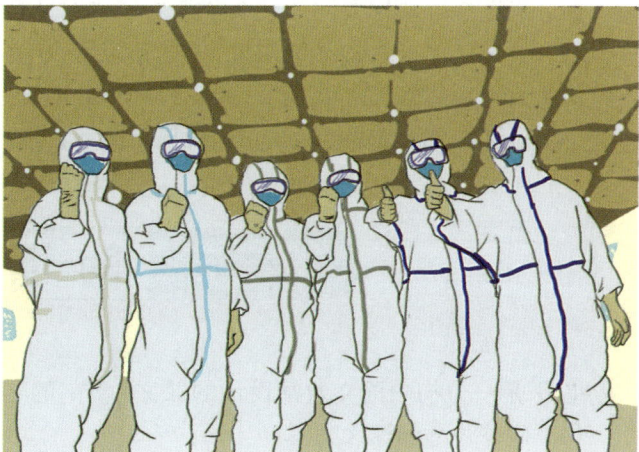

图3-1　评述图片

一,请仔细观察图片,明确主题,围绕主题构思叙述及评述要点。对任务二,请明确观点,根据观点构思叙述及评述要点。对任务三,请选择好评述角度,根据评述角度构思叙述及评述要点。

步骤二:思考叙述顺序及叙述方法,明确评述逻辑及评述方法。

步骤三:编写评述提纲,并依据提纲分不同层次,每个层次写出2～3个评述关键词,围绕关键词进一步组织描述内容。

步骤四:以小组为单位,进行组内评述展示,组内互评,并推选一位小组代表进行班级展示,教师点评。

步骤五:训练反思。

(1)你觉得评述时的难点在哪? 你是如何克服这个难点的?

(2)你觉得评述时评论和叙述两部分各自要注意些什么? 请结合你的评述实践举例说明。

(3)老师和同学给你提了哪些意见? 你觉得最有启发意义的意见是什么?

(4)如果下次你要进行人物评述,你觉得需要注意些什么呢?

(5)自我评价(见表3-5)。

表3-5　评述训练评价

评 价 内 容	优	良	中	差
在内容方面,符合评述要求,叙述得当,评述精准。				
在结构方面,层次分明,逻辑清晰,结构完整。				
在表达方面,用语准确,叙述流畅,大方得体。				

>>> 【巩固训练】

(1)请选择近期你关注的某个热点新闻进行评述。

(2)请选择你喜欢的某位明星,依据其言行,作人物评述。

(3)请选择你参加过的某个校园活动,对此活动进行评述。

(4)请选择你喜欢的某个电视节目,对此节目进行评述。

第二节　朗 读 训 练

以下是一位初中语文教师设计的课文《济南的冬天》的教学目标:

(1)能整体感知课文内容。

(2)能准确、流畅、有感情地朗读课文。

（3）能在阅读中积累课文的优美语句。

（4）能体会作者对济南、对祖国河山真挚的思想感情。

想一想

> 朗读能力对于教师来说有何重要性？

一、朗读概说

（一）朗读的概念

朗读，即朗声读书，就是用清晰响亮的声音把书面文字材料读出来，它是把书面语言转化为发音规范的有声语言的一种再创作活动。它要求朗读者在深入理解文字作品的基础上，用准确生动的声音再现作品的思想内容。

朗读不同于朗诵。朗读是一种教学或宣传的形式，感情真挚自然，逻辑清晰顺畅，目的在于准确表达原作的思想内容；而朗诵是一种文艺表演形式，声音生动优美，情感丰富充沛，语气语调起伏变化较大，还要运用手势、眼神、姿态等态势语和服化、配乐等手段增加表演效果，目的是感染听众，使听众获得更多的艺术享受。

朗读是课堂教学的基本形式。在语文教学中，朗读是不可缺少的环节，教师绘声绘色的朗读，能增强作品的感染力，引发学生的学习兴趣。在其他学科教学中，教师清晰准确地朗读教材的重要内容，也会帮助学生强化记忆，加深理解。朗读在教师口语训练中有着特殊的作用，它既可以巩固和提高普通话基础训练的成果，也可为教师职业口语的训练打下基础。

（二）朗读的要求

1. 准确理解作品

准确理解作品是朗读的先决条件。首先要熟悉作品内容，一方面解决字、词、句等的读音问题，弄清语句间的逻辑关系，掌握作品的主题思想和感情基调，另一方面，理清作品脉络结构，明确作品的思路，以便朗读时层次分明地表达思想感情。其次要明确朗读目的。朗读的目的是要准确表达作品的思想感情，因此，要了解作者的写作意图，明确作者的感情态度，朗读时尽量将作者的态度、感情化作朗读者的态度、感情，使作者的态度、感情再现出来，这样才能更准确地表达作品。

2. 发音准确清晰

朗读要使用标准的普通话。发音要符合普通话语音标准规范，要读准声母、韵母、声调及语流音变，要注意多音多义字的读音；发音要完整清晰，注意调整呼吸，协调共鸣，学会吐字归音，不吃字，不倒字。总之，只有按照普通话语音标准，读准读清每个字，才能为准确的表情达意奠定良好的基础。

3. 语句通畅流利

朗读时要把语句读得通畅、明白、干净、利落，不任意添字、掉字，停连处理要自然得当，不重复，不颠三倒四，不结结巴巴，不出现长时间的停顿。同时，还要注意语气语调的准确、自然，不生硬、不做作，这样才能使朗读流畅自然。

4. 表达生动传神

为了准确表达作品的思想感情，朗读时需要运用表达技巧对有声语言进行设计处理。从作品内容出发，正确处理停连、轻重音，合理把握抑扬顿挫的语调、轻重缓急的语气，使朗读在准确、流畅的基础上，达到有声有色，生动感人，表达出作品的风格神采。

想一想

请扫码观看朗读视频和朗诵视频，说说朗读和朗诵有什么不同。

《济南的冬天》朗读视频

《红铁》朗诵视频

- 朗读《济南的冬天》第二～四段。
- 朗诵《红铁》。

（三）课堂朗读的常用方法

（1）范读，即示范性朗读，可以是全文示范，也可以是某个句子、某个段落的示范。一般有两种形式：一是由教师示范朗读，学生仿读；另一种是选出朗读水平较高的学生范读，其他同学仿读。范读可以发挥榜样的作用，也可以在范读中强调重点，但要注意示范的规范性、准确性和明晰性。

（2）领读，是由教师或朗读优秀的学生带领大家朗读，一般是领读一句或一段，其他学生跟读一句或一段，循序渐进，直到读完全部内容。领读有引导作用，便于学生明确朗读内容、朗读节奏。

（3）齐读，是全班或全组同学齐声朗读，要求声音响亮，整齐统一，但要注意分寸，不要出现喊叫声。齐读可以巩固知识，加深印象，但齐读也容易出现个别学生滥竽充数的现象，因此要有选择地适当使用。

（4）轮读，即轮流读，可以是每个学生轮流读，也可以是各小组轮流读，或是男女生轮流读。从内容上来看，或按句，或按段，或全文轮流，轮读时任务分工，讲求配合衔接，不能走神，因此这种方法可以唤起学生的注意力。

（5）伴读，是教师或朗读优秀的学生低声伴着其他学生读。这有利于其他学生在朗读时发现自己的不足而改进。伴读要注意做好陪伴角色，不要喧宾夺主。

（6）自由读，指全体同学同时自由地低声朗读。自由读不需要相互配合，语速也可以自

由处理。一般用于请学生带着疑问去边读边思考。

（7）点名读，指由教师指明学生朗读。这种朗读可以配合课堂提问使用，也可以考查学生个人的朗读能力和理解能力。

（8）情境读，是根据朗读内容，进行角色或任务分配，让学生按角色或任务，结合内容情境，有感情地朗读。这种朗读可以深化学生对朗读内容的理解。

想一想

你还能想到其他适合课堂教学的朗读方式吗？

二、朗读的表达技巧

朗读中，恰当地使用语言表达技巧，可以更好地对作品进行再创作，更生动传神地表达作品的思想感情。常见的朗读表达技巧有停顿、重音、语调、语速。

（一）停顿

1. 停顿的含义

停顿，即语流中声音的暂时间歇、休止和中断。它在大层次、段落、小层次、词组，甚至词之间，都有可能出现。有时，我们也称之为停连，要求声断意连，即声断而意不断。停顿既是生理的需要，也是表情达意的需要。

试一试

请你说说下面四种停顿方式构成的语义表达有何不同。
（1）最贵的一张值八百美元。
（2）最贵的／一张／值／八百／美元。
（3）最贵的一张／值八百美元。
（4）最贵的／一张值八百美元。

2. 停顿的类型

1）生理停顿

朗读需要一定的气息支持，当句子过长时，就有换气调节气息的需要，因此而产生的停顿，即生理停顿，也称为换气停顿。

朗读时，有些长句，既不能一字一换气，也不可能一口气读完，就必须酌情在恰当位置换气停顿。如：

难道你竟然一点也不联想到，在敌后的广大土地上，到处有坚强不屈，就像这白杨树一样/傲然挺立的/守卫他们家乡的/哨兵！（茅盾《白杨礼赞》）

朗读上句时，除了以标点符号作为停顿参考外，最后一个分句，由于是个长句，一口气无法读出，因此也需要在合适的地方进行换气停顿。

2）语法停顿

语法停顿是基于生理上和句子语法关系上的需要而做出的停顿。朗读时，要想准确表达句子，就要准确理解语意，把握句法结构，合理停顿，不破坏句子各词语之间的语法关系。语法停顿一般有两种情况。

一是按照句中明显的语法标志，即标点符号来停顿。如：

我常常遗憾我家门前那块丑石：///它黑黝黝地卧在那里，/牛似的模样；//谁也不知道是什么时候留在这里的，/谁也不去理会它。（贾平凹《丑石》）

上句中的标点符号是停顿的标志，反映了句与句之间（///）、分句与分句之间（//）、句内成分之间（/）的语意关系和结构关系，朗读时应以不同时长的停顿来体现。

需注意的是，不同的标点符号停顿时间的长短是不同的，一般是句号、问号、感叹号、省略号停顿时长较长，然后按长短顺序分别是冒号、分号、逗号、顿号。

二是在没有标点符号提示的情况下，可以根据表达需要，并遵循语法关系来处理停顿，这种情况下，常见的停顿一般出现在下列位置。

（1）主语、谓语之间，如：

① 深蓝色的天空里/悬着无数半明半昧的星。（巴金《繁星》）

② 爸/不懂得怎样表达爱。（［美］艾尔玛·邦贝克《父亲的爱》）

（2）动词与较长的宾语之间，如：

① 我最爱看/天上密密麻麻的繁星。（巴金《繁星》）

② 我常想/读书人是世间幸福人。（谢冕《读书人是幸福人》）

（3）较长的附加成分和中心词之间，如：

① 从形云密布的天空中/飘落下来。（峻青《第一场雪》）

② 我发现母亲正仔细地/用一小块儿碎面包/擦那给我煎牛排用的油锅。（［法］罗曼·加里《我的母亲独一无二》）

（4）并列成分之间，如：

① 从那些往哲先贤/以及当代才俊的著述中/学得他们的人格。（谢冕《读书人是幸福人》）

② 那些失去/或不能阅读的人是多么的不幸。（谢冕《读书人是幸福人》）

试一试

请在下列句子中需要停顿的地方划上"/"：

（1）育才小学校长陶行知在校园看到学生王友用泥块砸自己班上的同学。

（2）我明白了她称自己为素食者的真正原因。

（3）床架上方，则挂着一枚我一九三二年赢得耐斯市少年乒乓球冠军的银质奖章。

（4）上面布满了大大小小形形色色的徽章、奖章。

3）强调停顿

强调停顿，也称为逻辑停顿，是指在朗读过程中，为了表达某种感情、强调某一观念或概念、突出某一事物或现象，在句中没有标点符号的地方作适当的停顿。如：

① 我看见/他哭了。

② 我看见他/哭了。

例句中，不同的停顿位置，可以表示不同的意思，① 是"他哭了，我看见了"，② 是"看见他，我哭了"。这种逻辑停顿，虽然根据所强调和突出的内容的不同，停顿的地方有所不同，但它仍然要受到语法停顿的制约，朗读时不能破坏语法关系。

试一试

运用强调停顿将下列句子读出不同的意思来。

（1）江苏和浙江的部分地区有大雨。

（2）我突然想起来了。

（3）这苹果不大好吃。

（4）超市里有的是瓜果蔬菜。

（5）我们三人一组。

（二）重音

1. 重音的含义

重音是朗读时将作品中某些音节从声音上加以突出的语音现象。找准重音，读好重音，可以使表达更加准确鲜明。

2. 重音的分类

1）语法重音

语法重音是根据语法结构的特点而把句子的某些部分做重音处理，这种重音的位置比较固定，有一定的规律。

① 一般短语里的谓语部分应稍重些。

他走过来了，我的脸红起来了。

风停了，雨住了，太阳出来了。

② 动宾结构中的宾语应重些。

　　我们要坚持原则,守住底线。

　　一群鸟儿飞倦了,叫累了。

③ 定语、状语、补语比中心词要稍重些。

　　这是一个勇敢又正确的决定。

　　雨渐渐地停了。

　　她把头发扎得高高的。

④ 疑问代词、指示代词、人称代词一般要稍重些。

　　你为什么迟到? 去哪儿了?

　　这是你的书,又不是我的书。

朗读时,语法重音循规律体现,但我们不能仅是生硬地套用语法重音,而应该根据语句目的和感情表达的需要,合理地处理好重音的位置。

2) 强调重音

强调重音,指为了强调句子的表达目的或表示某种特殊的感情而把句子的某些部分做重音的处理,也叫"逻辑重音"。强调重音的目的在于引起听者的注意,它并没有固定的位置,而是受说话的内容、目的、环境和感情的支配,根据语句的修辞效果及上下文的联系来确定重音的位置。

　　我是育才中学的老师。(谁是育才中学的老师?)

　　我是育才中学的老师。(你是不是育才中学的老师?)

　　我是育才中学的老师。(你是哪个学校的老师?)

　　我是育才中学的老师。(你是育才中学的老师还是学生?)

试一试

　　请根据不同的表达目的,找准"我知道他是那所学校的老师。"这句话的重音位置,并结合停顿试着读一读。

　　表达目的:

　　(1) 别人不知道,只有我知道。

　　(2) 不要以为我不知道。

　　(3) 我知道他的情况,别人的情况我不了解。

　　(4) 我确定他的情况是这样的。

　　(5) 他不是这所学校的。

　　(6) 他不是学生。

3. 重音的表达方法

重音不是简单地加重加强音量的重读,它不同于词的轻重格式,更多的是与语气、节奏等因素的综合运用,体现着语言目的、语言态度。常见的重音表达方式有以下几种。

（1）高低强弱法。在语流中,用声音的高低、强弱的变化和转换来强调重音。如:

一阵台风袭过,一只孤单的小鸟无家可归,落到被卷到洋里的木板上,乘流而下,姗姗而来,近了,近了!（王文杰《可爱的小鸟》）

上例中两个"近了",可以用高低强弱的变化来表现,前一个"近了",语音表达可又低又弱,后一个"近了"语音可变高变强,在这一低一高,一弱一强的变化中,突出充满好奇、关切欣喜的心情。

（2）快慢停连法。在语流中,用声音的长短、急缓、停连等变化来强调重音。如:

这太阳像负着什么重担似的,慢慢儿,一步一步地,努力向上面升起来,到了最后,终于冲破了云霞,完全跳出了海面。（巴金《海上日出》）

例句描绘海上日出的景象,前半句描写太阳升起来时漫长的变化过程,"慢慢儿""一步一步"可用较慢的语速,拉长音节来表达,后半句中"冲破""跳"都表现了快速变化而出现的日出瞬间,那似乎是一眨眼的事情,因此,后半句语速、节奏可变快,连读而出,运用这种由慢到快,由停到连的变化突出重音,形象地表现出海上日出的美妙景象。

（3）虚实转换法。在语流中,用声音的虚实变化来强调重音。实声是饱满而实在的,虚声则要控制声高,加入气息声,发出类似耳语的声音。如:

瀑布在襟袖之间,但是我的心中已没有瀑布了。我的心随潭水的绿而摇荡。那醉人的绿呀! 仿佛一张极大极大的荷叶铺着,满是奇异的绿呀,我想张开两臂抱住她,但这是一个怎样的妄想啊!（朱自清《梅雨潭的绿》）

例句形象又细腻地表达了作者对于梅雨潭的绿的欣赏与沉醉,是来自内心深处的情感流露,可以运用虚实声的变化来表现这种抒情性,其中"醉人""奇异""妄想",可以用虚声,加入气息声来表现重音,这样虚实对比,可以更好地展现出作者的内心情感。

以上是常用的重音表现方法,当然,重音的表现方法是多种多样的,可以根据情感表达的需要来选用。各种重音的表现方法又是相互交融的,可综合运用多种方法,也可以和停连、语气等相互配合。

试一试

分析下列各语段中的重音,并采用合适的方法表达出来。

（1）他每天每个钟头要换一套新衣服。一般人们提到皇帝时总是说:"皇上在会议室里。"但是人们一提到他时,总是说:"皇上在更衣室里。"（安徒生《皇帝的新装》）

（2）正是三月天,城外天显得极高,也极清。田野酥酥软软的,草发得十分嫩,其中有了蒲公英,一点一点的淡黄,使人心神儿几分荡漾了。（贾平凹《品茶》）

（3）中午的太阳煌煌地照着,天却是金属品的冷冷的白色,像刀子一般割痛了眼睛。（张爱玲《沉香屑》）

（4）我喜爱苏州,特别喜爱它那恬静的小巷。这倒不是因为"故宫闲地少,水巷小桥多",而是因为在小巷中往往最容易看到生活的巨变,城市的新生,由此而产生一种

自豪和喜悦。(陆文夫《苏州漫步》)

(三) 语调

语调主要是由句调构成的,指句子表达中声音高低升降的变化,它贯穿于整个句子,只是在句末音节上表现得特别明显。不同的句调,可以表达不同的语气和语意,反映说话人对事物的不同态度。句调一般可分为整句语调和句末语调两种。

1. 整句语调

整句语调,指整个句子的声音发展态势,有五种基本形态。

① 波峰类:语句的句头、句尾较低,句腰较高。如:

长三角地区农业生产面临挑战。(⌢)

② 波谷类:语句的句头句尾较高,句腰较低。如:

为了保护孩子,她被这可恶的歹徒夺走了生命。(⌣)

③ 上山类:语句的句头较低,而后逐渐上行,句尾最高。如:

数风流人物还看今朝。(╱)

④ 下山类:语句的句头较高,而后顺势下行,句尾最低。如:

我不知道何时才能与他相见。(╲)

⑤ 半起类:语句的句头稍低,中间稍高或又有曲折,句尾气提声止,却又不在最高点上,只起来了一半。如:

先生,您这是怎么了? (╱)

以上五种整句语调只是较为代表性的类型,但它们不能代表语言表达实践中的全部情况。朗读时,具体语调还是要综合考虑语句目的及情感表达的需要来处理。

2. 句末语调

句末语调,指突出表现在句末音节上的高低升降变化而形成的语调。根据表示的语气和感情态度的不同,句末语调可分为四种:升调、降调、平调、曲调。

(1)升调,又叫高升调、高昂调。全句的调子由平向上升高,句末明显上扬。常用来表达喜悦、兴奋、惊异、疑问、反问等语气。如:

- 他看看木牌上的字,问盲老人:"老人家,今天上午有人给你钱吗?"(疑问)
- 难道你就不想到它的质朴、严肃、坚强不屈,至少也象征了北方的农民? (反问)
- 每一次比赛胜过时间,我就快乐得不知道怎么形容。(喜悦)

(2)降调,又叫降抑调、低降调。全句的调子由平降低,句末明显下抑。常用来表达请求、劝阻、自信、允许、肯定等语气。如:

- 第二次到仙岩的时候,我不禁惊诧于梅雨潭的绿了。(肯定)
- 这件事就按照我们商量的办吧。(允许)
- 你就做做好事帮帮我们吧。(请求)

（3）平调，又叫平直调。全句的调子比较平直舒缓，没有明显的高低升降变化，句末音节和句子的基调基本持平。常用来表示严肃、庄重、平淡、冷静、叙述等语气。如：

- 莫高窟坐落在我国甘肃省敦煌市三危山和鸣沙山的怀抱中。（叙述、说明）
- 我奶奶在去年暑假永远地离开了我们。（严肃、庄重）
- 我很忙，没有时间和你讨论这件事情。（冷漠）

（4）曲调，又叫曲折调。全句的调子由高到低，或者由低到高，有上升和下降的高低变化。常用来表示感叹、含蓄、讽刺、幽默、怀疑等语气。如：

- 可爱的，我将什么来比拟你呢？我怎么比拟得出呢？（感叹）
- 来这参观的人可多了！（夸张）
- 我可没你那么有本事！（讽刺）

试一试

　　根据语段中不同的语境，用不同的语调读"下雨了"。

　　（1）隐约听到外面像下雨的声音，但又不确定，问站在窗边的同学："下雨了?"同学往窗外一看："下雨了。"

　　（2）阳光明媚的早晨，大家背起书包来到教室上课，上午下课后，大家正要走出教室，有同学往窗外一看："下雨了！"

　　（3）两人正在散步，忽然变天，豆大的雨点噼里啪啦打落下来，"下雨了！""快走吧！"两人抱头快跑。

　　（4）久旱不雨，终于下起了雨，他高兴地叫了起来："下雨了！"

　　（5）正在户外玩得高兴，却突然下起了雨，他扫兴地说"下雨了"。

（四）语速

　　语速就是朗读和说话时的快慢。普通话正常语速为中速，每分钟200～240个音节。当然，说话的速度是由说话人的情感决定的，一般来说，情绪激动高昂，如欢快、兴奋、焦急、慌乱、愤怒时，语速快一些；情绪平静或沉重，如庄重、从容、悲伤、失望时，语速慢一些。语速的快慢变化是朗读中表达情感的重要手段。

　　（1）快速，表示欢快、热烈、紧张、焦急、慌乱等情绪。如：

　　起先，这小家伙只在笼子四周活动，随后就在屋里飞来飞去，一会儿落在柜顶上，一会儿神气十足地站在书架上，啄着书背上那些大文豪的名字，一会儿把灯绳撞得来回摇动，跟着跳到画框上去了。只要大鸟在笼里生气地叫一声，它立即飞回笼里去。（冯骥才《珍珠鸟》）

　　这段内容描绘了珍珠鸟钻出笼子后灵活、欢快的活动景象，表达时可以用较快的语速，将一系列的动作生动地呈现出来，一只活泼可爱的珍珠鸟的形象就得到了强化。

　　（2）慢速，表示沉重、悲痛、镇定、失望等情绪。如：

　　同行的朋友告诉我，这是为纪念二次大战中参战的勇士，人们募捐救济残废军人和烈士遗孀，每年一次。认捐的人可谓踊跃，而且秩序井然，气氛庄严。（青白《捐诚》）

这是作者回忆在加拿大学习期间遇到的募捐情况，情感基调是沉重、庄严的，表达时可以用较慢的语速，将这种情绪呈现出来，增强感染力。

（3）中速，用于无情感起伏变化的一般的叙述、说明、议论中。如：

我们知道，水是生物的重要组成部分，许多动物组织的含水量在百分之八十以上，而一些海洋生物的含水量高达百分之九十五。水是新陈代谢的重要媒介，没有它，体内的一系列生理和生物化学反应就无法进行，生命也就停止。（童裳亮《海洋与生命》）

例句是一段说明性的内容，没有情感起伏的变化，因此表达时语速可以不快也不慢，较平稳地进行。

试一试

请朗读下面的文字，并计时，计算一下自己的朗读速度。

普通话是现代标准汉语的另一个称呼，是以北京语音为标准音，以北方官话为基础方言，以典范的现代白话文著作为语法规范的通用语。推广普通话并不是要人为地消灭方言，主要是为了消除方言隔阂，以利社会交际。普通话作为联合国工作语言之一，已成为中外文化交流的重要桥梁和外国人学习汉语的首选语言。截至2015年，中国70%人口具备普通话应用能力，尚有约4亿人只局限于听懂的单向交流。

清末已出现"普通话"一词，清廷1909年规定北平官话为"国语"，民国时期多次制定国语读音，新中国成立后1955年规定国家通用语言为普通话。普通话的前身北京官话，上溯元明、推广于清代。

沿革：1909年清政府将北京语音命名为国语；民国时多次制定标准，1918年北洋政府公布了第一套国家认可的国音注音字母，1920年爆发"京国之争"，1932年经国民政府教育部颁布《国音常用字汇》后，确定国语标准；新中国成立后1953年以热河省省会承德（1955年中央裁撤热河省，承德划入河北省）滦平县为普通话标准音的主要采集地，制定标准后于1955年向全国推广。2000年，《中华人民共和国国家通用语言文字法》确立了普通话和规范汉字作为国家通用语言文字的法律地位。（共469字）

读完上面的文字，一共使用（　　　）分（　　　）秒，我的语速大约是（　　　）字/分钟。

朗读时的语速。

正常：200～240字/分钟

过慢：低于170字/分钟

过快：高于270字/分钟

>>> 【实践训练】

1. 请找准下列句子停顿的位置并试着读出来。

（1）没有一片绿叶，没有一缕炊烟，没有一粒泥土，没有一丝花香，只有水的世界，云的海洋。

（2）坐着，躺着，打两个滚，踢几脚球，赛几趟跑，捉几回迷藏。

（3）一九三六年十二月十二日，国民党爱国将领张学良将军和杨虎城将军在"停止内战，一致抗日"的政策的感召下实行"兵谏"，控制了蒋介石以及当时聚集在西安的几十名蒋帮军政大员，发动了震惊中外的西安事变。

（4）我国的汉语共分为七大方言区：北方方言区、吴方言区、湘方言区、赣方言区、客家方言区、粤方言区、闽方言区。

（5）北京这座凝聚了东方古老智慧与才华的古城，以她悠久的历史和灿烂的文化著称于世。

2. 请设计重音，然后朗读以下句子。

（1）隋朝时候，杰出的工匠李春设计、建造了著名的赵州桥。赵州桥原名安济桥，是今天世界上最古老的一座石拱桥。

（2）在这幽美的夜色中，我踏着软绵绵的沙滩，沿着海边，慢慢地向前走去。海水轻轻地抚摸着细软的沙滩，发出温柔的唰唰声。

（3）多么美的花纹！多么美的色彩！是的，我将要呈报皇上，我对这块布料非常满意。

（4）能量既不会消失，也不会创生，它只会从一种形式转化成另一种形式，或者从一个物体转移到另一个物体，而能的总量保持不变。这个规律叫做能的转化和守恒规律。

（5）有的反射是动物生来就有的，叫做非条件反射。有的反射不是动物一生下来就有的，而是在生活过程中，适应环境的变化，在非条件反射的基础上逐渐形成的，这种反射叫做条件反射。

3. 朗读以下语段，注意语调的处理。

（1）多么平坦，多么宽阔，无边无际的原野，从眼前向四面八方伸展开去，伸展开去，直到那渺茫的尽头，远与天接。望着你，怎能不心旷神怡，豁然开朗！

（2）明月照着一湖春水，湖面缀满灯影繁星，热烈而深情的北海，此刻你显得多么美丽宁静。

（3）别嚷，快看哪！太阳露出头顶了，太阳露出眉毛和眼睛了！太阳跳出来了。太阳离开了大地，升起来了！升起来了！

（4）人，不能低下高贵的头，只有怕死鬼才乞求"自由"，毒刑拷打算得了什么，死亡也无法叫我开口！

（5）一个人如果活着的时候能向社会发出一点有用的信息，即使在死后若干年才得到"反馈"，也是值得的。

4. 下面是《雷雨》中鲁侍萍的两段话，根据两段话不同的情感状态，试用不同的语速加以表达。

（1）她是个下等人，不很守本分的。听说她跟那时周公馆的少爷有点不清白，生了两个儿子。生了第二个，才过三天，忽然周少爷不要她了。大孩子就放在周公馆，刚生的孩子她抱在怀里,在年三十夜里投河死了。

（2）哼,我的眼泪早哭干了,我没有委屈,我有的是恨、是悔,是三十年一天一天我自己受的苦。你大概已经忘了你做的事了! 三十年前,过年三十的晚上,我生下你的第二个儿子才三天,你为了要赶紧娶那位有钱有门第的小姐,你们逼着我冒着大雪出去。要我离开你们周家的门。

5. 对毛泽东《沁园春·雪》进行停顿、重音、语调、语速的设计并朗读。

沁园春·雪
毛泽东

北国风光,千里冰封,万里雪飘。

望长城内外,惟余莽莽;大河上下,顿失滔滔。

山舞银蛇,原驰蜡象,欲与天公试比高。

须晴日,看红装素裹,分外妖娆。

江山如此多娇,引无数英雄竞折腰。

惜秦皇汉武,略输文采;唐宗宋祖,稍逊风骚。

一代天骄,成吉思汗,只识弯弓射大雕。

俱往矣,数风流人物,还看今朝。

6. 训练反思。

（1）你对自己朗读表达技巧的运用情况满意吗? 你认为还有什么不足吗?

（2）你运用最熟练的是哪种表达技巧? 有何心得?

（3）你感觉最难把握的是哪种表达技巧? 打算如何加强练习?

（4）老师和同学有没有给你的朗读提意见? 你觉得最有启发意义的意见是哪条?

（5）自我评价（见表3-6）。

表3-6　朗读技巧训练评价

评 价 内 容	优	良	中	差
在停顿方面,符合语法,体现结构,配合情感。				
在重音方面,位置准确,方法得当,效果明显。				
在语调方面,灵活多变,切合语境,准确表意。				
在语速方面,快慢得当,节奏分明,契合情感。				

三、分文体朗读训练

（一）记叙文的朗读

记叙文是以记叙、描写为主要表达方式,以写人物的经历和事物发展变化为主要内容的一种文体。从广义角度讲,它包括散文、小说、戏剧、童话、传记等常用文体。从狭义角度讲,专指记人叙事的文章。这里分析的是狭义角度的记叙文。

记叙文的朗读要注意以下几点。

(1)明确思想主旨,读出真情实感。

记叙文有别于虚构的小说,它的内容大多是真人真事,无论是在写人、记事、写景还是状物,其目的都是表达作者真实的思想感情。朗读时,要深刻理解作品,体悟真情实感,选用合适的语调作为基调,声音自然、亲切、不夸张、不卖弄技巧,准确地表达作者的真挚感情。

(2)理清记叙线索,表明情感层次。

记叙文有人物、情节、时空等要素,有清晰的叙事线索和情感发展的轨迹。朗读时,就需要根据叙事线索,运用声音的高低快慢、停顿连接准确表意。开头语速不宜过快,要交代清楚相关要素,中途娓娓道来,高潮处或关键处用重音、停顿、语调的变化等突出重点,根据记叙线索,处理好节奏,表明层次。

(3)表达要细腻,技巧要多变。

记叙文写作时为了增加感染力,总是会在记叙时,同时运用描写、抒情、议论、说明等多种表达方式,朗读时,处理要细腻,要根据不同的表达方式选用合适的朗读方法。记叙要平稳、自然、亲切;描写要形象、生动,语气、语调有变化;说明要简明、平稳、清晰;议论要准确又不生硬。

记叙文朗读示例:鲁迅《阿长与〈山海经〉》(人教版初中语文教材七年级下)

阿长与《山海经》(节选)

鲁　迅

长妈妈,已经说过,是一个一向带领着我的女工,说得阔气一点,就是我的保姆。我的母亲和许多别的人都这样称呼她,似乎略带些客气的意思。只有祖母叫她阿长。我平时叫她"阿妈",连"长"字也不带;但到憎恶她的时候,例如知道了谋死我那隐鼠的却是她的时候,就叫她阿长。

我们那里没有姓长的;她生得黄胖而矮,"长"也不是形容词。又不是她的名字,记得她自己说过,她的名字是叫作什么姑娘的。什么姑娘,我现在已经忘却了,总之不是长姑娘;也终于不知道她姓什么。记得她也曾告诉过我这个名称的来历:先前的先前,我家有一个女工,身材生得很高大,这就是真阿长。后来她回去了,我那什么姑娘才来补她的缺,然而大家因为叫惯了,没有再改口,于是她从此也就成为长妈妈了。

虽然背地里说人长短不是好事情,但倘使要我说句真心话,我可只得说:我实在不大佩服她。最讨厌的是常喜欢切切察察,向人们低声絮说些什么事。还竖起第二个手指,在空中上下摇动,或者点着对手或自己的鼻尖。我的家里一有些小风波,不知怎的我总疑心和这"切切察察"有些关系。又不许我走动,拔一株草,翻一块石头,就说我顽皮,要告诉我的母亲去了。一到夏天,睡觉时她又伸开两脚两手,在床中间摆成一个"大"字,挤得我没有余地翻身,久睡在一角的席子上,又已经烤得那么热。推她呢,不动;叫她呢,也不闻。

"长妈妈生得那么胖,一定很怕热罢? 晚上的睡相,怕不见得很好罢? ……"

母亲听到我多回诉苦之后,曾经这样地问过她。我也知道这意思是要她多给我一些空席。她不开口。但到夜里,我热得醒来的时候,却仍然看见满床摆着一个"大"字,一条臂膊还搁在我的颈子上。我想,这实在是无法可想了。

朗读分析:

这是一篇回忆性文章,追忆童年往事,怀念故人,赞颂了劳动人民善良、淳朴、宽厚、热情的品质,表达了对阿长深深的怀念之情。朗读时,整体的情感基调是深沉、淳厚、真切的,声音要柔和、清晰,气息舒缓、均匀,伴随着对阿长先抑后扬的感情线索处理好停连、重音、语调,在娓娓道来中,表现出深切的怀念。

上面节选的是作品的开头几段。

第一段介绍阿长的身份以及祖母、母亲和"我"对她的不同称呼,也隐约透露了"我"年少时对阿长既有喜欢又有憎恶的感情。朗读时语速稍慢些,多停顿,把人物情况交代清楚。语调自然,亲切,起伏不用过大。当读到"我"因憎恶而改变称呼时,可以适当地加强语气,强化情感表达。

第二段写"阿长"这个称呼由来的前因后果,语言简练,条理分明,朗读时语速适中,语调平稳,多连少停,保持语流顺畅。

第三段是记叙中的描写,写了阿长"切切察察"的样子、夏天的睡相等,较具体地刻画了人物的动作,朗读时,可以根据内容采用重音、停连等,突出形象感受,语气语调也要依据情感表达的需要有较大的起伏变化,用生动、形象的声音塑造"令人讨厌"的长妈妈形象。

第四、第五段是写母亲的暗示、阿长的依然未改和"我"的无奈。朗读时,母亲的一句话不用过多模拟夸张,用亲切自然的讲述方式表达即可。第五段朗读时,可以适当地用重音、停顿等强调下阿长不变的睡相和"我"的无奈。

阿长与《山海经》
(节选)朗读音频

>>> 【实践训练】

请任选一篇记叙文做朗读设计并朗读。步骤如下。

步骤一:请思考以下问题

(1)这篇作品主要内容是什么? 表达了怎样的思想感情?

(2)请梳理一下这篇作品的叙事线索及情感发展轨迹,划分好段落层次。

(3)文中除了记叙,还有描写、抒情、议论、说明等其他表达方式吗? 分别在哪里?

步骤二:思考并设计朗读

(1)本文的朗读基调应该是怎样的? 整体语速、语调该如何处理? 有没有局部语速、语调需要特殊处理的?

(2)思考文中层次之间、段落之间、段内句与句之间,甚至句内词与词之间的停顿该如何处理,在需要注意的地方用标记标明。层次、段落、句子之间可以用"///""//""/"标明,句内词语之间可用"∧"标明。

(3)文中需要着重强调突出的句子、短语、词语有哪些,请在相关文字下用"."标出,并思考朗读时分别适合用怎样的方法来突出表现。

（4）文中有没有虽然有标点符号，但根据情感表达不需要停顿，可以连读的地方？ 如果有，请用"⌒"标出。

（5）文中如有记叙、描写、抒情、议论、说明等不同的方式，思考该分别用怎样的朗读技巧来表达。

（6）根据自己对文章的理解处理好其他你觉得需要做好的朗读设计。

步骤三：根据设计进行朗读

（1）自练自查。自己朗读，自己检查有何需要改进的地方。

（2）小组练读。分小组练读，组内成员相互点评，修改朗读设计。

（3）班级展示。在班级进行朗读展示，教师点评。

步骤四：训练反思

（1）朗读效果如何？ 你觉得你的朗读还有什么遗憾吗？

（2）老师、同学给你的朗读提了些什么意见？ 你觉得最有启发意义的是哪条意见？

（3）请你给将要进行记叙文朗诵的同学提一些建议。

（4）自我评价（见表3-7）。

表3-7　记叙文朗读训练评价

评 价 内 容	优	良	中	差
普通话发音标准，吐字清晰，声音响亮，表达流畅。				
熟练并准确运用停顿、重音、语调、语速等朗读技巧。				
感情饱满，真挚自然，准确表达作品的思想感情，有一定的感染力。				
精神饱满，仪态大方，表情自然，举止从容。				

（二）散文的朗读

散文是指用凝练、生动、优美的文学语言写成的叙事、记人、状物、写景的，短小精悍的文章。散文的内容和形式多种多样，有叙事散文、抒情散文、景物散文、哲理散文等。

朗读散文时，要注意以下几点。

1. 把握基调，情感饱满

散文凝聚着作者浓烈、细腻的感情。有的记人叙事，有的托物言志，有的写景抒情，无论哪种散文，都有着适合作品的优美意境和感情基调，或紧张、轻快、高亢，或低沉、舒缓、凝重，所以朗读时必须深刻理解作品，进入作品意境，把握基调，才能确定采用什么语调，饱含深情地表达作者真挚的感情。

2. 抓住主线，理清结构

散文结构多样，有纵向结构、横向结构、对比结构等，无论哪种结构，散文总是"形散而神不散"的，总是有一条清晰的线索贯穿始终，统领全文。朗读时，既要运用停连、语气等的变化表现结构关系,又要抓住主线,形成内在感受贯穿前后,浑然一体。

3. 表达丰富,风格多样

散文的内容和形式多种多样,因此朗读散文不能拘于一格、千篇一律,要根据不同的内容和形式采用合适的语言表达技巧来传情达意,体现多样的风格。比如抒情性内容,感情浓烈、细腻,朗读时要情感饱满,语气语调随感情线索而变化;说理性内容,朗读时语言要准确,语速均匀,以较为庄重的语调表现逻辑性;叙事性内容,朗读时语言要清楚、平实、稳健、自然。

4. 克服念书腔,做到口语化

散文与现实生活关系密切,是作者将生活中的真实情感通过文字来进行表达的文体。因此,朗读时,要克服生硬的念书腔,表达尽量亲切、自然、平易、生活化,语速不宜过快,轻重缓急的起伏不宜过大,就像把自己的真实见闻和切身感受告诉听众一样。

散文朗读示例:茅盾《白杨礼赞》(人教版初中语文教材八年级上)

白杨礼赞(节选)

茅 盾

那是力争上游的一种树,笔直的干,笔直的枝。它的干呢,通常是丈把高,像是加以人工似的,一丈以内,绝无旁枝;它所有的桠枝呢,一律向上,而且紧紧靠拢,也像是加以人工似的,成为一束,绝无横斜逸出;它的宽大的叶子也是片片向上,几乎没有斜生的,更不用说倒垂了;它的皮,光滑而有银色的晕圈,微微泛出淡青色。这是虽在北方的风雪的压迫下却保持着倔强挺立的一种树!哪怕只有碗来粗细罢,它却努力向上发展,高到丈许,两丈,参天耸立,不折不挠,对抗着西北风。

这就是白杨树,西北极普通的一种树,然而决不是平凡的树!

它没有婆娑的姿态,没有屈曲盘旋的虬枝,也许你要说它不美丽,——如果美是专指"婆娑"或"横斜逸出"之类而言,那么,白杨树算不得树中的好女子;但是它却是伟岸,正直,朴质,严肃,也不缺乏温和,更不用提它的坚强不屈与挺拔,它是树中的伟丈夫!当你在积雪初融的高原上走过,看见平坦的大地上傲然挺立这么一株或一排白杨树,难道你就只觉得树只是树,难道你就不想到它的朴质,严肃,坚强不屈,至少也象征了北方的农民;难道你竟一点儿也不联想到,在敌后的广大土地上,到处有坚强不屈,就像这白杨树一样傲然挺立的守卫他们家乡的哨兵!难道你又不更远一点想到这样枝枝叶叶靠紧团结,力求上进的白杨树,宛然象征了今天在华北平原纵横决荡用血写出新中国历史的那种精神和意志。

朗读分析:

这篇作品,作者采用象征手法,通过对白杨树不平凡形象的赞美,歌颂了北方军民团结抗战、奋发向上的精神品质,进而歌颂了整个中华民族的精神品质。朗读这篇作品,可以用高亢的基调、稳中稍快的语速,情感要饱满,音色要柔和,尽量将作者字里行间的赞美之情表达出来。

上面节选的是作品的重点段落,从描绘白杨树的外形到赞扬它的品质,进而歌颂军民的团结精神,再到整个民族品质,情感层层递进。朗读时,要根据象征意义的层层升华,处理好停顿和重音,"伟岸,正直,朴质,严肃""温和""坚强不屈""挺拔""伟丈夫"等可重音处理,四个"难道"是反问句,象征意义一句比一句扩展而深化,含义隽永,发人深省,朗读时应该用升调,且要有层次感,伴随着情感的深化,语调呈现逐渐升高的趋势。

《白杨礼赞》(节选)
朗读音频

>>> 【实践训练】

请任选一篇散文做朗读设计并朗读。步骤如下。

步骤一:请思考以下问题

(1)你选择的是什么类型的散文? 主要表达了怎样的感情?

(2)这篇散文的结构是如何安排的? 贯穿前后、统领全篇的主线什么?

(3)这篇散文是否采用了叙事、抒情、描写、议论等多种表达方式呢? 若是,分别在哪里?

步骤二:思考并设计朗读

(1)本文的朗读基调应该是怎样的? 整体语言风格该如何处理?

(2)根据本文的结构布局,设计朗读时的停连,在需要注意的地方用标记标明。层次、段落、句子之间可以用"///""//""/"标明不同时长的停顿,句内词语之间可用"∧"标明停顿。如有需要连读的,请用"⌒"标出。

(3)文中需要着重强调突出的句子、短语、词语有哪些,请在相关文字下用"."标出,并思考朗读时分别适合用怎样的方法来突出表现。

(4)文中如有记叙、描写、抒情、议论、说明等不同的方式,思考该分别用怎样的朗读技巧来表达。

(5)根据自己对文章的理解处理好其他你觉得需要做好的朗读设计。

步骤三:根据设计进行朗读

(1)自练自查。自己朗读,自己检查有何需要改进的地方。

(2)小组练读。分小组练读,组内成员相互点评,修改朗读设计。

(3)班级展示。在班级进行朗读展示,教师点评。

步骤四:训练反思

(1)朗读效果如何? 你觉得你的朗读还有什么遗憾吗?

(2)老师、同学给你的朗读提了些什么意见? 你觉得最有启发意义的是哪条意见?

(3)请你给将要进行散文朗诵的同学提一些建议。

(4)自我评价(见表3-8)。

表3-8　散文朗读训练评价

评 价 内 容	优	良	中	差
普通话发音标准,吐字清晰,声音响亮,表达流畅。				
熟练并准确运用停顿、重音、语调、语速等朗读技巧。				
感情饱满,真挚自然,准确表达作品的思想感情,有一定的感染力。				
精神饱满,仪态大方,表情自然,举止从容。				

（三）诗歌的朗读

诗歌情感丰富，节奏鲜明，韵律和谐，是朗读的常用材料。诗歌朗读要注意以下几点。

1. 掌握诗歌的节奏

诗歌富于音乐性，有鲜明的节奏和音韵，朗读时要遵循其节拍和音韵规律，合理处理，体现其音乐美。

（1）要读好音步。音步，即诗句中语音停顿单位，一般一个实词或词组为一个音步，一个音步就是一个节拍，朗读时读出节拍，也就读出了节奏。

五言诗一般分三个音步，节奏一般是"23、212、221"，如：

欲穷/千里目，更上/一层楼。

海内/存/知己，天涯/若/比邻。

白日/依山/尽，黄河/入海/流。

七言诗一般分三个或四个音步，节奏一般是"2221、2212、223"，如：

孤帆/远影/碧空/尽，唯见/长江/天际/流。

乱花/渐欲/迷/人眼，浅草/才能/没/马蹄。

月落/乌啼/霜满天，江枫/渔火/对愁眠。

现代诗歌较古典诗歌在结构、韵律等方面较为自由，但也有音步，有节奏、韵律的要求。如：

远远的/街灯/明了，好像是/闪着/无数的/明星。

现代诗歌的音步大小不一，跨度不一，诗句在行进中会产生错落有致的节奏。具体每首诗歌音步行进的速度和停顿的处理，就要由诗歌的内容和风格来定了。

（2）要压住韵脚。诗歌大多是押韵的，韵是诗歌语言音乐性的关键。朗读时，可适当运用延长音，将韵脚的音节稍稍拖长，压住韵脚，读得清晰、响亮、平仄分明，使诗歌委婉动听，富有音乐美。如：

春眠不觉晓，处处闻啼鸟。夜来风雨声，花落知多少。

轻轻地我走了，正如我轻轻地来；我轻轻的招手，作别西天的云彩。

2. 读出诗歌的旋律

诗歌有和谐的旋律，朗读时要根据内容和韵律的要求，用语调的跌宕起伏、声音的强弱粗细、节奏的快慢连断来表现，即要注意语调的平、升、降、曲。如：

朝辞白帝彩云间，（平）

千里江陵一日还。（曲）

两岸猿声啼不住，（升）

轻舟已过万重山。（降）

上例诗歌抒发了作者的欢愉、喜悦之情，整体基调是积极向上的。朗诵时，要注意运用高低变化、拖长字音、轻吐重读等技巧，将作者的情感表现出来。语调上，根据内容和用韵，四句可分别用平、曲、升、降的调子来表现，体现诗歌的旋律美。

3. 体会诗歌的意境

诗歌用凝练简洁的语言反映丰富的内容和思想感情,通过创造意境来抒情。朗读者要深入理解作者的心境、创作的背景,借助联想和想象,进入诗歌意境,再现诗人所描绘的画面,与诗人产生共鸣,才能找准诗歌基调,找到鲜明的情感和节奏,用有声语言准确地传递出来,唤醒听众的情感共鸣。

古诗朗读示例:

望庐山瀑布
李　白

日照香炉生紫烟,
遥看瀑布挂前川。
飞流直下三千尺,
疑是银河落九天。

朗读分析:

这是诗人李白五十岁左右隐居庐山时写的一首风景诗,诗歌极其成功地运用了比喻、夸张和想象,构思奇特,语言生动形象、洗练明快,形象地描绘了庐山瀑布雄奇壮丽的景色,反映了诗人对祖国大好河山的无限热爱,情感基调是喜悦赞叹的。

朗读时,在把握了情感基调的基础上,首先要明确节奏,这首七言诗,可以采用"223"的节奏处理,读出音步。其次要读出韵脚,这首诗中"烟""川""天"三字是押韵的,可以读得响亮一些,就会形成音韵回环呼应,产生一种和谐悦耳的韵律美。最后,朗读时要注意语调的平升曲降,将四句诗句分别处理为平调、曲调、升调、降调,用语调的腾挪跌宕,呈现出诗歌的旋律美。

《望庐山瀑布》
朗读音频

>>> 【实践训练】

请任选一首古诗做朗读设计并朗读。步骤如下。

步骤一:请思考以下问题
(1)这首古诗有怎样的创作背景?主要写了什么内容?表达了诗人怎样的思想感情?
(2)这首古诗结构是怎样安排的?情感发展轨迹是怎样的?
(3)这首古诗在格律、用韵上有何特点?
(4)这首古诗呈现的整体旋律和意境是怎样的?

步骤二:思考并设计朗读
(1)本诗的朗读基调应该是怎样的?
(2)根据古诗的内容,划分音步,用"/"标示,做好句内停顿设计,把握古诗节奏。
(3)根据古诗结构,理清句与句之间的关系,做好句子间的停顿或连接设计。
(4)根据古诗的用韵情况,找准韵脚,设计延长音,压住韵脚。
(5)根据古诗创设的韵律和意境,做好语调的抑扬顿挫,平升曲降的设计,体现古诗旋律美。

步骤三：根据设计进行朗读

（1）自练自查。自己朗读，自己检查有何需要改进的地方。

（2）小组练读。分小组练读，组内成员相互点评，修改朗读设计。

（3）班级展示。在班级进行朗读展示，教师点评。

步骤四：训练反思

（1）朗读效果如何？你觉得你的朗读还有什么遗憾吗？

（2）老师、同学给你的朗读提了些什么意见？你觉得最有启发意义的是哪条意见？

（3）你觉得古诗朗读和记叙文、散文朗读相比有什么不同？

（4）自我评价（见表3-9）。

表3-9　古诗朗读训练评价

评价内容	优	良	中	差
普通话发音标准，吐字清晰，声音响亮，表达流畅。				
熟练并准确运用停顿、重音、语调、语速等朗读技巧。				
感情饱满，真挚自然，准确表达作品的思想感情，有一定的感染力。				
精神饱满，仪态大方，表情自然，举止从容。				

现代诗朗读示例：林徽因《你是人间的四月天——一句爱的赞颂》（人教版初中语文教材九年级上）

你是人间的四月天

林徽因

我说你是人间的四月天；
笑响点亮了四面风；轻灵
在春的光艳中交舞着变。

你是四月早天里的云烟，
黄昏吹着风的软，星子在
无意中闪，细雨点洒在花前。

那轻，那娉婷，你是，鲜妍
百花的冠冕你戴着，你是
天真，庄严，你是夜夜的月圆。

雪化后那片鹅黄，你像；新鲜
初放芽的绿，你是；
柔嫩喜悦，水光浮动着你梦期待中白莲。

你是一树一树的花开,是燕
在梁间呢喃,——你是爱,是暖,
是希望,你是人间的四月天!

朗读分析:

这首诗充满了生命的希望和活力,读来如微风拂面,让人有种愉悦的享受,因此朗读时的基调应该是清新、轻灵、充满生机和活力的。

这首诗讲求格律的和谐、语言的雕塑美和音律的乐感,有很多跳跃的词语,就好像一个个跳动的音符,看似跳跃,实则韵律和谐。朗读时要注意不要过于拘泥诗行和标点符号的限制,要处理好停顿和连接,把握节奏。如"轻灵、星子在、你是、是燕"等词,虽写在前一诗行中,但是,意思却与下一行更接近,因此在朗诵时与下一句连接起来,使语意完整流畅,也体现音乐美。这首诗也有很多平行句,朗读时要通过语调的曲折变化、声音的虚实轻重,读出变化来,生动形象地表达情感。如"雪化后那片鹅黄,你像;新鲜/初放芽的绿,你是;柔嫩喜悦/水光浮动着你梦期待中白莲。"可以用平调、升调、降调三种语调表现,把"鹅黄""新鲜""柔嫩"三种比喻形象地区别开。

《你是人间的四月天》朗读音频

>>> 【实践训练】

请任选一首现代诗做朗读设计并朗读。步骤如下。

步骤一:请思考以下问题

(1)这首诗有怎样的创作背景? 主要写了什么内容? 表达了诗人怎样的思想感情?

(2)这首诗结构是怎样安排的? 情感发展轨迹是怎样的?

(3)这首诗在语言上有何特点?

(4)这首诗呈现的韵律和意境是怎样的?

步骤二:思考并设计朗读

(1)这首诗的朗读基调应该是怎样的?

(2)根据这首诗的内容和结构,理清句与句之间的关系,做好句子间的停顿或连接设计。

(3)根据诗歌的韵律和节奏,做好声音上高低升降、快慢停连,虚实轻重的设计,体现诗歌的旋律美。

(4)这首诗如有用韵情况,找准韵脚,设计延长音和适当的语调,压住韵脚。

步骤三:根据设计进行朗读

(1)自练自查。自己朗读,自己检查有何需要改进的地方。

(2)小组练读。分小组练读,组内成员相互点评,修改朗读设计。

(3)班级展示。在班级进行朗读展示,教师点评。

步骤四:训练反思

(1)朗读达到你预期的效果了吗? 你觉得你的朗读还有什么不足?

(2)老师、同学给你的朗读提了些什么意见? 你觉得最有启发意义的是哪条意见?

（3）你觉得现代诗歌朗读与古诗朗读相比，两者有何异同之处？

（4）自我评价（见表3-10）。

表3-10　现代诗朗读训练评价

评 价 内 容	优	良	中	差
普通话发音标准，吐字清晰，声音响亮，表达流畅。				
熟练并准确运用停顿、重音、语调、语速等朗读技巧。				
感情饱满，真挚自然，准确表达作品的思想感情，有一定的感染力。				
精神饱满，仪态大方，表情自然，举止从容。				

（四）小说的朗读

小说通过典型的人物刻画、完整的故事情节、具体的环境描写来反映一定的现实生活。它具备人物、情节、环境三要素。因此，朗读时就应准确把握这三个要点进行声音的造型。

1. 把握人物特点

小说中的人物形象有着鲜明的个性特征，朗读时要仔细揣摩，在分析人物性格的基础上，结合自己的生活经验，对人物语言进行声音设计，尽量用声音去摹形传神，特别是朗读人物对话时，要注意人物之间声音的对比，体现声音的辨识度。朗读时，要在有声语言的流动中显示人物的性格特征、心理状态，要运用恰当的语气，表现人物丰富复杂的感情。

2. 把握情节特点

情节的发生、发展、高潮、结局构成了小说的结构整体。朗读时，要运用不同的语速语调来推进，表现情节的发展变化，要运用语调的高昂、感情的渲染、节奏的加快来突出高潮，运用语气的急转、感情的变化来显示矛盾冲突，做到层次分明，脉络清晰。

3. 把握环境特点

小说中典型环境的描写对于确定作品基调、渲染气氛、刻画人物形象等都有着重要的作用。朗读时，要充分体会典型环境的特点，关注环境的细节描写，采用恰当的语速、语调、语气及声音色彩来表现。如鲁迅《故乡》开头的环境描写，可用低沉的平直调慢速朗读，以烘托故乡的荒凉凋敝，也为全文确定一种深沉、凄清的基调。

小说朗读示例：都德《最后一课》（人教版初中语文教材七年级下，有改动）

最后一课（节选）

都　德

他穿上那套漂亮的礼服，原来是为了纪念这最后一课！现在我明白了，镇上那些老年人为什么来坐在教室里。这好像告诉我，他们也懊悔当初没常到学校里来。他们像是用这种方式来感谢我们老师40年来忠诚的服务，来表示对就要失去的国土的敬意。

我正想着这些的时候,忽然听见老师叫我的名字。轮到我背书了。天啊,如果我能把那条出名难学的分词用法从头到尾说出来,声音响亮,口齿清楚,又没有一点儿错误,那么任何代价我都愿意拿出来的。可是开头几个字我就弄糊涂了,我只好站在那里摇摇晃晃,心里挺难受,头也不敢抬起来。我听见韩麦尔先生对我说:

"我也不责备你,小弗郎士,你自己一定够难受的了。这就是了。大家天天都这么想:'算了吧,时间有的是,明天再学也不迟。'现在看看我们的结果吧。唉,总要把学习拖到明天,这正是阿尔萨斯人最大的不幸。现在那些家伙就有理由对我们说了:'怎么?你们还自己说是法国人呢,你们连自己的语言都不会说,不会写!……'不过,可怜的小弗郎士,也并不是你一个人过错,我们大家都有许多地方应该责备自己呢。"

"你们的爹妈对你们的学习不够关心。他们为了多赚一点钱,宁可叫你们丢下书本到地里,到纱厂里去干活儿。我呢,我难道没有应该责备自己的地方吗?我不是常常让你们丢下功课替我浇花吗?我去钓鱼的时候,不是干脆就放你们一天假吗?……"

接着,韩麦尔先生从这一件事谈到那一件事,谈到法国语音上来了。他说,法国语言是世界上最美的语言,——最明白,最精确;又说,我们必须把它记在心里,永远别忘了它,亡了国当了奴隶的人民,只要牢牢记住他们的语言,就好像拿着一把打开监狱大门的钥匙,说到这里,他就翻开书讲语法。真奇怪,今天听讲,我都懂。他讲的似乎挺容易,挺容易。我觉得我从来没有这样细心听讲过,他也从来没有这样耐心讲解过。这可怜的人好像恨不得把自己知道的东西在他离开之前全教给我们,一下子塞进我们的脑子里去。

语法课完了,我们又上习字课。那一天,韩麦尔先生发给我们新的字帖,帖上都是美丽的圆体字:"法兰西","阿尔萨斯","法兰西","阿尔萨斯"。这些字帖挂在我们课桌的铁杆上,就好像许多面小国旗在教室里飘扬。个个人那么专心,教室里那么安静!只听见钢笔在纸上沙沙地响。有时候一些金甲虫飞进来,但是谁都不注意,连最小的孩子也不分心,他们正在专心画"杠子",好像那也算是法国字。屋顶上鸽子咕咕咕咕地低声叫着,我心里想:"他们该不会强迫这些鸽子也用德国话唱歌吧!"

我每次抬起头来,总看见韩麦尔先生坐在椅子里,一动也不动,瞪着眼看周围的东西,好像要把这小教室里的东西都装在眼睛里带走似的。只要想想:40年来,他一直在这里,窗外是他的小院子,面前是他的学生;用了多年的课桌和椅子,擦光了,磨损了;院子里的胡桃树长高了;他亲手栽的紫藤,如今也绕着窗口一直爬到屋顶了。可怜的人啊,现在要他跟这一切分手,叫他怎么不伤心呢?何况又听见他的妹妹在楼上走来走去收拾行李!——他们明天就要永远离开这个地方了。

可是他有足够的勇气把今天的功课坚持到底。习字课完了,他又教了一堂历史,接着又教初级班拼他们的字母。在教室后排座位上,郝叟老头儿已经戴上眼镜,两手捧着他那本初级读本,跟他们一起拼这些字母。他感情激动,连声音都发抖了。听见他古怪的声音,我们又想笑,又难过。啊!这最后一课,我真永远忘不了!

朗读分析:

《最后一课》讲述的是在普法战争中被强行割让给普鲁士的一所乡村小学在上着告别自己母语的最后一堂课,通过一个孩子——小弗朗士的眼光来展现整个沦陷区的屈辱和对自己故土的深切的思念。小说对小弗朗士的见闻、感受、思想情绪的变化都做了细致的描写，也描写了韩麦尔先生的服装、神态、语言、动作等，着力烘托了教室的气氛，整篇小说具有强烈的感染力。朗读时要注意抓住人物丰富、真实的内心世界，结合小说的时代背景，依据作品中一系列心理活动的描写，用语气语调的变化表现出他内心情感的变化。

上面节选的是小说的主要部分，写韩麦尔先生在宣布完坏消息以后，开始上课。这里小弗朗士的羞愧和悔恨，韩麦尔的谅解和惋惜，都是语调表达的重点。韩麦尔谈法国语言那一段要饱含深情，加强感染力。上习字课一段，要把小弗朗士读祖国语言文字的无限留恋之情表达出来，可采用不同的重音处理方式，如一字一顿，重音轻读，虚实转换等方法强调关键词，也要根据情感需要，巧妙地处理停连，如在最后一句"我真永远——"后面安排一个声断意连的停顿，表达出小弗朗士对此情此景的难忘，然后再一字一顿地轻读"忘——不——了——"，以体现这最后一课的珍贵及对小弗朗士的深刻影响。

《最后一课》（节选）
朗读音频

>>> 【实践训练】

请任选一篇长短适宜的小说做朗读设计并朗读。步骤如下。

步骤一：请思考以下问题

（1）这篇小说有怎样的创作背景？主要写了什么内容？表达了作者怎样的思想感情？

（2）这篇小说的情节是怎样发展变化的？高潮部分在哪里？

（3）小说中刻画了哪些人物形象？用了哪些方法来描写人物？这些人物分别有怎样的性格特征？

（4）小说中有环境描写吗？若有，找找看在哪里。

步骤二：思考并设计朗读

（1）根据小说内容及主旨确定朗读基调。

（2）根据小说的起因、发展、高潮、结局设计不同语速、语调及停连。

（3）抓住人物刻画细节，如动作、神态、语言、心理等，设计声音的高低升降、快慢停连、虚实轻重等，表现人物的内心状态及性格特征。

（4）体会小说中描写的环境的特点，采用恰当的语速语调来渲染表现。

（5）选取小说的精彩片段，进行朗读技巧的精加工。

步骤三：根据设计进行朗读

（1）自练自查。自己朗读、检查有何需要改进的地方。

（2）小组练读。分小组练读，组内成员相互点评，修改朗读设计。

（3）班级展示。在班级进行朗读展示，教师点评。

步骤四：训练反思

（1）你觉得你的朗读亮点是什么？缺点是什么？

（2）老师、同学给你的朗读提了些什么意见？你觉得最有启发意义的是哪条意见？

（3）你觉得小说朗读的难点是什么？你该如何克服？

（4）自我评价（见表3-11）。

表3-11　小说朗读训练评价

评　价　内　容	优	良	中	差
普通话发音标准,吐字清晰,声音响亮,表达流畅。				
熟练并准确运用停顿、重音、语调、语速等朗读技巧。				
感情饱满,真挚自然,准确表达作品的思想感情,有一定的感染力。				
精神饱满,仪态大方,表情自然,举止从容。				

（五）议论文的朗读

议论文以议论为主要表达方式,通过摆事实、讲道理等方法,直接表达作者的见解、主张、态度、观点等。议论文观点鲜明、逻辑严密,语言准确有力。

朗读议论文要注意以下几点。

1. 了解作者态度,明确朗读目的

议论文会鲜明地表达作者的观点和态度,朗读时要清楚地了解作者在赞扬什么,反对什么,作品的中心论点要了然于胸,由此明确自己的朗读目的,用庄重、肯定、从容的语气,增加议论的说服力和可信度。

2. 弄清结构布局,把握逻辑层次

议论文常常精心布局,结构缜密,有的是并列式,有的是层进式,有的是总分式。朗读时要弄清议论文的内在结构,把握逻辑关系,用停连的处理、音量的大小、语调的变化等尽量表现出论证的逻辑性,如运用曲折的语调,较长的停顿,表达语意的转折、因果、假设等关系;运用平直的语调、较短的停顿表达语意的并列、连贯;运用层层上扬的语调、较短的停顿表达语意的递进。引导听众感受判断、推理的过程。

3. 发音准确有力,语气灵活多变

议论文观点鲜明,论证严密。朗读时,要注意运用轻重音、停连、语速、语气等的变化来凸显议论色彩,发音要准确有力,要用清晰的重音突出文章观点,用重音配合不同的语气显示是非褒贬的态度,如表达肯定、赞同的态度,语气要坚定有力、节奏明快;表达否定、反对的态度,语气要严峻,节奏沉郁。

议论文朗读示例:鲁迅《中国人失掉自信力了吗》(人教版初中语文教材九年级上)

中国人失掉自信力了吗

鲁　迅

从公开的文字上看起来:两年以前,我们总自夸着"地大物博",是事实;不久就不再自夸了,只希望着国联,也是事实;现在是既不夸自己,也不信国联,改为一味求神拜佛,怀古伤今了——却也是事实。

于是有人慨叹曰:中国人失掉自信力了。

如果单据这一点现象而论，自信其实是早就失掉了的。先前信"地"，信"物"，后来信"国联"，都没有相信过"自己"。假使这也算一种"信"，那也只能说中国人曾经有过"他信力"，自从对国联失望之后，便把这他信力都失掉了。

失掉了他信力，就会疑，一个转身，也许能够只相信了自己，倒是一条新生路，但不幸的是逐渐玄虚起来了。信"地"和"物"，还是切实的东西，国联就渺茫，不过这还可以令人不久就省悟到依赖它的不可靠。一到求神拜佛，可就玄虚之至了，有益或是有害，一时就找不出分明的结果来，它可以令人更长久的麻醉着自己。

中国人现在是在发展着"自欺力"。

"自欺"也并非现在的新东西，现在只不过日见其明显，笼罩了一切罢了。然而，在这笼罩之下，我们有并不失掉自信力的中国人在。

我们从古以来，就有埋头苦干的人，有拼命硬干的人，有为民请命的人，有舍身求法的人，……虽是等于为帝王将相作家谱的所谓"正史"，也往往掩不住他们的光耀，这就是中国的脊梁。

这一类的人们，就是现在也何尝少呢？他们有确信，不自欺；他们在前仆后继的战斗，不过一面总在被摧残，被抹杀，消灭于黑暗中，不能为大家所知道罢了。说中国人失掉了自信力，用以指一部分人则可，倘若加于全体，那简直是诬蔑。

要论中国人，必须不被搽在表面的自欺欺人的脂粉所诓骗，却看看他的筋骨和脊梁。自信力的有无，状元宰相的文章是不足为据的，要自己去看地底下。

（九月二十五日）

朗读分析：

这篇文章写于1934年9月25日，正是"九一八"事变三周年之后。当时，有人散布对抗日前途的悲观论调，指责中国人失掉了自信力。鲁迅这篇文章就是为了批驳这种错误论调，鼓舞民族的自信心而写的。朗读时要用凝重、平稳、坚定的语气鲜明地表明态度，亮出观点。

《中国人失掉自信力了吗》朗读音频

文章前面讲有些失掉自信力的中国人的种种表现，情绪是悲观失望的，朗读时语调多抑少扬，气沉声缓，节奏凝重。后面表现的却是对并没有失掉自信力的中国人的无比崇敬，是在赞扬讴歌，语气语调较前都要有变化，语速稍快些，语气要高昂，音色要明亮。要读出对这部分人的欣赏与赞美之情。

>>> **【实践训练】**

请任选一篇议论文做朗读设计并朗读。步骤如下。

步骤一：请思考以下问题

（1）这篇议论文的中心论点是什么？有哪些论据？

（2）这篇议论文的结构层次是如何安排的？

（3）这篇议论文采用了哪些论证方法？

步骤二：思考并设计朗读

（1）根据议论文的中心论点，明确朗读目的，采用合适的语气语调表明态度。

（2）根据议论文的结构，运用音量的大小、节奏的变化、停连的处理等，读出论证层次。

（3）根据不同的论证方法，明确需要强调的内容，设计重音，用加重音量或延长音的方法强调表现。

步骤三：根据设计进行朗读

（1）自练自查。自己朗读，自己检查有何需要改进的地方。

（2）小组练读。分小组练读，组内成员相互点评，修改朗读设计。

（3）班级展示。在班级进行朗读展示，教师点评。

步骤四：训练反思

（1）你觉得你的朗读把作者的观点和态度表现出来了吗？你是如何在朗读中体现的？

（2）老师、同学给你的朗读提了些什么意见？你觉得最有启发意义的是哪条意见？

（3）你觉得议论文朗读要注意的重点是什么？

（4）自我评价（见表3-12）。

表3-12　小说朗读训练评价

评 价 内 容	优	良	中	差
普通话发音标准，吐字清晰，声音响亮，表达流畅。				
熟练并准确运用停顿、重音、语调、语速等朗读技巧。				
感情真挚，表达自然，准确表达作者的态度，有一定的说服力。				
精神饱满，仪态大方，表情自然，举止从容。				

（六）说明文的朗读

说明文是以说明为主要表达方式，对客观事物或抽象事理做出说明或阐释的一种文体，具有较强的科学性和实用性，它没有曲折的情节，也没有鲜明的观点，语言准确、简明、平实。朗读时要根据说明文的文体特点注意以下几点。

1. 态度客观端正，蕴含情感倾向

说明文主要是说明客观事物或抽象事理的，科学性、知识性较强，朗读时，要尊重客观事实，尽量用客观、平静的语调讲述，同时，也要深入体会作者在客观文字的背后所隐藏的情感倾向，是赞美、自豪，还是感叹、惋惜，朗读时，通过声音的适当塑造将这些情感表现出来。

2. 把握说明层次，读出逻辑结构

说明文对事物的说明和事理的阐释，都要通过一定的结构层次来展开，朗读时就要理清说明层次，把握逻辑关系，合理运用停连、快慢、节奏的变化来表现，使听者能跟随朗读声条理清晰，逐层递进地掌握说明的知识要点。

3. 语调平实自然，声音清晰稳健

说明文的语言要求准确严密、质朴简洁，修饰性的成分较少，因此，朗读时，不需要运用

过多的声音技巧,保持语调的平实自然即可,节奏可依据表达需要做出变化,但整体需要保持稳定,声音清晰,表意准确。

说明文朗读示例:茅以升《中国石拱桥》(人教版初中语文教材八年级上)

中国石拱桥(节选)

茅以升

赵州桥横跨在洨河上,是世界著名的古代石拱桥,也是造成后一直使用到现在的最古的石桥。这座桥修建于公元605年左右,到现在已经一千三百多年了,还保持着原来的雄姿。到解放的时候,这座古桥又恢复了青春。

赵州桥非常雄伟,全长50.82米,两端宽9.6米,中部略窄,宽9米。桥的设计完全合乎科学原理,施工技术更是巧妙绝伦。唐朝的张嘉贞说它"制造奇特,人不知其所以为"。这座桥的特点是:(一)全桥只有一个大拱,长达37.4米,在当时可算是世界上最长的石拱。桥洞不是普通半圆形,而是像一张弓,因而大拱上面的道路没有陡坡,便于车马上下。(二)大拱的两肩上,各有两个小拱。这是创造性的设计,不但节约了石料,减轻了桥身的重量,而且在河水暴涨的时候,还可以增加桥洞的过水量,减轻洪水对桥身的冲击。同时,拱上加拱,桥身也更美观。(三)大拱由28道拱圈拼成,就像这么多同样形状的弓合龙在一起,作成了一个弧形的桥洞。每道拱圈都能独立支撑上面的重量,一道坏了,其他各道不致受到影响。(四)全桥结构匀称,和四周景色配合得十分和谐;桥上的石栏石板也雕刻得古朴美观。唐朝的张鷟说,远望这座桥就像"初月出云,长虹引涧"。赵州桥高度的技术水平和不朽的艺术价值,充分显示出了我国劳动人民的智慧和力量。桥的主要设计者李春就是一位杰出的工匠,在桥头的碑文里刻着他的名字。

永定河上的卢沟桥,修建于公元1189到1192年间。桥长265米,由11个半圆形的石拱组成,每个石拱长度不一,自16米到21.6米。桥宽约8米,路面平坦,几乎与河面平行。每两个石拱之间有石砌桥墩,把11个石拱联成一个整体。由于各拱相联,所以这种桥叫做联拱石桥。永定河发水时,来势很猛,以前两岸河堤常被冲毁,但是这座桥却极少出事,足见它的坚固。桥面用石板铺砌,两旁有石栏石柱。每个柱头上都雕刻着不同姿态的狮子。这些石刻狮子,有的母子相抱,有的交头接耳,有的像倾听水声,有的像注视行人,千态万状惟妙惟肖。

朗读分析:

这是一篇说明文。文章运用科学数据,以及赵州桥、卢沟桥两个具体的例子,说明了石拱桥在设计、施工上的伟大创造和高超的技术水平,从而歌颂了我国劳动人民的勤劳、智慧和伟大的创造力。语言平实、简明,朗读时不需要用过多的声音技巧,保持语调平稳流畅,发音清晰准确。文章采用总—分—总的说明顺序,朗读时,根据说明顺序处理好停连,体现结构层次。

上面节选的是文中对赵州桥、卢沟桥的介绍,朗读时整体语调客观、冷静、平稳、流畅,数字的朗读清晰准确,同时要抓住"因而""不但""而且"等关联词,理清逻辑关系,明确主旨,用声音将信息准确地传达出来。介绍拱桥石柱上石刻狮子神态的一句话,是描写性的语言,朗读时可以略加渲染,适当地用语气的变化、语调的起伏使声音更生动。

《中国石拱桥》(节选)朗读音频

>>>【实践训练】

请任选一篇说明文做朗读设计并朗读。步骤如下。

步骤一：请思考以下问题

（1）这篇说明文的说明对象是什么？采用了哪些说明方法？

（2）这篇说明文中，作者对于说明对象持有怎样的情感态度？

（3）这篇说明文的结构层次是如何安排的？

（4）这篇说明文中有没有描写的段落？找找看在哪里？

步骤二：思考并设计朗读

（1）用客观、冷静的语调朗读说明的知识要点，同时根据作者的态度和倾向，适当地塑造语气语调加强表现力。

（2）根据说明文的结构层次，运用音量的大小、节奏的变化、停连的处理等，读出说明顺序和层次。

（3）根据不同的说明方法，明确需要强调的内容，设计重音，用加重音量或延长音的方法强调表现。

步骤三：根据设计进行朗读

（1）自练自查。自己朗读，自己检查有何需要改进的地方。

（2）小组练读。分小组练读，组内成员相互点评，修改朗读设计。

（3）班级展示。在班级进行朗读展示，教师点评。

步骤四：训练反思

（1）你觉得你的朗读把文章中的知识要点表达清楚了吗？你是如何在朗读中体现的？

（2）老师、同学给你的朗读提了些什么意见？你觉得最有启发意义的是哪条意见？

（3）你觉得说明文朗读的难点是什么？你该如何克服？

（4）自我评价（见表3-13）。

表3-13　说明文朗读训练评价

评　价　内　容	优	良	中	差
普通话发音标准，吐字清晰，声音响亮，表达流畅。				
熟练并准确运用停顿、重音、语调、语速等朗读技巧。				
感情真挚，表达准确，层次清晰，能体现一定的条理性。				
精神饱满，仪态大方，表情自然，举止从容。				

>>>【朗读资料】

秋天的怀念

史铁生

双腿瘫痪后，我的脾气变得暴怒无常。望着望着天上北归的雁阵，我会突然把面前的玻璃砸碎；听着听着李谷一甜美的歌声，我会猛地把手边的东西摔向四周的墙壁。母亲就悄悄地躲出去，在我看不见的地方偷偷地听着我的动静。当一切恢复沉寂，她又悄悄地进来，眼边红红的，看着我。"听说北海的花儿都开了，我推着你去走走。"她总是这么说。母亲喜欢花，可自从我的腿瘫痪以后，她侍弄的那些花都死了。"不，我不去！"我狠命地捶打这两条可恨的腿，喊着，"我可活什么劲儿！"母亲扑过来抓住我的手，忍住哭声说："咱娘儿俩在一块儿，好好儿活，好好儿活……"

可我却一直都不知道，她的病已经到了那步田地。后来妹妹告诉我，她常常肝疼得整宿整宿翻来覆去地睡不了觉。

那天我又独自坐在屋里，看着窗外的树叶"唰唰啦啦"地飘落。母亲进来了，挡在窗前："北海的菊花开了，我推着你去看看吧。"她憔悴的脸上现出央求般的神色。"什么时候？""你要是愿意，就明天？"她说。我的回答已经让她喜出望外了。"好吧，就明天。"我说。她高兴得一会坐下，一会站起："那就赶紧准备准备。""哎呀，烦不烦？几步路，有什么好准备的！"她也笑了，坐在我身边，絮絮叨叨地说着："看完菊花，咱们就去'仿膳'，你小时候最爱吃那儿的豌豆黄儿。还记得那回我带你去北海吗？你偏说那杨树花是毛毛虫，跑着，一脚踩扁一个……"她忽然不说了。对于"跑"和"踩"一类的字眼，她比我还敏感。她又悄悄地出去了。

她出去了，就再也没回来。

邻居们把她抬上车时，她还在大口大口地吐着鲜血。我没想到她已经病成那样。看着三轮车远去，也绝没有想到那竟是永远的诀别。

邻居的小伙子背着我去看她的时候，她正艰难地呼吸着，像她那一生艰难的生活。别人告诉我，她昏迷前的最后一句话是："我那个有病的儿子和我那个还未成年的女儿……"

又是秋天，妹妹推着我去北海看了菊花。黄色的花淡雅，白色的花高洁，紫红色的花热烈而深沉，泼泼洒洒，秋风中正开得烂漫。我懂得母亲没有说完的话。妹妹也懂。我俩在一块儿，要好好儿活……

谈生命（节选）

冰　心

我不敢说生命是什么，我只能说生命像什么。

生命像向东流的一江春水，他从最高处发源，冰雪是他的前身。他聚集起许多细流，合成一股有力的洪涛，向下奔注，他曲折的穿过了悬崖峭壁，冲倒了层沙积土，挟卷着滚滚的沙石，快乐勇敢地流走，一路上他享受着他所遭遇的一切：

有时候他遇到巉岩前阻，他愤激地奔腾了起来，怒吼着，回旋着，前波后浪地起伏催逼，直到冲倒了这危崖，他才心平气和地一泻千里。有时候他经过了细细的平沙，斜阳芳草里，看见了夹岸红艳的桃花，他快乐而又羞怯，静静地流着，低低地吟唱着，轻轻地度过这一段浪漫的行程。有时候他遇到暴风雨，这激电，这迅雷，使他心魂惊骇，疾风吹卷起他，大雨击打着他，他暂时浑浊了，扰乱了，而雨过天晴，只加给他许多新生的力量。

有时候他遇到了晚霞和新月，向他照耀，向他投影，清冷中带些幽幽的温暖：这时他只想憩息，只想睡眠，而那股前进的力量，仍催逼着他向前走……终于有一天，他远远地望见了大海，呵！他已到了行程的终结，这大海，使他屏息，使他低头，她多么辽阔，多么伟大！多么光明，又多么黑暗！大海庄严的伸出臂儿来接引他，他一声不响地流入她的怀里。他消融了，归化了，说不上快乐，也不有悲哀！也许有一天，他再从海上蓬蓬地雨点中升起，飞向西来，再形成一道江流，再冲倒两旁的石壁，再来寻夹岸的桃花。

春江花月夜

张若虚

春江潮水连海平，海上明月共潮生。
滟滟随波千万里，何处春江无月明。
江流宛转绕芳甸，月照花林皆似霰。
空里流霜不觉飞，汀上白沙看不见。
江天一色无纤尘，皎皎空中孤月轮。
江畔何人初见月？江月何年初照人？
人生代代无穷已，江月年年望相似。
不知江月待何人，但见长江送流水。
白云一片去悠悠，青枫浦上不胜愁。
谁家今夜扁舟子？何处相思明月楼？
可怜楼上月徘徊，应照离人妆镜台。
玉户帘中卷不去，捣衣砧上拂还来。
此时相望不相闻，愿逐月华流照君。
鸿雁长飞光不度，鱼龙潜跃水成文。
昨夜闲潭梦落花，可怜春半不还家。
江水流春去欲尽，江潭落月复西斜。
斜月沉沉藏海雾，碣石潇湘无限路。
不知乘月几人归，落月摇情满江树。

祖国啊，我亲爱的祖国

舒　婷

我是你河边上破旧的老水车，
数百年来纺着疲惫的歌；
我是你额上熏黑的矿灯，
照你在历史的隧洞里蜗行摸索
我是干瘪的稻穗，是失修的路基；
是淤滩上的驳船
把纤绳深深
勒进你的肩膊，
——祖国啊！

我是贫困，
我是悲哀。
我是你祖祖辈辈
痛苦的希望啊，
是"飞天"袖间
千百年未落到地面的花朵，
——祖国啊！

我是你簇新的理想，
刚从神话的蛛网里挣脱；
我是你雪被下古莲的胚芽；
我是你挂着眼泪的笑涡；
我是新刷出的雪白的起跑线；
是绯红的黎明
正在喷薄；
——祖国啊！

我是你的十亿分之一，
是你九百六十万平方的总和；
你以伤痕累累的乳房
喂养了
迷惘的我、深思的我、沸腾的我；
那就从我的血肉之躯上
去取得
你的富饶、你的荣光、你的自由；
——祖国啊，
我亲爱的祖国！

社戏（节选）

鲁　迅

　　我的很重的心忽而轻松了，身体也似乎舒展到说不出的大。一出门，便望见月下的平桥内泊着一只白篷的航船，大家跳下船，双喜拔前篙，阿发拔后篙，年幼的都陪我坐在舱中，较大的聚在船尾。母亲送出来吩咐"要小心"的时候，我们已经点开船，在桥石上一磕，退后几尺，即又上前出了桥。

　　于是架起两支橹，一支两人，一里一换，有说笑的，有嚷的，夹着潺潺的船头激水的声音，在左右都是碧绿的豆麦田地的河流中，飞一般径向赵庄前进了。

　　两岸的豆麦和河底的水草所发散出来的清香，夹杂在水气中扑面的吹来，月色便朦胧在这水气里。淡黑的起伏的连山，仿佛是踊跃的铁的兽脊似的，都远远的向船尾跑去了，但我却还以为船慢。他们换了四回手,渐望见依稀的赵庄,而且似乎听到歌吹了,还有几点火,料想便是戏台,但或者也许是渔火。

那声音大概是横笛,宛转,悠扬,使我的心也沉静,然而又自失起来,觉得要和他弥散在含着豆麦蕴藻之香的夜气里。

那火接近了,果然是渔火:我才记得先前望见的也不是赵庄。那是正对船头的一丛松柏林,我去年也曾经去游玩过,还看见破的石马倒在地下,一个石羊蹲在草里呢。过了那林,船便弯进了叉港,于是赵庄便真在眼前了。

最惹眼的是屹立在庄外临河的空地上的一座戏台,模胡在远处的月夜中,和空间几乎分不出界限,我疑心画上见过的仙境,就在这里出现了。这时船走得更快,不多时,在台上显出人物来,红红绿绿的动,近台的河里一望乌黑的是看戏的人家的船篷。

“近台没有什么空了,我们远远的看罢。”阿发说。

这时船慢了,不久就到,果然近不得台旁,大家只能下了篙,比那正对戏台的神棚还要远。其实我们这白篷的航船,本也不愿意和乌篷的船在一处,而况没有空地呢……

在停船的匆忙中,看见台上有一个黑的长胡子的背上插着四张旗,捏着长枪,和一群赤膊的人正打仗。双喜说,那就是有名的铁头老生,能连翻八十四个筋斗,他日里亲自数过的。

我们便都挤在船头上看打仗,但那铁头老生却又并不翻筋斗,只有几个赤膊的人翻,翻了一阵,都进去了,接着走出一个小旦来,咿咿呀呀的唱。双喜说,“晚上看客少,铁头老生也懈了,谁肯显本领给白地看呢?”我相信这话对,因为其时台下已经不很有人,乡下人为了明天的工作,熬不得夜,早都睡觉去了,疏疏朗朗的站着的不过是几十个本村和邻村的闲汉。

应有格物致知精神(节选)
丁肇中

多年来,我在学校里接触到不少中国学生,因此,我想借这个机会向大家谈谈学习自然科学的中国学生应该怎样了解自然科学。

在中国传统教育里,最重要的书是“四书”。“四书”之一的《大学》里这样说:一个人教育的出发点是“格物”和“致知”。就是说,从探察物体而得到知识。用这个名词描写现代学术发展是再恰当也没有了。现代学术的基础就是实地的探察,就是我们现在所谓的实验。

但是传统的中国教育并不重视真正的格物和致知。这可能是因为传统教育的目的并不是寻求新知识,而是适应一个固定的社会制度。《大学》本身就说,格物致知的目的,是使人能达到诚意、正心、修身、齐家、治国的田地,从而追求儒家的最高理想——平天下。因为这样,格物致知的真正意义便被埋没了。

大家都知道明朝的大理论家王阳明,他的思想可以代表传统儒家对实验的态度。有一天王阳明依照《大学》的指示,先从“格物”做起。他决定要“格”院子里的竹子。于是他搬了一条凳子坐在院子里,面对着竹子硬想了七天,结果因为头痛而宣告失败。这位先生明明是把探察外界误认为探讨自己。

王阳明的观点,在当时的社会环境里是可以理解的。因为儒家传统的看法认为天下有不变的真理,而真理是“圣人”从内心领悟的。圣人知道真理以后,就传给一般人。所以经书上的道理是可"推之于四海,传之于万世"的。这种观点,经验告诉我们,是不能适用于现在的世界的。

海洋与生命(节选)

童裳亮

生命在海洋里诞生绝不是偶然的,海洋的物理和化学性质,使它成为孕育原始生命的摇篮。

我们知道,水是生物的重要组成部分,许多动物组织的含水量在百分之八十以上,而一些海洋生物的含水量高达百分之九十五。水是新陈代谢的重要媒介,没有它,体内的一系列生理和生物化学反应就无法进行,生命也就停止。因此,在短时期内动物缺水要比缺少食物更加危险。水对今天的生命是如此重要,它对脆弱的原始生命,更是举足轻重了。生命在海洋里诞生,就不会有缺水之忧。

水是一种良好的溶剂。海洋中含有许多生命所必需的无机盐,如氯化钠、氯化钾、碳酸盐、磷酸盐,还有溶解氧,原始生命可以毫不费力地从中吸取它所需要的元素。

水具有很高的热容量,加之海洋浩大,任凭夏季烈日曝晒,冬季寒风扫荡,它的温度变化却比较小。因此,巨大的海洋就像是天然的"温箱",是孕育原始生命的温床。

阳光虽然为生命所必需,但是阳光中的紫外线却有扼杀原始生命的危险。水能有效地吸收紫外线,因而又为原始生命提供了天然的"屏障"。

这一切都是原始生命得以产生和发展的必要条件。

第三节 演讲训练

小张是一名师范专业的大三学生,他专业知识扎实,每学期的学习成绩总是名列前茅,可是每次让他当众讲话,他总是面红耳赤、十分紧张,要么讲得语无伦次、杂乱无序,要么讲得刻板僵硬,很难吸引人。作为师范专业的学生,他深知语言表达能力对于自己的重要性,因此,他很头疼,担心这种情况会影响自己今后的就业。

想一想

请你给小张想想办法:他该如何克服自己的缺点?

一、演讲概说

(一)演讲的定义

演讲,又叫讲演、演说,指在特定的时空环境里,以有声语言为主要手段,以态势语言为辅助手段，针对现实中的某个问题向听众传递信息、表述见解、阐明事理、抒发情感，从而达到感召听众并促使其行动的一种现实信息交流活动。

（二）演讲的特征

演讲作为一种现实信息交流活动，主要有以下四个特征。

1. 工具性

演讲是运用有声语言和无声语言，就某一个问题表达真情实感，达到感召听众的目的。它是人们交流思想、传递感情的工具。社会中人们的思想、学识、发明、创造都可以借助演讲这个工具来传播。可以说，演讲是一种经济、实用、方便的传播工具。

2. 现实性

演讲的现实性，一是体现在演讲话题大多是社会现实问题；二是演讲中所用的材料要求是真实的，只有真实的材料才具有说服力，如果任意臆造或虚构材料，那么就失去了演讲的意义；三是演讲活动虽然有"讲"有"演"，但是以"讲"为主，"演"为辅，它与表演艺术不同，演讲者不同于演员，是以真实的现实生活中的身份出现的。

3. 艺术性

演讲是一门艺术。演讲为了达到使人认同和感召鼓动的目的，需要借助一些艺术的表现手段创造艺术感染力。如演讲中的语言，要求去除一般讲话的杂乱、松散、平板的因素，以一种集中、凝练、富有创造色彩的面貌出现。除了语言，演讲中的其他因素，如声音、形象、时间、环境等，也会和语言因素一起，形成一种相互依存、相互协调的美感，使演讲具有艺术感。

4. 感召性

演讲要求思想深刻、观点鲜明、见解独到，演讲者要善于用流畅生动、幽默风趣、激情澎湃的语言和恰当的修辞打动听众，达到感召鼓动听众的目的。没有感召性，就成不了演讲，感召性是演讲成功与否的一个标志。

想一想

> 演讲和表演有何不同？

（三）演讲的分类

生活中演讲无处不在，它的类型多种多样，从不同角度可分出不同的类型，下面介绍两种常见的分类角度。

1. 按演讲内容分

（1）政治演讲，是某政党或个人就某个政治问题以及有关问题表明立场、阐明观点、宣扬主张的一种演讲。如竞选演讲、就职演讲、政治集会演讲等。政治演讲一般观点鲜明、逻辑严谨、目的明确、鼓动性强。

（2）经济演讲，是向社会公众发表的具有经济贸易内容的演讲，旨在宣传企业、产品、服务等，以实现一定的经济目的。如商业广告演讲、投标介绍演讲、公共关系演讲等。经济演讲内容具有高度的真实性，论证严密，讲究策略，语言明确，以解说为主。

（3）学术演讲，是就科学领域中的某些系统、专门的知识和学问而发表的演讲。如专题讲座、学术报告、学术发言、学术评论等。学术演讲具有内容的科学性、论证的严密性和语言的准确性，是一种高层次的演讲。

（4）宗教演讲，是一切与宗教仪式、宗教宣传有关的演讲。如布道宣讲、宗教会议演讲等。宗教演讲语言通俗、事例丰富、神圣肃穆，具有较强的精神感染力。

（5）法律演讲，是与法律相关的各种形式的演讲。如法庭演讲、普法知识报告、普法讲座等。法律演讲具有鲜明的政策性，材料确凿，程序固定，逻辑严密，有较强的说服力。

（6）生活演讲，是演讲者就社会生活中存在的各种问题、风俗、现象而作的演讲，它表达了演讲者对这些问题的看法、见解和观点。生活演讲内容广泛，具有现实针对性，语言通俗易懂。

2. 按演讲形式分

（1）命题演讲，是由他人拟定题目或演讲范围，并经过准备之后所做的演讲。它包含两种形式：全命题演讲和半命题演讲。全命题演讲由演讲组织者明确演讲主题，具体指定内容。半命题演讲只划定一个大概范围，在这个范围内，演讲者可以根据自己的思考再细致划分。命题演讲主题鲜明、针对性强、结构完整。

（2）即兴演讲，是演讲者在事先毫无准备的情况下就眼前场景、情境、事物、人物等情况临时起兴发表的演讲。如婚礼祝辞、欢迎致辞、丧事悼念、聚会演讲等。即兴演讲有感而发、时境感强。

（3）论辩演讲，是双方或多方因对某个问题产生不同意见而展开的面对面的语言交锋，它的目的是追求真理、批驳谬误、明辨是非，要求演讲者具有严密的逻辑思维和较强的应变能力。常见的论辩演讲有赛场论辩、法庭论辩、外交论辩等。论辩演讲的特点是针锋相对、短兵相接，言辞犀利。

想一想

你在学习和生活中接触过哪些类型的演讲？

（四）演讲的语言运用

演讲是诉诸听觉的,它必须遵循口语表达的规律,把握好演讲的语言特点。

1. 准确性

演讲的语言要准确、清晰地表述所要讲述的观点和事实,揭示它们的本质,剖析它们的联系。准确的语言具有科学性,可以直击听众的内心,使听众和演讲者之间产生共鸣。要使演讲语言具有准确性,首先演讲者要认清客观事实,思想明确;其次要具备丰富的词汇量,根据表达的需要,能够准确地筛选出最合适的词语使用;最后,能区别词语的感情色彩,根据不同的语境和感情表达的需要,选用恰当的词语。

2. 简洁性

演讲要求观点鲜明,具有说服力,因此语言表达忌讳拖泥带水,冗余繁杂,需要简洁有力,以最少的语言表达最丰富的内容。演讲者必须对自己所讲的内容认真思考,明确要点,锤炼文字,推敲用语,做到精益求精。

3. 通俗性

演讲要面向听众,使听众易于接受,因此语言表达要求通俗平易,易于理解。要做到语言的通俗性,其一,语言要口语化。演讲不同于写文章,它是用来“听”的,因此要用口语化的语言去表达思想感情,忌用晦涩难懂的字眼,多用通俗易懂的口语词和表达句式,使演讲内容更有真实性和平易性。其二,语言要个性化。演讲要用自己的语言说自己想说的话,不可生搬硬套别人的话,或摘抄一些冠冕堂皇的空话,使内容干瘪,缺乏生活的真实。用富有个性的自己的话表述,才能显得更加真实,更加具有吸引力。

4. 生动性

形象生动的语言是演讲的生命。一篇优秀的演讲稿,就应该认真锤炼语言,根据内容需要,选用比喻、拟人、夸张、排比等多种修辞手法,把抽象化为具体,深奥变为浅显,枯燥变为有趣,使得语言生动传神,富有感染力。

试一试

　　以下是摘自演讲稿习作中的句子,请你看看,如何修改可使表意更简练、明确,更适合演讲呢?

　　（1）我们的革命先辈,为了人民的利益,他们流了多少血,他们献出了多少宝贵的生命。

　　（2）博物馆里展出了两千多年前新出土的文物,吸引了无数游客前去参观。

141

（3）我觉得你这是想得不对的错误的想法，他的才是想得对的正确的想法。

（4）今天，我来到扬州瘦西湖这个地方，游览了白塔、钓鱼台和五亭桥等这些风景点。

（5）教育历来被视为一片未加污染的绿洲。

二、命题演讲训练

命题演讲是根据预定的题目或限定的主题，事先做了充分准备，并经过精心设计和反复演练的演讲。要做好命题演讲，就要从演讲稿的准备和演讲语言的表达两个方面做好准备。

（一）命题演讲稿的准备

不同类型、不同内容的演讲稿，结构方式虽各有不同，但基本结构通常分为标题、称谓、正文三部分。标题即演讲稿的题目，好的题目可以给人留下鲜明的印象。称谓即和现场的听众打招呼，是对听众的尊重，是演讲礼节的体现。正文是演讲稿的具体内容，又分开头、主体、结尾三部分。这三个部分必须精心布局，巧妙安排，形成一个有机整体。

1．"响"开头

演讲稿的开头，也叫开场白，它是在演讲称呼、问候之后出现的开场内容，在全篇中占据重要的地位。开头要先声夺人，一炮打响，富有吸引力，演讲者必须精心准备，力求一开口就紧紧抓住听众的注意力，调动听众的情绪，从而为整场演讲的成功打下基础。那么应该如何开始演讲呢？演讲的开头方法很多，或单刀直入，或迂回进攻，下面介绍几种常见的方式。

1）开门见山，揭示主题

开头直奔主题，开门见山，一开始就用高度凝练的语言把演讲主题告诉听众。这种开头方式直截了当，干脆利落，中心突出，使人一听就明白了演讲的主题。如：

今天我的讲题是："少读中国书，做好事之徒。"我来本校是搞国学院研究工作的，是担任中国文学史讲课的，论理应当劝大家埋首古籍，多读中国的书。但我在北京，就看到有人在主张读经，提倡复古。来这里后，又看到有些人老抱着《古文观止》不放。这使我想到，与其多读中国书，不如少读中国书好。（鲁迅《少读中国书，做好事之徒》）

这是鲁迅先生的演讲，开头就开宗明义，语言平实真切，向听众直截了当地点明了演讲主题。

2）提出问题，发人深思

开头通过提问，吸引听众的注意力，引导听众深入思考问题，并由此激发听众对答案的强烈期待，使听众积极主动地参与到演讲中。如：

同学们，当前我们大学生求职出现了前所未有的困难，原因是什么呢？是我们国家的人才太多了吗？是我们学的东西过时了吗？还是我们眼光不再符合社会需求了呢？面对这么

多的问题,我们这些即将走出校园的大学生又该如何应对这一现象呢?（摘自大学生演讲稿写作习作）

这是一位大学生的演讲,演讲开头以一连串的问题,紧紧抓住了听众的注意力,引导听众深入思考,吸引听众继续聆听演讲,寻找答案。

3）设置悬念,引人入胜

在演讲一开头就提出一个悬念,调动听众的好奇心,激发听众寻找答案的兴趣,让听众带着问题急切地听下去。如:

这是一个讲乡愁的故事,但是,我却要从一只猴子开始说起。一只猴子?猴子和乡愁有什么关系?在上个世纪的五十年代……（陈岚《一代人的乡愁》）

这是题为"一代人的乡愁"的演讲开头,没有直接切入主题,却讲述关于一只猴子的故事,似乎与主题无关,但其实是演讲者精心设计的悬念开场,能够吸引听众的注意力。

4）讲述故事,吸引注意

故事具有形象、生动、有趣的特点,在演讲开头讲一个与演讲内容密切相关的故事从而引出演讲主题,这样就能抓住听众的注意力,引起听众极大的兴趣。如:

今天早晨,我走出旅馆的时候,看门人问道:"将军,您上哪儿去?"一听说我到西点时,他说:"那是个好地方,您从前去过吗?"（［美］麦克阿瑟《责任·荣誉·国家》）

这是麦克阿瑟的演讲,开头用朴实无华的语言叙述了一个极为简单的故事,说明了西点军校在人们心中非同寻常的地位,感情深沉丰富,能引起听众强烈的自豪感,也表达了演讲者麦克阿瑟将军对母校西点军校深深的眷恋之情。

5）叙述事实,交代背景

演讲开头向听众叙述一些社会事实、新闻事件等,说明演讲主题的相关背景,可引起听众的注意,也能吸引听众倾听。如:

据一家报纸报道:在国外,很多国家的公共场所都专门贴有用中文写的告示牌:"请不要随地吐痰和乱扔果皮纸屑。"同学们,这并非是一件小事,而是对号称文明古国的子孙们的一种讽刺。（摘自大学生演讲稿写作习作）

这篇演讲稿开头叙述真实的新闻报道,突出事态的严重性,引起听众关注,同时也交待了演讲主题的背景,明确了演讲目的。

6）引用名言,导出下文

开头引用内涵深刻、发人深省、与演讲主题相关的名言警句、诗文名篇,为演讲主旨做铺垫和烘托,能启人心扉,振奋精神。如:

中国有句俗话,叫做"一勤天下无难事"。唐朝文学大家韩愈曾说过:"业精于勤,荒于嬉。"也就是说,唯有勤奋者,才能在无边的知识海洋里猎取到真智实才,才能不断地开拓知识领域。勤奋,是叩开成功人生的敲门砖。（摘自大学生演讲稿写作习作）

这篇演讲稿开头,既引用了俗话,又引用了名人之言,在此基础上,导入话题,提出演讲主题。

以上列举的是常见的演讲开头方式,在实际运用中,演讲的开头方式远不止这些,演讲者可以根据演讲的需要和自己的构思选用合适、新颖的方法。

2."曲"主体

主体部分是演讲稿的中心,它既要求内容充实,观点鲜明,言之有物,论述紧扣主题,讲究条理性和严密性,又要求行文上条理清楚,层层深入,过渡自然,节奏有张有弛,情感波澜起伏,能紧紧地抓住听众。常见的层次安排方式有以下几种。

1)总括分述

总括分述,按照由总到分,或由分到总的方式安排层次,先提出问题、观点或主张,然后分层阐述,或者先分层阐述观点、主张,然后进行概括总结。在分层阐述时一般都采用并列结构,集中阐述问题。

2)平行并列

平行并列的层次安排是围绕演讲稿的中心论点,从不同角度、不同侧面进行表现,呈现出围绕中心,四面展开的结构,不同角度之间的关系是并列的,它们都直接面向中心论点,证明中心论点。

3)正反对比

正反对比的层次安排是通过分论点和分论点之间、不同事例之间,在段落间形成一正一反的对照,使听众从对立中辨明是非对错,深入理解演讲中心内容的正确性。

4)层层深入

层层深入的形式是从表面、浅层入手,步步深入,层层推进,最终揭示深刻的主题。此时,层次之间有严密的逻辑关系,犹如层层剥笋。这种层次安排方法,能使事物得到由表及里的深入阐述。

以上是常见的演讲层次的安排方式,但需要注意的是,这些方法并不是相互孤立的,具体运用时,应根据演讲需要,多种方式综合使用,呈现"曲"主体。

3."蓄"结尾

演讲的结尾是全文的收束,也是演讲的"点睛"之处,承担着收拢全篇、深化主题的任务,对演讲的成败有着重要的影响。因此演讲的结尾需要精心安排,做到含蓄凝练,给听众留下思维空间,让听众去思索,去回味。

演讲结尾的方法是多种多样的,演讲者可根据自己演讲的具体时间、地点、主题、听众及自己的个性等因素,选择适合自己的方式。下面介绍几种常见的结尾方式。

1)总结式

在演讲结束时,简洁、扼要地对自己阐述的内容和思想进行归纳总结,以突出中心,强化主题,起到画龙点睛的作用,帮助听者加深印象。

2)号召式

用提希望或发号召的方式结尾,这种方式是演讲者用极富鼓动性的言辞,对听众的理智和情感进行呼唤,或提出希望,或发出号召,或展望未来,语言慷慨激昂、扣人心弦,以引起听众的情感共鸣,促使听众有所行动。

3)余韵式

运用余韵式结尾,就是在演讲结尾时以含蓄或者留有余地的语言来表达主题。这种结尾语尽而意不尽,意留在语外,让听众能在演讲结束后的思索中体会其言外之意,深入理解主题而受到启迪。

4）呼应式

开头结尾呼应,这种方式在结构上,照应开头;在内容上,深化主题;在效果上,产生首尾圆合,浑然一体的感觉。

5）名言式

引用名言、警句、格言、谚语、诗句等作为结尾,这种方式语言精练、生动,内容丰富、充实,具有启发性和感染力,可以把演讲推向一个新高潮,给演讲者的思想提供有力的证明。需要注意的是,引用名言,一定要有针对性,要能丰富和深化演讲的主题。

6）抒情式

在演讲结尾时,结合主题表现及深化的需要,用抒发情怀,表达感慨的方式结尾,这种方式,语言富有诗情画意,感情真挚动人,通过抒发演讲者内心的真实情感,能够很好地引起听众的共鸣,给人以极大的鼓舞和力量。

演讲稿的结尾是主体内容发展的必然结果,方式多样,不拘一格,不管选用何种方式,都要做到干脆利落,简洁有力。

（二）有声语言的表达

演讲是通过声音传递信息的,有声语言表达的优劣,直接关系演讲的成败。好的演讲不仅要准确地表情达意,还要娓娓动听,使人产生强烈的情感共鸣。演讲中有声语言的表达要做到:语音标准,吐字清晰;流畅准确,通俗易懂;抑扬顿挫,生动感人。

1. 语音标准,吐字清晰

采用标准的普通话是演讲的基础。发音时,要准确把握每个音节的发音部位和发音方法,还要采用正确的呼吸方法控制好气息,做好吐字归音,使声音字正腔圆,音质纯正。语音标准清晰,才能有效地传递信息,表达演讲者的思想感情。

2. 流畅准确,通俗易懂

演讲要面向听众,使听众易于接受,因此语言表达要流畅准确,通俗平易,易于理解。首先,语言要口语化。演讲不同于写文章,它是用来"听"的语言,因此要用口语化的语言去表达思想感情,忌用晦涩难懂的字眼,多用通俗易懂的口语词和表达句式,使演讲内容更流畅,更有真实性和平易性。其次,语言要个性化。演讲要用自己的语言说自己想说的话,不要生搬硬套别人的话,或摘抄一些冠冕堂皇的空话,使内容干瘪,缺乏生活的真实。用富有个性的话表述,才能显得更加真实,更加具有吸引力。

3. 抑扬顿挫,生动感人

演讲要达到感染听众,鼓动听众的效果,语言表达就不仅要求准确,还需要运用重音、停连、语速、语调等表达技巧辅助语言表情达意。一次优秀的演讲,就应该根据内容需要,高中有低,低中有高,虚实互转,用轻重缓急、抑扬顿挫来表现,把抽象化为具体,深奥变为浅显,枯燥变为有趣,使得语言生动传神,富有感染力。

练一练

请选择你喜欢的一段演讲视频，分析这场演讲的内容组织及有声语言的表达情况。

（三）命题演讲的程序

命题演讲是事先确定了演讲者和演讲主题，有充足准备时间的，因此，命题演讲有一定的程序。

1. 准备阶段

1）审题

命题演讲是有规定的题目或主题的，因此，审题是首先要面对的重要任务，没有正确的审题，演讲就有可能偏离主题。审题时要注意选题角度，同一个话题，演讲者可以从不同的角度切入，展开演讲构思。

2）定题

命题演讲如果是全命题，演讲题目已经给定，那只要做好审题构思即可，但如果是半命题，只给出了一个主题范围，那演讲者就需要在审题基础上确定一个演讲题目，注意题目不宜过于宽泛，要窄而深。

3）选材

根据演讲题目，选择合适的材料，注意材料要真实、典型、新颖，既能表现主题，又能吸引听众。

4）定稿

认真构思，组织材料，完成演讲稿的写作，处理好开场白、主体、高潮、结尾等，为演练做好准备。

2. 演练阶段

1）熟记演讲稿

演讲是需要脱稿进行的，熟记演讲稿即通常所说的背稿，要将演讲内容全部记住并熟练背诵，才能在此基础上更好地进行情感的表达。

2）确定感情基调

不同的主题、不同的内容所表达的感情是不同的，在演练时，要根据主题及内容确定演讲时声音的感情基调，或激昂，或欢快，或深情，或平静，更好地展现演讲效果。

3）做好语音处理

将文字形式的演讲稿转化为语音形式，就需要做好声音的设计处理。语速的快慢、语调的抑扬顿挫、停连及重音等，都要根据表达的需要合理运用。

4）设计态势语

态势语是演讲中重要的辅助手段，演练时演讲者可以对自己的表情、眼神、手势、服饰等态势语做好初步设计,然后根据现场演讲情况灵活运用,做到应对自如。

3. 演讲阶段

1)登台亮相

登台亮相是演讲的第一步,也是给人的第一印象,演讲者要注意自己的体态、表情、动作等,做到符合礼仪规范,表现出大方得体、亲切自然的形象,获得听众的认可。

2)现场演讲

在一定的时空环境中现场演讲,要注意现场环境及听众的反映,如有需要可对演讲进行临时性的调整,以便更好地体现演讲的感染性和鼓动性。

3)致谢退场

演讲结束要有致谢,一般采用鞠躬礼,表示对听众的尊重及感谢,这是基本的演讲礼节,致谢后可礼貌退场。

>>> 【实践训练】

1. 请分别从3个不同的角度解读下列演讲题目。
（1）人在旅途
（2）时间的重量
（3）"手"的随想
（4）笑声里的烦恼
（5）梦想的翅膀

2. 请为以下演讲题目设计开头。
（1）青春在这里闪光
（2）我的选择
（3）一次难忘的考试
（4）平凡中的璀璨
（5）最好的自己

3. 为下面一段演讲设计语气、语调、停连、重音、节奏等,并进行模拟演讲。

你们杀死一个李公朴,会有千百万个李公朴站起来!你们将失去千百万的人民!你们看着我们人少,没有力量?告诉你们,我们的力量大得很,强得很!看今天来的这些人,都是我们的人,都是我们的力量!此外还有广大的市民!我们有这个信心:人民的力量是要胜利的,真理是永远存在的。

历史上没有一个反人民的势力不被人民毁灭的!希特勒,墨索里尼,不都在人民之前倒下去了吗?翻开历史看看,你们还站得住几天!你们完了,快完了!我们的光明就要出现了。我们看,光明就在我们眼前,而现在正是黎明之前那个最黑暗的时候。我们有力量打破这个黑暗,争到光明!我们的光明,就是反动派的末日!

李先生的血不会白流的！李先生赔上了这条性命，我们要换来一个代价。"一二·一"四烈士倒下了，年青的战士们的血换来了政治协商会议的召开；现在李先生倒下了，他的血要换取政协会议的重开！我们有这个信心！

节选自闻一多《最后一次讲演》

4.请从下列题目中任选一个，根据命题演讲的程序，进行演讲准备，一周后进行班级演讲比赛。

（1）对拖延说"不"
（2）网上冲浪请三思而后行
（3）演好自己的剧本
（4）时间都去哪儿了
（5）如果没有这场灾难
（6）消费那些事
（7）生命中的空白
（8）不必要完美
（9）竞选演讲（假设自己要竞选班级、学生会或学生社团的某个职位）
（10）毕业典礼演讲（假设你被选为毕业生代表，要在全校毕业典礼上发言）

5.训练反思
（1）你对自己目前的演讲状况满意吗？你觉得你最需要提高的是哪个方面？
（2）在准备演讲稿时，你常用的层次安排方式有哪几种？
（3）你觉得你的语言运用符合演讲要求吗？有什么不足之处？
（4）在有声语言的表达上，你做了哪些声音上的设计，效果怎么样？有何不足？
（5）你在演讲中运用了哪些态势语？你觉得这些态势语对你的演讲有何作用？
（6）自我评价（见表3-14）。

表3-14　命题演讲训练评价

评 价 内 容	优	良	中	差
在演讲内容上，主题鲜明，内容充实，事例典型，用词精炼。				
在语言艺术上，发音标准，音量适当，技巧自如，气氛活跃。				
在仪表形象上，着装整齐，姿态自然，大方得体，动作适度。				

优秀演讲稿赏析：

人格是最高的学位

白岩松

很多很多年前，有一位学大提琴的年轻人去向本世纪最伟大的大提琴家卡萨尔斯讨教：我怎样才能成为一名优秀的大提琴家？卡萨尔斯面对雄心勃勃的年轻人，意味深长地回答：先成为优秀而大写的人，然后成为一名优秀和大写的音乐人，再然后就会成为一名优秀的大提琴家。

听到这个故事的时候，我还年少，老人回答时所透露出的含义我还理解不多，然而随着采访中接触的人越来越多，这个回答就在我脑海中越印越深。

在采访北大教授季羡林的时候，我听到一个关于他的真实故事。有一个秋天，北大新学期开始了，一个外地来的学子背着大包小包走进了校园，实在太累了，就把包放在路边。这时正好一位老人走来，年轻学子就拜托老人替自己看一下包，而自己则轻装去办理手续。老人爽快地答应了。近一个小时过去，学子归来，老人还在尽职尽责地看守。谢过老人，两人分别！几日后是北大的开学典礼，这位年轻的学子惊讶地发现，主席台上就座的北大副校长季羡林正是那一天替自己看行李的老人。

我不知道这位学子当时是一种怎样的心情，但在我听过这个故事之后却强烈地感觉到：人格才是最高的学位。

这之后我又在医院采访了世纪老人冰心。我问先生，您现在最关心的是什么？老人的回答简单而感人：是年老病人的状况。

当时的冰心已接近自己人生的终点，而这位在八十年前到五四爆发那一天开始走上文学创作之路的老人心中对芸芸众生的关爱之情历经近八十年的岁月而仍然未老。这又该是怎样的一种传统！冰心的身躯并不强壮，即使年轻时也少有飒爽英姿的模样，然而她这一生却用自己当笔，拿岁月当稿纸，写下了一篇关于爱是一种力量的文章，然后在离去之后给我留下了一个伟大的背影。

今天我们纪念五四，八十年前那场运动中的呐喊、呼号、血泪都已变成一种文字停留在典籍中，每当我们这些后人翻阅的时候，历史都是平静地看着我们，这个时候，我们觉得八十年前的事已经距今太久了。

然而，当你有机会和经过五四或受过五四影响的老人接触后，你就知道，历史和传统其实一直离我们很近。

世纪老人在陆续地离去，他们留下的爱国心和高深的学问却一直在我们心中不老。但在今天，我还想加上一条，这些世纪老人所独具的人格魅力是不是也该作为一种传统被我们向后延续？

前几天我在北大听到一个新故事，清新而感人。一批刚刚走进校园的年轻人，相约去看季羡林先生，走到门口，却开始犹豫，他们怕冒失地打扰了先生。最后决定，每人用竹子在季老家门口的土地上留下问候的话语，然后才满意地离去。

这该是怎样美丽的一幅画面！在季老家不远，是北大的伯雅塔在未名湖中留下的投影，而在季老家门口的问候语中，是不是也有先生的人格魅力在学子心中留下的投影呢？只是在生活中，这样的人格投影在我们的心中还是太少。

听多了这样的故事，便常常觉得自己是只气球，仿佛飞得很高，仔细一看却是被浮云托着；外表看上去也还饱满，但肚子里却是空空。这样想着就有些担心啦，怎么能走更长的路呢？

于是，"渴望年老"四个字对于我就不再是幻想中的白发苍苍或身份证上改成六十岁，而是如何在自己还年轻的时候，便能吸取优秀老人身上所具有的种种优秀品质。

于是，我也更加知道了卡萨尔斯回答中所具有的深义。怎样才能成为一个优秀的主持人呢？心中有个声音在回答：先成为一个优秀的人，然后成为一个优秀的新闻人，再然后是自然地成为一名优秀的节目主持人。

我知道，这条路很长，但我将执著地前行。

这篇演讲稿采用了讲故事的开场方式，但故事中的卡萨尔斯的回答蕴含的深意并未点透，耐人寻味，引人入胜。主体部分列举了两位世纪老人的真实事例，用事实来展现演讲主题，谈论人格的魅力，演讲者边讲事例，边谈自己的感想，在娓娓道来中阐述观点，抒发情感，感染听众，语言精练，又富有哲理性。结尾处呼应开头，回到故事，借用故事再次突出主题，但又不点明，留下余韵，语尽而意不尽，让听众能继续在思索中体会其言外之意，深入理解主题而受到启迪。

三、即兴演讲训练

即兴演讲是演讲者在某种特定的环境和主题的激发下，或者自发，或者应别人要求，在事先没有充分准备的情况下而立即进行的演讲，是一种不凭借文字材料而进行表情达意的口语交际活动。

即兴演讲与命题演讲相比，有其自身的特点。它即兴发挥，具有很强的现场性和临时性；一般篇幅都不长，语言简洁、凝练；主题单一、集中，只能就某个问题或某一个方面发表观点；使用广泛，适用于多种场合。基于以上特点，即兴演讲在选材、构思和表达上都有其适用的方法。

（一）即兴演讲的选材

即兴演讲能否取得成功，选材是关键。即兴演讲的选材一般可以采用"选点"法，就地取材，临场选择听众所熟悉的或易于理解的人、事、物作为媒介来传递信息，以引起听众共鸣。

（1）以"物"为点。抓住某物在特定场合、特定时间下的象征意义，借题发挥。

（2）以"环境"为点。就是以会场的环境或周围某种氛围为点，点明其象征意义，引出演讲，表现主题。

（3）以"前者讲的内容"为点。要求当场从前面演讲者的演讲里，捕捉话题，加以引申、发挥，讲出新意，给人以启迪，这种方法难度较大。

（二）即兴演讲的构思

1. 散点连缀

散点连缀，即通过联想把头脑中显现的散乱的"思维点"，有机地联系起来形成"线"，并设法将这种联系上升到某种高度，组成"网"，以表现演讲的主题。散点连缀构思时，要找准点、把握线，理顺点线关系，才能结构严谨，表达清晰。

2. 模式构思

采用两种常见的模式进行构思。一是开门见山式,即开篇先亮出主题,然后对主题进行详细的论证和分析说明。二是曲径通幽式,先举例,再结合例子分析表明主旨要点,接着进一步阐述理由,进行论证分析。演讲者可以根据需要,选择合适的模式进行快速构思。

3. 扩句成篇

演讲时,开门见山地直接提出自己的见解主张,接着适当地阐释几句,然后可以从正、反两方面展开论证,或用事实证明,或用名言佐证,慢慢地扩句成篇,构思成型。

4. 借题发挥

借题发挥一般是借现场或身边事物之题,可以是与主题相关的现场情况,如现场环境、观众状态、会场布置等,也可以是近来的身边人、身边事、身边景等。可"借"的东西很多,演讲者要善于观察,勤于思考,以获取有效信息。

除了以上常用的构思方法外,即兴演讲在构思时,还需要特别注意开头和结尾,开头要引人入胜,结尾要耐人寻味,因此,构思时可以先构思两头,再构思中间;即兴演讲还要注意演讲内容要言之有物,蕴含深刻,切忌通篇废话,硬凑字数,因此可以采用事例加上分析的基本方法,用实例充实内容。

当然,即兴演讲在表达上也要注意语言形式的采用,要以口语短语为主,适当地用比喻、排比、设问、反问、引用等修辞手法,加强语言的生动性,注意过渡词、句、段的使用,加强流畅度,防止语言陋习,不用方言词汇。

>>> 【实践训练】

1. 以下三组词语,各由四个不相关联的词语构成,请以组为单位,以组内四个词语为"点",运用散点连缀法讲出一个小故事来。

伦敦　荒原　篱笆　香水
和尚　承诺　毛驴　说谎
危险　野性　觅食　涉水

2. 故事接龙

十人一组,每人限定时间,第一个人讲述故事开头,下面的人在前一个人的基础上,依次接下去,完成一个逻辑合理的故事。

"又是一个飘雪的冬天,望着窗外,她思绪纷飞,……"

3. 请在30秒内将下列场景补充完整。

（1）一天,你正在讲台上一边讲解着教学内容一边书写着板书,忽然有学生大声说道:"老师,你写错别字了!"你停下来一看,果然写错了一个字。你微微一笑,说道:……

（2）你正在认真地上着课，学生们都全神贯注地听着，突然，从窗外飞进来一只小鸟，在教室里飞来飞去，学生们顿时炸开了锅，你放下手中的粉笔……

（3）课间休息时，几个学生趴在地上兴致勃勃地观察着什么，作为老师的你看见他们满身是灰，非常生气地说："你们在干什么？""听蚂蚁唱歌呢。"学生头也不回地随口而答。"胡说，蚂蚁怎么会唱歌呢？"你厉声斥责。"你又不蹲下来，怎么知道蚂蚁不会唱歌？"一个学生小声地嘟囔。顿时，你深受触动，于是……

4. 请阅读下面的小故事，根据故事内容，提炼主题，拟定一个即兴演讲题目，并列出演讲内容提纲。

（1）　　　　　　　　　　被砍倒的树

在一个冬天，一位父亲需要些柴火，他找到了一颗"死树"，然后把它锯倒了，到了春天，令他惊愕的是，树干周围绽放出了新芽。因而父亲叮嘱全家：不要在冬天里砍倒一棵树，因为这会扼杀稚嫩的生命。其实，只要有一点生机，它就会绽放出新芽，最终长成一棵大树。

（2）　　　　　　　　　　有黑点的珍珠

有个渔夫从海里捞到一颗大珍珠，爱不释手，然而，珍珠上面有一个小黑点。渔父想，如果能将小黑点去掉，珍珠会变成无价之宝。于是，他就想用刀子把黑点刮掉。可是，刮掉一层，黑点还在，再刮一层，黑点仍在，刮到最后，黑点没了，珍珠也不复存在了。

（3）　　　　　　　　　　冻死的天鹅

一对老渔翁夫妇住在一个小岛上。有一年秋天，一群天鹅来到岛上，它们是从北方飞来，准备去南方过冬的。老夫妇看到这群远方来客，非常高兴，每天拿出饲料和小鱼招待它们，渐渐的，这群天鹅就停留在岛上不再继续往南飞。冬天来了，老夫妇打开茅屋让它们进屋取暖，还给它们食物。日复一日，年复一年，每年冬天老夫妇都这样照顾着这群天鹅。有一年，他们老了，离开了小岛，天鹅也从此消失了，不过它们不是飞向了南方，而是冻死了。

5. 从下列话题中任选一题，迅速构思，组织内容，进行3分钟即兴演讲。可分组进行，组内展示，然后推选优秀的进行班级展示。

（1）有人说"干一行爱一行"，有人说"爱一行干一行"，你如何理解？请以此为话题做一次演讲。

（2）有句话说："有时候一分钟很长，有时候又很短。"体会其中的深意，并以此为话题做一次演讲。

（3）请以"我身边的女汉子"为题进行演讲。

（4）有人说："理想很丰满，现实很骨感。"你怎么看？请以此为话题做一次演讲。

（5）合作与竞争哪个更能使文明进步？对此你如何理解？请以此为话题做一次演讲。

（6）你觉得怎样做才算是一个身心健康的教师？请以此为话题做一次演讲。

（7）"当学生对我说'不'时……"，请以此情景为主题做一次演讲。

（8）如何理解教育要从"心"开始？请以此为话题做一次演讲。

（9）以"假如我是一名班主任"为题做一次演讲。

（10）陶行知先生说："你的教鞭下有瓦特，你的冷眼里有牛顿，你的讥笑里有爱迪生……"请谈谈你对这句话的理解，并以此为主题做一次演讲。

6.训练反思

（1）你对自己目前的即兴演讲情况满意吗？你觉得有何不足？

（2）你在即兴演讲构思时，遇到的最大问题是什么？你该如何克服？

（3）你觉得即兴演讲在表达时，语言上需要注意些什么？

（4）自我评价（见表3-15）。

表3-15 即兴演讲训练评价

评 价 内 容	优	良	中	差
在演讲内容上，主题鲜明，结构完整，内容充实，用词准确。				
在语言艺术上，发音标准，音量适当，表达流畅，气氛活跃。				
在仪表形象上，着装整齐，姿态自然，大方得体，动作适度。				

四、态势语训练

态势语是演讲时辅助有声语言进行表达的一种非口头语言，它是演讲者通过自己的面部表情、手势动作、身体姿态、仪表服饰等来表达情意、传达信息的无声语言，是演讲中不可缺少的直观性因素。态势语表现丰富，在演讲中，我们需要注意的态势语主要是面部表情和体态姿势。

（一）面部表情

法国作家罗曼·罗兰说过，面部表情是历经多少世纪才培养成功的，比嘴里讲的更复杂到千百倍的语言。可见，面部表情的传情达意功能是非常特殊的。在演讲中，根据表达的需要，自然地或有意识地运用合适的面部表情，有助于加强演讲的效果。

面部表情表现很丰富，对于演讲而言，最重要的是学会运用微笑及眼神。

1.微笑

微笑是言语交际中的润滑剂，可以缩短彼此间的心理距离，打破交际障碍，它可以和语言及身体动作互相配合，起互补作用，甚至可以起到语言和动作起不到的作用。

演讲者在演讲中要面带微笑，它不但能表现出对听众的友善、诚信、谦恭等情感因素，也能反映出演讲者充满自信、有涵养的健康心理状态。演讲时的微笑要注意下几点。

（1）微笑要发自内心。演讲时的微笑必须是真挚、美好感情的自然流露，是发自内心的，切不可满脸假笑、刻意奉承，仅做出一套程式化的肌肉动作，却毫无诚意，这样只会让人心生隔阂，敬而远之。

（2）微笑要灵活生动。演讲时的微笑应该是自然、鲜活的，而不是刻板、僵化的。要根据场合和内容随机地发生变化，有收有放，有层次，时而浅浅一笑，时而眼中含笑，时而热情地微笑，给人以灵活生动的美感。

（3）微笑要适时适地适度。微笑必须看时机、看场合，要融入环境、气氛之中，做出有针对性的反应，这才是真正有效的表现。比如演讲上、下台时，与听众互动时，都应该微笑，而在讲到某些庄重严肃、悲痛伤感的内容时，就不应该流露出笑的表情。而且，即使在应该表现出微笑的时候，也要注意微笑的尺度，要恰当、得体，不能过于夸张。

2. 眼神

眼神，又称目光语，是运用眼睛的神态和神采来表达感情、传递信息的无声语言。我们常说"眼睛是心灵的窗户"，它能沟通心灵，表露人们丰富多彩的内心世界，甚至能表达出用言语难以表达的极其微妙的思想。

不同的眼神，适用于不同的需要，也能传递不同的信息。眼神的种类很多，演讲时可运用的眼神主要有以下几种。

（1）环视，即用眼神环视现场。眼神在头部运动的配合下，可左右前后迅速来回扫动，不断地观察全场，与沟通者保持眼光接触，增加双方的情感交流。演讲者登台后，正式演讲前可环视全场，暗示观众安静下来，准备开讲了；演讲中，需要多次环视，观察全场，通过听众的神态掌握现场情况，获得反馈，以便调整演讲内容；演讲结束后，也要环视全场，既是对听众表示感谢、尊重，也可以看看听众是否有需要沟通的意向。

试一试

环 视 练 习

（1）眼睛直视，头部左右转动。也就是眼睛几乎不转动，而头部左右转动的幅度非常大。

第一步，头部慢慢从左边转向右边，眼睛直视前方；

第二步，头部从右边慢慢转向左边，眼睛直视前方。

（2）眼睛和头部同时朝一个方向转动，朝左或者朝右。两者转动的幅度都不是很大。

第三步，头部慢慢从左边转向右边，眼睛按顺时针方向做框型运动；

第四步，头部慢慢从右边转向左边，眼睛按逆时针方向做框型运动。

（2）点视，即把目光集中到某一角落、某一部分或者个别听众身上，并配合手势或表情。这是一种很有实效的眼神。演讲前对出席嘉宾或评委表示感谢、演讲时对某些听众的热烈鼓掌或积极回应表示赞许和感谢、对听众的提问进行回答、对现场影响秩序的某个听众进行制止等，都可以用点视。

试一试

点视练习

　　演讲者进行点视训练时,眼神要柔和一些,视线要集中在某位"听众"(可以由一位熟悉的同学来扮演)的脸部,不能上下打量。

　　训练方法:

　　第一步,眼睛稍微眯一下,以便让自己的眼光变得柔和些;

　　第二步,面带微笑,让对方觉得自己很友好;

　　第三步,以充满期待的眼神看着对方,视线集中在对方的脸部。

　　(3)虚视,即似看非看。这种眼神看似注意了对方,但实际情况是不和对方有视线的碰撞,只是眼神扫过。这样既可体现对听众的关注,又可减轻演讲者自身的心理压力,使其做到冷静地组织语言,所以虚视是演讲中经常使用的眼神。

试一试

虚视练习

　　演讲者进行虚视训练时,眼睛要稍微睁得大一些,让视野更开阔一些。在训练过程中,演讲者可以眨眼睛,但不能乱转眼珠。

　　训练方法:

　　第一步,抬头平视,微睁眼睛,努力向前看;

　　第二步,将视点集中在训练场地正中间的位置;

　　第三步,借助视线余光,让视野笼盖整个教室。

注意

　　无论使用哪种眼神,都是为了传情达意的需要,绝不可漫无目的地故弄玄虚。眼神运用还要和有声语言以及手势、身姿等其他态势语结合起来,协调一致。运用眼神时要表现出自信和活力,显示出风度。

(二)体态姿势

　　体态姿势是指表达者的身体姿态和身体动作,它是一种塑造表达者形象、辅助口语传情达意的无声语言。人体的头部、躯干、手部等都可以通过不同的姿态或动作,传递不同的信息,在演讲中起到重要的作用。

1. 手势

演讲中,手势的使用频率很高,它的表现力、感染力都很强。演讲时运用手势要注意以下几点。

1)手势活动的形式

手势活动的形式是指手指和手掌构成的各种不同的手形,手形类型丰富,在演讲中除了表述数字,一般我们不会采用伸出单个手指的动作,常见的手形主要会用到掌法和拳法。

演讲中的掌法,一是伸掌,即五指合拢,手掌平伸。伸掌时掌心方向不同,表示的意思也不同。掌心向上,表示指引、倡导、征求意见等;掌心向下,表示制止、稳定等;掌心向内,表示抚慰、感动等;掌心向外,表示拒绝。二是劈掌,即手掌挺直展开,竖直或侧向劈下,这是一种有力、果断的手势,表示要果断地下定决心,快速地解决问题。

演讲中也可使用握拳动作,拳头向上摆动,表示坚定、不容置疑,如果举过头顶,往往有呼吁、号召之意;拳头向前推出,则有进攻、挑衅之意。在演讲中表示强烈的情感时,可以适当选用拳法,但要注意使用分寸,既表达出坚定有力,又不失礼仪风度。

当然,如有需要在演讲中还可采用"ok"手势,或跷起大拇指等其他灵活多样的手势,只要能够得体、恰当地辅助有声语言表达即可。

2)手势活动的范围

手势活动大致可分为三个区间。肩部以上为上区手势,肩部到腹部之间为中区手势,腹部以下为下区手势。

上区手势(见图3-2)一般表示积极向上、激昂慷慨;

中区手势(见图3-3)一般表示客观冷静,沉着稳重,一般不带有浓厚的感情色彩;

下区手势(见图3-4)常表示鄙夷、厌恶、批判、决裂。

图3-2 上区手势示意   图3-3 中区手势示意   图3-4 下区手势示意

演讲时,通常采用中区手势,如有特殊情感的需要可采用上区手势或下区手势。

3)手势活动的方向

一般来说,手势活动的方向有两种,一种是向内向上的手势,另一种是向外向下的手势。向内向上的手势一般表示肯定、赞同、鼓励、号召、希望等,是积极的手势;向外向下的手势一般表示否定、拒绝、制止、冷漠,是消极的手势。演讲时可依据内容和表达的需要选用合适的活动方向。

4）手势活动的幅度

手势活动幅度有大小之分，幅度的大小直接与表达者的情感状态相关。幅度大，表示情感强烈、情绪高涨；幅度小则表示情感平和，情绪较稳定。演讲中情绪的流露应该是有节制的，是辅助有声语言来表意，因此手势活动应以小幅度为主。

演讲手势视频

2. 站姿

演讲时，主要是以站立的姿态示人，因此，站姿就成为演讲中又一重要的态势语。站立是生活中最基本的一种举止。正确健美的站姿给人以挺拔笔直、舒展俊美、精力充沛的感觉。演讲时保持健康优美的站姿，能传递积极进取、充满自信的正面信息，有利于演讲效果的实现。

演讲常用站姿有以下几种。

1）标准站姿

要求头正，肩平，双目平视，下颌微收，面带微笑，挺胸，收腹，立腰，双肩放松，双臂自然下垂，手指自然弯曲，中指对准两侧裤缝，两腿直立，双膝贴紧，双脚并拢，或者脚跟紧靠，脚掌分开呈"V"字形，夹角在45°～60°，男士也可将两脚稍分开，间距以小于肩宽为宜。标准站姿在演讲中男女通用，给人以规范、端正、庄重之感（见图3-5）。

2）前叉手站姿

在标准站姿的基础上，双手在腹前交叉，一般习惯是右手交叉于左手上。这种站姿，在演讲中，女士用得较多。女士用右手握住左手的手指部分，尽量使左手四指不外露，两个大拇指向内收于手心处，脚部可用标准站姿的脚部动作，或者用小丁字步，即两脚尖稍展开，一脚稍向前，脚跟靠在另一脚内侧。这种站姿端正中略带自由，庄重中略有放松，女士显得更为优雅（见图3-6）。

图3-5　标准站姿示意　　　　图3-6　前叉手站姿示意

当然，不管是标准站姿，还是前叉手站姿，在演讲中都只是站立的基础姿态，我们不能机械使用，需要在此基础上根据表情达意的需要，配合适当的手势动作和体态变化来生动表现。

演讲时，除了以上提到的面部表情和体态姿势以外，还要注意仪表服饰。仪容干净整洁、服饰大方得体也是演讲态势语的要求之一。当然，所有的态势语运用都要做到准确、自然、得体、适度。

演讲站姿视频

>>>【实践训练】

1. 微笑训练

（1）对镜训练法。站在镜子前，以轻松愉快的心情，调整呼吸。静心3秒，开始微笑，嘴角微翘，双唇轻闭或微启，面部肌肉舒展开来。同时注意眼神的配合，做到眉目舒展，形成微笑面容。如此反复多次。

（2）含箸法。选用一根洁净、光滑的圆柱形筷子，横放在嘴中，用上下两颗门牙轻轻咬住筷子，嘴角上扬高于筷子，以观察微笑状态。

2. 眼神综合训练

（1）对视训练：两人一组，对视一分钟。

（2）眼部动作训练。

眼球转动方向训练：平视、斜视、仰视、俯视、白眼等。

眼皮瞳孔开合大小训练：大开眼皮、大开瞳孔；大开眼皮、小开瞳孔；小开眼皮、大开瞳孔；小开眼皮、小开瞳孔。

眨眼速度快慢训练：快、正常、慢。

目光集中程度训练：集中、分散、游移不定。

目光持续长短训练：长、短。

（3）眼神综合定位训练：两人一组，综合以上训练要素，一人用不同的眼神表示不同的情感，如愤怒、怀疑、惊奇、高兴等，另一人通过观察眼神，猜测表达者想要表现的情感。可互换任务，循环进行。

3. 手势训练

（1）请用手势来表达下列意思：否定、赞许、号召、欢呼、希望、拒绝、指示、请求、决定、关心。

（2）请给下面一段演讲内容设计手势动作，并进行模拟演讲。

当我们要有勇气跨出第一步的时候，我们首先要克服内心的恐惧，因为这个世界上，只有你往前走的脚步你自己能够听见。

所以我希望同学们能认真地想一下：我内心现在拥有什么样的恐惧，我内心现在拥有什么样的害怕，我是不是太在意别人的眼光，因为这些东西，我不敢迈出我生命的第一步，以至于我生命之路再也走不远。如果是这样的话，请同学们勇敢地对你们的恐惧和勇敢地对别人的眼神,说一声 No! Because I am myself.

(摘自俞敏洪《摆脱恐惧》)

4.站姿训练

(1)提踵。脚跟提起,头向上顶,身体有被拉长的感觉,注意保持姿态稳定,反复多次,练习平衡感。

(2)背靠背站立。两人一组,背靠背站立,脚跟、小腿肚、臀部、双肩和后脑勺贴紧,维持这个动作5分钟后,放松休息,反复多次练习。

(3)贴墙练习。面带微笑,背贴墙壁,面朝前,头部保持平稳,双目平视,脚后跟、小腿肚、臀部、双肩、后脑勺紧贴墙壁,使身体上下处于一个平面的感觉,站立10分钟后,放松休息,反复多次练习。

5. 在以下三个演讲题目中任选一个进行演讲,演讲中设计恰当的态势语辅助有声语言进行表达,请同学们观察你的态势语,给你提些意见。

(1)这就是我

(2)这就是你

(3)这就是他(她)

6.训练反思

(1)你觉得态势语运用对你的演讲有何作用?

(2)演讲时你最常用的是哪种态势语? 有什么使用心得吗?

(3)演讲时你有什么不良的习惯动作吗? 你看到其他同学有什么不良动作吗?

(4)自我评价(见表3-16)。

表3-16　态势语训练评价

评 价 内 容	优	良	中	差
在面部表情上,真挚自然,灵活生动,适时适度。				
在体态动作上,姿态自然,举止得体,动作恰当。				
在仪表形象上,精神饱满,着装整齐,端庄大方。				

第四节　辩 论 训 练

李老师班上有位同学非常调皮,经常在班里闯祸捣蛋,李老师拨通了孩子妈妈的电话,想好好沟通下情况。没想到,在电话里,孩子妈妈以工作忙碌为由,推脱责任,并且强调孩子的教育都是由爸爸负责的，"养不教，父之过"，让李老师找孩子爸爸沟通。

李老师对这位妈妈的不负责任很不赞同，于是她说："爸爸对孩子的教育固然重要，但妈妈的教育也是不可或缺的。法国教育家卢梭说'母不母，则子不子'，母亲对于教育子女也负有重要责任。我想您的孩子一定非常期待父母双方对他的双重关爱，您和您的先生不妨坐下来一起商量商量孩子的教育问题，如果有需要我们老师帮助的，我们就一起努力，相信您的孩子会越来越棒的。"

想一想

> 请你评价一下这位老师对家长的回应。

一、辩论概说

（一）辩论的含义

辩论，又称论辩。从文字学角度而言，"辩"指辩解、辨明，"论"指议论、评定，"辩论"即通过辩解、议论来辨明、评定是非道理。由此可见，辩论是见解对立的双方或多方，就同一话题，驳斥否定对方观点，确立强化己方观点而进行的言语交锋，其目的是明辨是非，宣扬真理。

辩论作为口语表达形式之一，可以帮助人们认清是非界限，发现和认识真理；可以开发智力，激发求知欲，深化对事物本质的认识，增长知识；可以提高人们的分析、判断、应变能力及口语表达水平等。辩论能力也是教师应该掌握的语言技能之一。

（二）辩论的特点

辩论这种双向交锋的语言形式，有自己的特点。

1. 对抗性

辩论具有对抗性。辩论的对抗性一方面体现在辩论双方思想观点的对立上：辩论中，双方所持的观点往往是针锋相对的，这种认识上的矛盾性就成为双方对抗争论的焦点；另一方面体现在辩论语言的正面交锋上，唇枪舌剑，短兵相接，各抒己见，双方都努力证明自己观点，驳斥对方观点，呈现出攻守对抗的状态。

2. 逻辑性

辩论最常用的方法就是逻辑推理，观点的论证过程就是一个逻辑推理的过程，逻辑的力量在辩论中表现得十分显著。辩论时人们摆事实、讲道理，运用严密的逻辑推理，证明己方观点，也会指出对方的逻辑漏洞，达到彻底否定对方的目的。逻辑性贯穿辩论始终。

3. 策略性

辩论是思想和语言的交战,是智力的对抗活动,要想捍卫自己的观点,令人信服,就要讲究方法,讲究策略。辩前、辩中都要精心谋划对抗方略,怎样进攻、如何防守都要思虑周全。只有谋划好辩论的策略,才能从容应战。

4. 应变性

辩论是面对面的交锋,进程受辩论双方的制约,任何一方都不能控制辩论内容和进展,虽然辩前可以进行充分的准备,但是不可能对全部进程做出预测和安排,只能在辩论现场根据情况随机应变、灵活处理。辩论者临场应变的状态和现场氛围,也会对辩论产生影响。

想一想

辩论最吸引你的特点是什么?

(三) 辩论的种类

现实生活中辩论的种类很多,常见的分类有以下几种。

1. 事务性辩论

事务性辩论是处理事务工作时为了获得共识或取得一致的意见而进行的辩论,以解决实际问题为宗旨,实用性较强。主要包括学术辩论、决策辩论、法庭辩论、竞选辩论等。这类辩论通常是围绕现实工作中的某一个议题展开不同意见、不同观点的争辩,是在特定的场合,有组织、有准备地进行的,为的是解决工作中出现的问题或达到某种工作目的。

2. 竞赛性辩论

竞赛性辩论是一种特殊的辩论类型,它是一种具有表演性质的比赛活动。此类辩论有着自己的特点。一是它有一定的规则,辩论时要严格按照规则进行,不得违反。二是辩题一般由竞赛组织者确定,辩论双方的立场观点是抽签决定的,有时并不是本人心中所持观点。三是竞赛辩论的目的和一般辩论不同,一般的辩论各有自己的立场和主张,辩论的目的是明辨是非,追求真理,但是竞赛辩论目的是维护抽签决定的本方的立场和观点,求胜不求真。四是竞赛性辩论胜负的评判标准不是某方立场观点的正确性如何,而是根据各方的立论、材料、风度及应变技巧等综合因素,由评委根据评判标准及主观印象判定的。

3. 生活性辩论

生活性辩论是指人们在日常生活中随时随地发生的争辩,往往是因为对具体事物的分歧引起的争论,是在双方没有准备的情况下,由眼前突发的一切而即兴式地引起的,具有随机性和突发性。但生活性辩论不同于日常生活中的争吵,它需要采用当场辩论、摆事实、讲道理的方式进行。

想一想

你参加过辩论赛或是观看过辩论赛吗？可以给我们简单介绍一下你所了解的辩论赛的基本情况吗？

二、辩论技巧

（一）辩论的思维能力

语言是思维的外壳,思维是语言的内核。辩论的较量,很大程度上其实是思维能力的比拼。遵循思维的规律,突破思维定式,才能获得最佳的辩论效果。

1. 辩论思维的要求

（1）开阔性。指思考问题时,思路要开阔,联系广泛地考虑问题,由一点联想到另一点,然后再联想到其他相似点,进行横向思维。

（2）深刻性。指思考问题不能浮于表面、浅尝辄止,要去伪存真、由表及里、追根溯源,把握事物的本质和发展规律。

（3）条理性。指思维要有规律、有逻辑、不混乱。或是横向进行,或是纵向进行,或是纵横交错进行,都要有条有理、层次分明、逻辑合理。

（4）敏捷性。指思维要迅速、敏捷,能对问题迅速地进行分析、综合、比较、分类、概括等,并及时做出判断。

辩论是以上多种思维要求的综合呈现,思辨时,只有将这几方面综合考虑,才能造就优秀的辩论口才。

2. 辩论思维的方式

1）形象思维

形象思维是运用想象和联想,把抽象的事物具体化,把概念的东西形象化,把深奥的道理浅显化,从而形象地揭示事物的本质和规律。在辩论中具体可表现为用生动的事例、具体的数据、有趣的故事等代替繁琐的论证,用幽默的语言、生动的比喻、类比等代替枯燥的陈述。

2）抽象思维

抽象思维,又称逻辑思维,是人们在认识活动中通过分析、综合、抽象、判断、推理等思维形式,对客观现实进行间接、概括的反映,从而揭示事物的本质和规律的过程。抽象思维在辩论中非常重要,辩论不仅是语言之辩,更是逻辑之辩,运用抽象思维,我们才能看清辩论对方的论证思路和逻辑结构,更容易找到逻辑漏洞,从而直面进击,争取主动。

3)发散思维

发散思维,又称扩散思维,是一种要求打破常规、寻求变化,对一个问题在思考的过程中从多方面、多角度探索答案的思维形式。在辩论中,最常见的就是在时间和空间上的发散,思辨时,既要从起源、历史角度考虑问题,也要思考未来发展、预测趋势,这样思维发散开去,思想就能丰富起来,语言就会生动而富有创见。

4)逆向思维

逆向思维,又称反向思维,指打破常规和固有的思维模式,从相反、截然对立的角度去思考和探索问题,是与常人相反的一种思维方式。辩论时,有时遇到复杂的问题,常规思维没有办法解决,换个角度,逆向思维,也许就会找到突破口。

综上所述,辩论时可采用的思维方式很多,思考问题时,灵活多变、方法不一,才能在语言上表现出强有力的战斗力和感染力。

(二)辩论的攻防技巧

辩论是一个非常灵活的过程,是知识和智慧的较量。整体而言,它是在不断地立论和驳论中进行的,在这一过程中,要想捍卫自己的观点,令他人信服,就要讲究技巧,只有知识积累和辩论技巧珠联璧合,才能在辩论中获胜。辩论中可采用的技巧很多,我们不妨从辩论的立论和驳论两个角度出发,来看看辩论中进攻和防守的技巧。

1.进攻技巧

辩论进攻就是运用反驳方式,对辩论对手进行诘问批驳,揭露对方的错误,争取己方的主动或胜利。辩论中进攻的技巧很多,我们来看看常用的几种。

1)先发制人,争取主动

在辩论中往往需要首先采取行动,掌握主动权,趁对方还没来得及防范就向对方的弱点或要害发起猛烈进攻,也可以通过先发制人化被动为主动,抢夺旗帜、争取人心,以取得最佳的辩论效果。

如在南京大学队和河海大学队以"实施环境保护会降低(提高)经济增长的速度"为辩题进行的辩论中,持正方观点者很容易被反方逼到不要搞环境保护的窘境中,从而可能失去观众和评委的同情和支持。为了防止陷入这种被动的局面,正方队员一上场就声明:

"我们是环境保护的坚定拥护者,我们希望既保护了环境,又增长了经济。但是鱼和熊掌不能兼得,为了人类的生存和发展,为了子孙后代的幸福,我们主张宁可降低经济增长的速度,也要好好地保护环境。"

正方一席话入情入理,掷地有声,一上来就先发制人,赢得了人心,占据了主动。

2)攻其要害,进击有力

辩论要目光敏锐,思路清晰,要善于抓住论敌的要害和弱点,一攻到底,使其寸步难行。

如"温饱是(不是)谈道德的必要条件"辩论中反方复旦大学队的一段辩词:

"对方讲的无非是温饱也能谈道德。这一点我们什么时候反对过?问题是对方所要论证的是没有温饱就绝对不能谈道德。请对方举例说明,哪怕是一个,人类社会在何时、何地、何种情况下一点道德都不谈。"

反方复旦大学队就是抓住了正方英国剑桥大学队的两个要害:一是要求剑桥大学队证明"没有温饱就绝对不能谈道德",二是要求对方举出一个例子来。结果正方始终没有回答出这两个核心问题,反方则抓住不放,步步紧逼,终于使对方乱了方寸。

3)釜底抽薪,刨根倒树

这是一种通过论证推翻对方论据或提问价值而反驳对方的方法,比如,辩论中往往会出现一些选择性提问,通常这些提问是有预谋的,它能置人于"二难"境地,无论如何回答都于己不利。面对这种情况,就可以从对方的选择性提问中抽出一个预设选项进行有力的反诘,釜底抽薪,这提问就毫无价值了。

如"思想道德应该适应(超越)市场经济"辩题中的一段辩词。

反方:……我问雷锋精神到底是无私奉献精神还是等价交换精神?

正方:……对方辩友这里错误地理解了等价交换,等价交换就是说所有的交换都要等价,但并不是说所有的事情都是在交换,雷锋还没有想到交换,当然雷锋精神也谈不上等价了。

这里反方的选择性提问明显是预设的"二难",怎么回答都是被动,但是正方并没有以定式思维被动回答,而是跳出反方"非此即彼"的框框设定,反过来单刀直入,抽出"等价交换"的概念进行论证,彻底推翻了它作为提问选项的正确性,一招釜底抽薪,彻底使反方的提问变得毫无价值。

4)顺水推舟,以谬制谬

辩论中,当发现对方有明显的谬误时,正面直接的进攻也许一时难以取胜,这时不妨就顺水推舟,也就是顺着对方的思维逻辑推下去,最后得出一个荒谬的结论,以证明对方的观点站不住脚。

如"足球比赛引进电脑裁判利大于弊(弊大于利)"的辩论中,正方西安交通大学队针对反方新南威尔士大学队的一段辩论:

正方三辩:"对方说,因为足球是人的运动,所以才喜欢,所以不要引进任何一种辅助性的工具。如果真的是这样的话,大家都不要穿球鞋,大家都不要穿球服,光着身子、光着脚踢球,那才是的的确确,彻彻底底人的运动。"

辩论中,西安交通大学队针对对方"不要引进任何辅助的工具"的荒谬观点,顺水推舟,得出了一个荒谬的结论,成功地实现了以谬制谬,达到了较好的辩论效果。

2. 防守技巧

防守指当己方遭受进攻时,以应答为主要手段来维护己方立论,巩固己方阵地的一种辩论战术形式。当然,在辩论中,进攻和防守都是相对而言的,进攻之中有防守,防守之中也有进攻。我们来看看辩论中防守的常用技巧。

1)反守为攻,后发制人

在辩论中,面对对手强大的攻势,不妨先采取低调姿态,假意肯定甚至褒扬对方的观点或做法,然后话题一转,突发进攻,直指要害,一举得胜。例如:

苏联外长莫洛托夫,出生于旧贵族家庭,在一次联大的会议上,英国工党一外交官向他发难,说:"你是贵族出生,我家祖辈是矿工,我们俩究竟谁能代表工人阶级呢?"莫洛托夫冷静地答道:"你说的不错,然而,我们两个都背叛了我们的阶级!"

这里莫洛托夫就采用了反守为攻,后发制人的方法,先假意认可,接过话头之后,运用自己的思维逻辑推翻对手的观点,最后完成反攻。

2)金蝉脱壳,避开锋芒

辩论中,当你发现自己处于不利处境时,不能硬战,要避敌锋芒,巧妙地转移,以积蓄力量,组织反攻。

如正方悉尼大学队和反方复旦大学队关于"艾滋病是医学问题(社会问题),不是社会问题(医学问题)"辩论中的一段辩词:

正方:请问,成百上千的医务工作者在研究,这只是在寻找钥匙吗?

反方:我们不能仅仅让医学来参与!在非洲很多地方,艾滋病已经导致了"千山鸟飞绝,万径人踪灭",还要让医学这个"孤舟蓑笠翁"来"独钓寒江雪"吗?

这段辩论中反方辩手深知正方的提问很有力度,如果就医务工作者的辛苦问题和对方辩论只有被动,于是他巧妙地避其锋芒,避而不谈医务工作者的努力和艰辛,而是引用几句古诗,转移了对方的进攻目标,还很巧妙地印证了己方论题。

3)巧设条件,转危为安

辩论中,如果遇到一些不利的辩题,不能简单地肯定或否定,可以巧妙地设定某种条件,从而达到扬长避短、转危为安的目的。例如:

香港中文大学队和北京大学队之间关于"发展旅游业利多于弊(弊多于利)"的辩论。这个辩题对于反方北京大学队是不利的,但反方在辩论时,巧妙地设置了"如果盲目地、无节制地发展旅游业"这一条件,令人信服地得出了"弊多于利"的结论。

北京大学队在设定了一定条件的基础上,列举大量事例,多角度地巩固自己的观点,最终夺取了辩论的制高点。

4)以问代答,把握主动

辩论中有时面对对方的诘问,不能直接或正面回答,那不妨采用以问代答的方式,向对方提出一个与之相关,其实质内容却又针锋相对的问题,使之无法回答,从而化被动为主动。

如香港大学队和新加坡南洋理工大学队在辩题是"电脑必将(不会)取代书本"的辩论中的一段辩词:

反方三辩:"讲了这么久,对方连书本有什么功能都说不清,难怪看不出不会取代的理由了。那我就请问对方辩友,法律上的那本《圣经》你又如何取代呀?"

正方三辩:"那么对方同学,你今天讲的书本就是《圣经》吗?"

反方一辩:"对方辩友连《圣经》的例子都解决不了还要和我们谈其他!请问对方辩友,那本《圣经》如何取代?"

正反一辩:"对方辩友,我告诉你,现在已经有电子《圣经》出版了,这不是告诉大家电脑的普及化吗?"

反方二辩:"普及等于取代吗?电子《圣经》出版商说过要把所有的书本(圣经)一网打尽吗?"

正方二辩:"对方辩友,今天的命题是'必将',所以现在如果有这个趋势,已经有电子

《圣经》出现,为什么掌上电脑就不会成为我们明天的书本呢?"

这段辩词中,双方都在发问,似乎回答了问题,但实际上都没有做实质性的回答。当一方提出问题,另一方不置可否,马上回问对方问题,双方你来我往,都在回避正面回答,担心回答稍有不慎,就会被对方打开缺口,陷于被动。

以上是常见的攻辩技巧,以此为借鉴,我们能获得不少启发。其实,辩论的技巧是千变万化、奥妙无穷的,我们对它的学习是没有止境的,如何进行辩论并获取胜利,需要我们不断探索思考。

想一想

请在互联网上搜索"国际大专辩论赛"相关视频,选择一场辩论赛,分析这场辩论中双方的表现。

>>> 【实践训练】

1. 快问快答。两人一组,一人提问,一人快速回答,交替进行。提问可由近及远,由浅入深,自行设计,也可参考如下。

你最喜欢的颜色是什么?
你最喜欢的食物是什么?
你的爱好是什么?
你的优点是什么?
你的缺点是什么?
你最讨厌的是什么?
你最大的愿望是什么?
你怎样评价你自己?
你如何应对别人对你的消极评价?
你如何理解"好学生"的标准?
……

2. 话语续接。两人一组,根据话语开头,思考多种内容,补全话语。两人一组,你一句,我一句,比一比,谁接的多。可自行思考话语开头,也可参考如下。

我真想……
千万别……
请你……
请他……
在我看来……

我想对某老师（任选一位老师）说……

我想对某同学（任选一位同学）说……

3. 即兴应答。请根据以下场景做出快速的应答。

（1）飞机上，一位男乘客对一位空姐傲慢地命令道："小姐，请帮我把行李放上去。"空姐微笑着回答："好的，先生，不过我试了下，您的行李很重，我一个人搬不动，我们一起抬上去，好吗？"男乘客马上讥笑道："你们不是天使吗？天使还搬不动吗？"空姐依然微笑着回答：……

（2）你和同学正在教室里谈论着另一位同学的种种不是，突然被谈论的同学从窗口走过，直冲教室，厉声向你质问："你不是说我们是好朋友吗，为什么在背后说我？"你回答说：……

（3）你是位大学刚毕业的新任教师，担任某个班级的任课老师兼班主任，某次家长会后，有位家长走上前来对你说："我看你不像个老师，就像个大学生，你会不会教啊，不要浪费我们孩子的时间啊！"你笑着说：……

4. 辩驳练习

针对他人的观点，提出反驳意见。

有人说："一分耕耘有一分收获。"你说……

有人说："教育的幸福是聚天下英才而教之。"你说……

有人说："金钱是万能的。"你说……

有人说："年轻人'佛系'一些有何不可？"你说……

有人说："当今社会通才比专才更重要。"你说……

5. 限时反驳

请结合现实中的具体事例反驳以下观点，限时3分钟。

（1）开卷有益

（2）知足常乐

（3）眼见为实

（4）全民微信时代增加了人与人之间的交流

（5）人不轻狂枉少年

6. 任选下列辩题，在班级举行一次辩论赛，赛后进行互评及教师点评。

（1）企业用人才为先／企业用人德为先

（2）文才比口才更重要／口才比文才更重要

（3）全民微信时代增加了人与人之间的交流／全民微信时代减少了人与人之间的交流

（4）信息碎片化提升了当代人的认知水平／信息碎片化降低了当代人的认知水平

（5）商业性增加电影的艺术价值／商业性减损电影的艺术价值

（6）美颜技术的普及对社会审美是好事／美颜技术的普及对社会审美是坏事

（7）青年成才的关键是自身能力／青年成才的关键是外部机遇

（8）在线教育应该成为未来教育发展的方向／在线教育不应该成为未来教育发展的方向

（9）自媒体时代我们离言论自由更远／自媒体时代我们离言论自由更近

（10）在校大学生创业利大于弊／在校大学生创业弊大于利

7. 训练反思

（1）你的辩论表现如何？你自己满意吗？老师和同学对你的评价怎样？

（2）辩论中你有没有出现失误？有没有对失误做出弥补？你发现对手出现了什么失误吗？

（3）你有什么有效的辩论方法可以和大家分享吗？

（4）你认为要想具有较好的辩论能力，平时要注意哪些方面的锻炼？

（5）自我评价（见表3-17）。

表3-17　辩论训练评价

评 价 内 容	优	良	中	差
内容上，论点鲜明，论据充分，引证恰当，分析透彻。				
语言上，表达清晰，准确流畅，言简意赅，反应机敏。				
逻辑上，层次分明，论证严密，推断合理，驳论精到。				
仪态上，精神饱满，自然大方，举止得体，有礼有节。				

参考文献

[1] 程培元.教师口语教程［M］.北京：高等教育出版社,2004.

[2] 胡伟,邹秋珍.演讲与口才(第二版)［M］.北京：清华大学出版社,2013.

[3] 江苏省语言文字工作委员会办公室.普通话水平测试指导用书［M］.北京：商务印书馆,2004.

[4] 蒋红梅.张晶.罗纯.演讲与口才实用教程(第四版)［M］.北京：人民邮电出版社,2020.

[5] 李文国,董乃群.演讲与口才实训教程［M］.北京：清华大学出版社,北京交通大学出版社,2010.

[6] 王莉,赵玲,卜晓梅.普通话与教师口语训练教程［M］.北京：北京师范大学出版社,2012.

[7] 王璐,吴洁茹.语音发声(第四版)［M］.北京：中国传媒大学出版社,2019.

[8] 王筱欢.教师口语训练教程［M］.北京：中国传媒大学出版社,2014.

[9] 吴郁.当代广播电视播音主持(第二版)［M］.上海：复旦大学出版社,2012.

[10] 徐左平.演讲与口才(第三版)［M］.杭州：浙江大学出版社,2018.

[11] 岳凯华,沈飞跃,黄英,等.演讲与口才［M］.长沙：湖南大学出版社,2011.

[12] 张海燕.做一个会朗读的语文教师［M］.北京：语文出版社,2016.

[13] 张海燕.经典诗文台词朗诵技巧［M］.北京：语文出版社,2012.

[14] 章晓琴.教师口语实用技能训练教程［M］.北京：北京师范大学出版社,2013.

[15] 赵秀环.播音主持艺术语言基本功训练教程(第二版)［M］.北京：中国传媒大学出版社,2008.

[16] 仲梓源.播音主持艺术入门训练手册(第三版)［M］.北京：中国传媒大学出版社,2020.

[17] 朱道明.普通话教程［M］.武汉：华中师范大学出版社,2006.

第四章　课堂教学语言

一节好课需要教师掌握良好的课堂教学语言,不断提高课堂教学语言技能水平。

好的课堂教学应该有引人入胜的开头,翔实精确的讲授,充满智慧的提问,准确有效的反馈,还要有发人深省、余味悠长的结课。

在这一章,我们将学到的内容总结如表4-1所示。

表4-1　课堂教学语言主要内容

	我将学会这些技能(目标/产出)	我为什么要学习这些技能(需求/依据)	我将如何学到这些技能(过程/手段)	我如何知道已经掌握了这些技能(评价/测量/改进)
第一节 导入语	巧妙地引入某项教学内容	1. 集中学生注意力 2. 激发学生学习兴趣 3. 帮助学生了解教学目的和教学重点	1. 分析典型案例 2. 了解常见课程导入方法 3. 掌握导入语设计依据 4. 实践任务	根据评价表逐项打分评价 自我反思总结
第二节 讲授语	科学高效地向学生讲授知识	1. 帮助学生获取知识 2. 激发学生学习兴趣,培养学生学习能力 3. 对学生进行情感、态度、价值观教育	1. 分析典型案例 2. 了解讲授作用及原则 3. 掌握不同讲授方法 4. 实践任务	根据评价表逐项打分评价 自我反思总结
第三节 提问语	根据教学内容和学生实际设置问题	1. 有效进行启发式教学 2. 调动学生学习积极性 3. 培养学生思维能力 4. 了解学生学习情况	1. 分析典型案例 2. 了解课堂提问的作用及原则 3. 掌握不同课堂提问的方法及评价标准 4. 实践任务	根据评价表逐项打分评价 自我反思总结
第四节 反馈语	对学生实际学习情况作出恰当反馈	1. 检测学生学习效果 2. 激发学生学习兴趣 3. 及时调整教学、有效引导学生	1. 分析典型案例 2. 了解课堂反馈的作用及原则 3. 掌握恰当反馈的要求 4. 运用不同形式的反馈语灵活反馈 5. 实践任务	根据评价表逐项打分评价 自我反思总结
第五节 结束语	精彩地结束某项教学内容	1. 总结归纳教学内容 2. 帮助学生强化记忆 3. 建立教学内容之间的联系 4. 发展学生能力	1. 分析典型案例 2. 了解课堂结束语的作用及原则 3. 了解常见课程结束方法 4. 掌握不同形式结束语的要求 5. 实践任务	根据评价表逐项打分评价 自我反思总结

第一节　导　入　语

基 础 知 识

　　格林太太有两颗假牙。一颗是金子的,是她富贵和身份的象征;一颗是铜的,是在一次车祸后留下的。在那次意外的车祸中,格林太太除了失掉一颗美丽的牙齿外,幸好没有别的明显的损伤。可奇怪的是,自从那次车祸后,格林太太时常感到莫明其妙的头痛,隐隐约约,连绵不绝,使她日夜坐卧不宁。几次去医院检查,也没有结果。

　　一天,一位年轻的化学家到格林太太家做客。格林太太无意中谈到了自己的烦恼。这位化学家听了以后,沉思片刻,说:"我想,我可以治好您的病。"

　　这个年轻的化学家做了这样一个有趣的实验……

——高中化学《原电池原理及应用》教学

💡 想一想

　　在化学课前,授课教师为什么要讲一个关于假牙的故事?

一、导入语的概念

　　导入语,就是教师在讲课前根据教学内容设计的一段教学语言,其目的是调动学生的学习兴趣,引发学生思考,启发学生进入新课程的教学情境中。

　　"良好的开端等于成功的一半。"在课堂上,精心设计的导入语,可以紧紧抓住学生的注意力。特级教师于漪曾经这样评述导入语:课的开始,其导入好比提琴家上弦、歌唱家定音,第一个音定准了,就为演奏或歌唱奠定了良好的基础。

　　请看下面几个导入语的案例。

【案例一】初中语文《散步》教学

师:我问同学们一个小问题,咱们班的同学有经常和父母一起散步的吗? 请举手。

(学生举手)

师:我想请一位同学谈谈和父母一起散步时的感受。

生:我觉得和父母一起散步可以谈谈心,一家人有说有笑,即使父母批评自己,也不像在家中那么严肃。

师:很好。散步是家庭生活的一项内容,它是一种温馨幸福的家庭生活方式。今天,我们来学习一篇叙事散文——《散步》。先请一位同学把课文朗读一遍。

（学生朗读课文）

看完这段导入语,我的感想是:＿＿＿＿＿＿＿＿＿＿＿＿＿＿＿＿＿＿＿＿＿

我推测,在课堂上,学生的反应是:＿＿＿＿＿＿＿＿＿＿＿＿＿＿＿＿＿＿＿

分析:

《散步》是初中语文课本中的一篇散文,用一件很普通的小事"散步",来体现一家人之间浓浓的亲情。

初中的学生从知识结构来说,已经接触过很多散文,有一定的人文素养;从生活阅历来说,也有了一定的生活体验,可以理解心理上一些微妙情感的变化。

因此,教师在设计导入语时,将学生的生活体验与课文内容进行了有机融合,引导学生从自己的生活感悟出发,从感性经验出发,开始课文的学习。

【案例二】高中地理《洋流》教学

大家都知道哥伦布发现了美洲大陆。1492年,哥伦布第一次从西班牙横渡大西洋到美洲,花了37天的时间;1493年,当哥伦布第二次横渡大西洋去美洲时,乘同样的交通工具,所航行的路程比第一次还要远,结果却只花了20天的时间,比第一次节省了17天,大家知道这是为什么吗?

看完这段导入语,我的感想是:＿＿＿＿＿＿＿＿＿＿＿＿＿＿＿＿＿＿＿＿＿

我推测,在课堂上,学生的反应是:＿＿＿＿＿＿＿＿＿＿＿＿＿＿＿＿＿＿＿

分析:

《洋流》是高中地理的必修课文内容,要求学生知道洋流的概念及分类,理解世界洋流的分布规律及其对地理环境的影响。

高中学生知识面广,具有较强的认知能力、推理能力和自学能力,并且已经学习过哥伦布发现新大陆的相关史实(初中历史《哥伦布发现了新大陆》)。

在地理教学中,学生对于地理故事、奇闻逸事等较感兴趣,但是对于纯理论性的内容,如板块运动、地壳变化的内外力作用等不是很感兴趣,因此,教师利用哥伦布发现新大陆的历史故事导入洋流的教学,设置了悬念,激发了学生的求知欲。

【案例三】初中语文《我的母亲》教学

师:提一个问题,中国谁取得的学位最多——就是博士、硕士类学位?

生:鲁迅。

师:不对。鲁迅留学日本7年,什么学位都没拿到。

生:……胡适。

师:猜对了,是胡适。得了多少个学位?

生:两个……三个……10个。

师:都不对。是35个,博士学位。

生:哇!

师:中国第一,世界范围内也没听说谁有这么多——也许老师才疏学浅、孤陋寡闻。当然,大多数是各国名牌大学赠送的"名誉博士"。

生:名誉博士不是真正的博士吧?

师:那你说两者哪个成就高?

生:……肯定是名誉博士喽。

师:这就是胡适(出示照片)。胡适(1891—1962年),字适之,现代诗人、文学家、历史学家、哲学家……

看完这段导入语,我的感想是:_____

我推测,在课堂上,学生的反应是:_____

分析:

《我的母亲》是初中语文课本中的一篇课文,学习要求是分析母亲的优秀性格品质,理解母亲对"我"的做人要求,感受母亲的爱子之情。

初中的学生,已经学习了若干篇关于父母亲情的作品,对这篇文章,学生不仅要感受到母亲的至爱亲情,还要能够将自己的成长和父母的教育紧紧联系起来。

考虑到学生的心理情况,教师选择以胡适的成就为切入点,用"中国取得学位最多的人"来引起学生的好奇心,从胡适的成就,启发学生思考胡适母亲对胡适成长的影响,成功导入新课。

【案例四】一堂观摩课的教学导入

师:同学们坐在主席台上,台下千位老师听课,大家有些紧张吧?我教大家一种放松的方法,双手都放在膝盖上,闭上两眼,内视鼻尖……

(教师边讲方法边指导,学生按照教师要求做动作)

师:同学们有什么感觉?

生:感觉心情轻松了!

师:心情轻松了,咱们上课。

(全体起立,师生互相问好)

看完这段导入语,我的感想是:_____

我推测,在课堂上,学生的反应是:_____

分析:

这是一个很特别的导入语,其主要目的是引导学生适应上课环境。因为这个案例中教师上的是观摩课,借用的是其他班的学生,师生完全陌生,所以,上课前教师对学生情绪的引导就非常重要。

读一读

道而弗牵,强而弗抑,开而弗达。——《礼记·学记》

你能解释一下这句话吗?

二、导入语的功能

一段好的导入语,应该具有以下功能:

（1）在教学对象方面,引起学生关注,调动学生兴趣;

（2）在教学内容方面,衔接新旧知识,引入新课内容;

（3）在情境设置方面,安定学生情绪,沟通师生感情。

课堂导入要因人而异,因课而异,导入方法多种多样,不可生搬硬套,教学对象不同,课堂导入的方法和思路也会有所不同,教师的教学风格和设计理念也不尽相同。

那么,导入有哪些常用的方法呢?

三、常见导入语类型

1. 以教材为抓手,开门见山,介绍新课

针对教材特点,直接揭示学习目标。教师在上课伊始直截了当地介绍本节课的教学目标和要求、教学内容、教学进程等,让学生直观地了解本节课的学习内容或者要解决的问题。

这种导入语的特点是直接、省时,迅速揭示新课主题。

2. 以知识为线索,回忆旧识,温故知新

教师根据知识间的内在联系,以复习旧知识为手段,在旧知识里面引出新课内容的线索,引导学生从学过的知识出发,探索新的知识领域。这种导入语既帮助学生复习巩固旧知识,又引发学生对新知识的思考。在具体操作时,可以由教师归纳前课内容,点出新课知识,也可以由教师提问学生回答,引发学生思考。

这种复习导入语是最常用的。以复习旧知识引入新课,可以使学生从已知的领域进入未知的新领域,不但有利于学生接受新知识,而且有帮助学生集中注意力的作用。

3. 找准学生兴趣点,巧设悬念,催人思考

教师在上课前,有意设置一些学生特别感兴趣,又和新课内容直接相关的启发性的疑问,制造悬念,吸引学生了解探究,激起学生学习新课的愿望。

利用悬念导入新课,往往能收到事半功倍的效果。

制造悬念的目的有两点:一是激发兴趣,二是启动思维。学生看到教师设置的悬念,会在心理上感到焦虑、兴奋和渴望,迫切希望能够解决问题,这就是学习时内在的驱动力。

4. 充分利用教学资源,制造情境,引发共鸣

教师可以根据教学内容和学生特点,充分利用各种教学资源,如文字（典故、诗词等）、音乐、视频、实物（图画、照片、模型等）、实验、表演、游戏等,制造一种符合教学需要的情境,使学生置身于特定的情境之中,引起心理共鸣。学生在此情境中,产生深入学习教材内容的动力,这样,就顺理成章地进入了新课的学习。

想一想

你还可以说出其他的导入课程的方法吗?

>>> **【实践训练】**

任务一: 请仔细阅读以下教学示例,分析示例中导入语的优点和存在的问题。

示例一　初中数学《圆幂定理》教学

师:同学们很熟悉"欲穷千里目,更上一层楼",其实这只是诗人的浪漫和夸张。事实上,要看到千里之外的景色,再登上一层楼是根本办不到的! 那么要登上多少层楼,才能看到千里之景呢? 我们先来学习切割线定理。然后再把地球的半径 6 371 千米代入公式,算出约需登上 19 千米高的一层楼,才能看到千里之外。

示例二　高中语文《祝福》教学

师:爆竹声中一岁除,春风送暖入屠苏。千门万户曈曈日,总把新桃换旧符。春节是中国人最盛大的节日,家家喜气洋洋,挂上红红的灯笼,贴上红红的春联,忙忙碌碌……一串串鞭炮在人们手中点燃,仿佛要把每一个祝福送到千家万户。一阵阵爆竹声接连不断,噼里啪啦的,热闹非凡。走在街上,到处都是拎着大包小包购买年货的行人,每个人的脸上,身上都是一片喜气洋洋,仿佛过年的快乐从人们的心里溢了出来,流淌到了全身。

师:大家在春节都有哪些记忆深刻的趣事,能和同学们分享一下吗?

(同学们纷纷回忆起新年时的趣事,整个课堂欢声笑语,气氛热烈)

任务二: 请在下列教学内容中,任选一题,设计一段导入语。

- 初中语文《乡愁》
- 初中数学"有理数:正数和负数"
- 初中历史"鸦片战争"
- 初中英语"must 和 have to 的区别"

步骤一: 导入语设计的依据

在设计导入语时,我们需要注意以下四个方面的内容。

第一,学生情况。教师的教学设计是为学生的有效学习服务的。为了在课堂上引起学生共鸣、激发学生的学习兴趣,教师在设计导入语时,首先要考虑的是学生的情况,包括学生的年龄特点、心理状态、认知水平、知识基础等;其次,要对学生参与教学的积极性、主动性,学习需要,兴趣爱好等进行全面了解,只有这样才能设计有效激发学生的导入语。

查一查:请查找不同年级学生的年龄特点、心理状态、认知水平、知识基础等资料。

议一议:不同年级的学生,在学习上各有什么特点?

第二,教学内容。教学内容是教师进行教学活动的主要依据,也是学生进行学习活动的主要基础。每堂课都有一定的教学内容,为了让学生更好更有效地接受教学内容,教师需要认真研读分析,领会教材编写意图,寻找合适的切入点,在与教材紧密联系的同时,关注生活,巧妙地将日常生活嵌入课堂导入中,使导入语既具有趣味性,又具有科学性。

第三,教师个性。在教学活动中,教师是主导者,每位教师在教学中,都会有自己独特的风格。有些教师讲课深入浅出,条理清楚,论证严密,结构严谨;有些教师讲课亲切自然,朴素无华,娓娓道来,细细诱导;有些教师讲课情绪饱满,讲到动情处,往往情绪高涨,慷慨激昂;有些教师讲课生动形象,机智诙谐;还有些教师精于教学的技巧,各种教学方法技巧信手拈来,运用自如,恰到好处。

在设计导入语时,教师应在结合教材内容的基础上,充分发挥自己的个性,选择最适合自己的教学方式。

第四,教学资源。教学资源是为教学的有效开展提供的各种可被利用的素材等,通常包括教材、案例、影视、图片、课件等。现在可以利用的教学资源非常多,这就需要执教者根据学生情况和教学内容合理选取教学资源,在合适的契机出示恰当的教学资源。教师在课堂教学中,有效运用多种教学资源,可以将复杂、抽象的知识形象化、物化、生动化,学生就能更好地深入理解知识。

小提示

导入语可以使用的材料:歇后语、谐音、某些词的联想意义、对联、小故事、小笑话、奇闻逸事、新闻时事。

我的操作如下。

(1)我选择的题目是:＿＿＿＿＿＿＿＿＿＿＿＿＿＿＿＿＿＿＿＿＿＿

(2)这个教学内容属于哪个年级? 这个年级的学生有什么特点?

(3)这个教学内容在整个教学体系中的位置是怎样的? 该教学内容与前后知识点具有怎样的联系?

(4)我决定采用哪种导入方式?

(5)我可以找到哪些相关的教学资源?

(6)我的基本思路是怎样的?

步骤二: 导入语设计中应注意的问题

第一,注意时间控制。导入语的主要作用是为讲授新课架桥铺路、引发思考、激发学习兴趣。课程导入不是正式讲授课程,因此,在设计导入语时,一定要注意时间问题,导入课程的时间一般控制在3~4分钟为好。

如果在导入语中引用了故事,就要简明扼要,重点突出;如果在导入语中引入视频或音频,则要注意截取最合适的部分,避免占用太多上课时间;如果在导入语中设计有学生互动部分,则要对学生的反馈情况做好充分准备,适时引导学生,控制时间进程。

第二,注意内容适度。导入语的设计,在内容上,应该与教学内容紧密结合,不能随意离题;在难易程度上,要根据学生的具体情况设置问题。问题设置得太过简单,就不能引发学生兴趣,太过困难,学生很可能望而生畏,都不利于激发学生学习兴趣。因此,恰到好处的难易程度,可以留给学生思考回味的余地,以此引发学生的思考,培养学生思考问题、解决问题的能力。

注意:导入语绝不能仅仅为引发学生的兴趣而夸夸其谈,为捧腹逗乐而夹杂低俗的言辞,这样反而会影响和冲淡学生对新课的专注和学习热情。

第三,注意恰当展示。导入语是课堂教学的一部分,最终呈现给学生的,是教师在课堂上的现场展示。因此,教师还要考虑课堂上如何恰当地将这段导入语展现出来。

比如,在语言运用方面,要把握好语调。借用诗文的导入语应饱含激情,隐含哲理的导入语要耐人寻味,追述往事的导入语可娓娓道来。这样,才能在不知不觉间把学生带进精神振奋、乐趣无穷的知识殿堂。

在运用不同教学资源,如网络、视频、图片时,要寻找合适的展示方式,注意各环节的衔接问题。

我的操作如下。

(1)在步骤一中,我设计的导入语,时间长度是否需要调整?

(2)和组员讨论后,大家认为难易程度是否合适? 内容是否需要修改?

(3)在展示时,我是如何设计语音语调、体态动作的?

读一读

> 导入有法,但无定法,贵在得法。
>
> 著名教育家第斯多惠说:"教学成功的艺术在于使学生对你所教的东西感到有趣。"

总之,不论我们用何种方式进行新课导入,万变不离其宗:上课伊始,就要在短时间内安定学生情绪,吸引学生注意力,打开学生心扉,使学生思维的齿轮运转起来,为整堂课开一个好头,这是进行新课导入所要努力做到的不变的目标。

步骤三:现场展示

我的导入语

步骤四：评价反思（见表4-2）

表4-2 导入语评价

评 价 内 容	优	良	中	差
在教学对象方面,引起学生关注,调动学生兴趣。				
在教学内容方面,衔接新旧知识,引入新课内容。				
在情境设置方面,安定学生情绪,沟通师生感情。				
在现场展示方面,表达流畅自然,态度大方得体。				

（1）展示的效果如何？我对自己的表现是否满意？有哪些地方需要改进？

（2）我的组员对我的表现是否满意？有哪些地方需要改进？

（3）我在哪些方面可以做得更好？

>>> 【精彩导入语赏析】

高中化学《玻璃》教学

师：曾经有一个学会在网上举办了一个"评选两千年来对人类影响最大的发明"的活动。根据统计结果选出了得票最多的前11项，其中有意料之中的计算机、原子弹、基因工程等，也有让人意想不到的透镜、给排水系统等。请大家猜猜名列榜首的是哪一个？

（学生思考,发表自己的见解）

师：其中名列榜首的是透镜。1210年，英国修道院里的修道士意外地发现中间厚两旁薄的玻璃能使物体放大，于是发明了老花眼镜。1510年，磨出了凹透镜，发明了近视眼镜。它使千千万万有心学习的人，不再由于视力缺陷而被排斥在学习之外。之后，透镜组合带来了望远镜与显微镜的发明。于是，人们超越生理极限，借助显微镜进入了微观世界，并且创立了真正意义上的生物学与医学。借助望远镜，人们观察到天体运动的神奇，其规律的积累和总结促成了牛顿力学的诞生。可见，透镜以最简单的方式解决了曾经困惑我们的问题，不但推动了近代科学的诞生，而且在探索宇宙起源等现代高科技中还在继续发挥作用。因此，透镜名列重大发明之首，虽然出人意料，但在情理之中。

师：透镜是由玻璃制成的，今天我们就一起来了解玻璃的制备及性质。

【分析】

学习的根本目的之一就是学以致用，即运用所获得的知识去认识客观世界。在课堂教学中，促使学生了解知识的价值（知识在个人和社会发展中的作用）是十分重要的。

在以上案例中，教师从调查开始，利用玻璃的价值引入学习内容，极大地激发了学生的学习兴趣。

第二节 讲 授 语

基 础 知 识

初中化学《元素周期表》教学

师：元素周期表像一幢精美的建筑，总设计师是化学家门捷列夫，7个周期好比7层的楼房，第一层房间住着最年轻的元素。为盖这座奇特的科学大楼，他花费了20多年时间，到1869年初具规模，心血已把每块砖浸透。如今，大楼已有109个窗口，五光十色，引得多少有志者追求。啊！请参观一下这座大楼吧，兴趣是理想的导游。只要付出时间和汗水，这大楼可以完全归你所有。为了祖国，为了幸福的明天，让大楼里的每个居民都成为你的朋友。

想一想

> 在化学课上，授课教师将元素周期表比做精美的建筑，这个比喻有什么作用？

一、讲授语的概念

在课堂教学中，教师需要利用口头语言对知识进行剖析和揭示，帮助学生理解、掌握知识。教师以简明、生动的语言，描绘情景、叙述事实、解释概念、论证原理、阐述规律等，系统地向学生传授知识，发展学生智力。

讲授语就是教师在课堂上用来阐明教材、传授知识、组织练习，以完成教学任务所运用的语言。

请看下面两个讲授语的案例。

【案例一】高中历史《警钟长鸣》教学

师：我今天要讲的世界文化遗产跟大家所认识的不同，这类遗产记述的是人类历史上不可遗忘的历史悲痛，宗旨是呼唤人类的正义、和平，维护人权、尊严。这样的世界文化遗产叫警示文化遗产，《警钟长鸣》介绍的奥斯威辛集中营就是其中之一。

师：60年后，当我们重新翻开历史的书页时，当年有过奥斯威辛经历的人们多数已经离开人世。然而在长达60年的时间中，奥斯威辛让世界为之哭泣，并不仅仅因为它曾经是纳粹集中营，还因为从那时候甚至更早开始，无理性的杀戮和种族灭绝就从来没有停止过，奥斯威辛就是其中最高的一座标志性墓碑！

……

师：今天，全世界的人们点起白色的蜡烛，为亡灵祈祷的悲戚曲调在寒冬中响起，荧荧烛火沿着幽幽的铁路通向远方，打破了黑暗，告慰死者的在天之灵。

……

看完这段导入语，我的感想是：＿＿＿＿＿＿＿＿＿＿＿＿＿＿＿＿＿＿＿＿＿＿＿＿

我推测，在课堂上，学生的反应是：＿＿＿＿＿＿＿＿＿＿＿＿＿＿＿＿＿＿＿＿＿

分析：

《警钟长鸣》是高中历史课文选修内容，教学要求学生知道德国法西斯的种族灭绝罪行，了解奥斯威辛集中营申报为世界文化遗产的原因；理解人类为了吸取历史教训、避免重蹈覆辙而作出的努力；形成民族平等、珍视人的生命权利、珍爱和平的意识。

教师设计的这一段讲授语，用饱含深情的语言，在课上营造了一种特定的气氛，能够让学生达成情感上的共鸣。

【案例二】高中数学《虚数》教学

师：我们来回顾实数系，每个实数与数轴上的点一一对应，也可以将每个实数与起点在原点、终点为数轴上该点的有向线段一一对应。

师：有向线段这个概念我们以后要学的，叫做向量，物理学中也叫矢量。假设一个物体同时受到两个力的作用，一个是水平的向前的拉力，一个是水平的向后的摩擦力，那么我们就用一个正实数表示这个向前的拉力，再用一个负实数表示那个向后的摩擦力。要求它们的合力的话，就用实数的加减法（画图演示其几何意义）。假设这个物体现在受到第三个力的作用，是垂直向上的拉力，那我们就不能再用一个正实数或者负实数表示了，因为力的方向不同。这时，就需要引入新的数来表示垂直向上或向下的拉力，如果水平向前的拉力1牛顿用+1表示，水平向后的摩擦力1牛顿用−1表示，那么，为了区别起见，这垂直向上的拉力1牛顿就用i表示，垂直向下的拉力1牛顿就用−i表示。

生：我好像明白一些了。

师：回去再想想，等你学完复数再回过头来看i，也许就像你现在看小数、负数和无理数一样清楚了。当你念完大学再来想这个问题，你还会感觉到今天这些说法有坐井观天的味道呢。

看完这段导入语，我的感想是：＿＿＿＿＿＿＿＿＿＿＿＿＿＿＿＿＿＿＿＿＿＿＿

我推测，在课堂上，学生的反应是：＿＿＿＿＿＿＿＿＿＿＿＿＿＿＿＿＿＿＿＿＿

分析：

虚数i对于初学者来说是一个难以理解的概念。授课老师为了分解学生的难点，利用他们已经掌握的物理学、几何学知识来通俗地描述i，揭示创造i的必要性，他娴熟地运用讲解技能所作的表述，令人信服。

试一试

请根据上述案例，尝试说明讲授的常用方法。

二、讲授语的类型

一般来说,讲授可以分为两类:一是讲,二是解。

1.讲

目的:让学生感知知识,运用叙述和描述的方法讲授事实。

讲,也可称为描述,即教师通过对客观事物发生、发展、变化过程的描述,以及对事物形象、结构、要素的描述,使学生对事物有一个完整的印象,达到一定深度的认识和了解。

具体可以分为以下两种。

(1)要素性描述:解释事物结构的层次关系和要素之间的关系。常用于各种概念的讲解。

> **注意**
>
> 要素性描述要突出重点,抓住关键,可以运用生动形象的比喻和类比。

(2)顺序性描述:按顺序讲述事物发展每阶段的情况。

> **注意**
>
> 顺序性描述要抓住事物发展变化的关节点,不是无重点、无要点的流水账。

2.解

目的:让学生理解知识,运用说明、解释、阐述的方法讲授概念、规律、原理。

解,即教师对知识进行解释和说明,从而使学生理解、掌握知识内容。这种解释和说明主要根据教学的内容和目的来确定,可以是语言翻译,也可以是对适应范围的说明等。

> **注意**
>
> 对于较为复杂的知识,单用解释说明的方法很难收到好的讲解效果,需要其他技能的配合。

议一议

> 有人提出,课堂教学应该以学生为主体,强调教师讲授,等同于"填鸭式"教学。对于这一观点,你是怎么看的?

授课的时候,教师会使用很多手段,如视频、图表等,但这些手段都需要通过教师的讲解才能发挥授课的作用,因此,讲授是教学的基本方法,在教学中占有非常重要的地位。

三、讲授语的功能

（1）提高学习效率。讲授是向学生传递知识较为有效、准确和经济的方式，而且被认为是知识传授过程中信息量衰减最少的方式之一。讲授可以使班级绝大部分学生在较短的时间内掌握大量知识，而且能使学生进一步掌握知识所包含的逻辑结构，使获得的知识结构化、系统化。

注意　　当教学内容相对生僻、理论相对深奥时，讲授的效果是其他授课方法比不上的（参见案例二《高中数学〈虚数〉教学》）。

（2）培养学习能力。由于教材的编写受到很多因素的制约，即使知识再浅显，还是会有学生难以认知，而教师的讲授可以使深奥抽象的课本知识变成具体形象、浅显易懂的知识，从而方便学生认识和领会。

（3）激发学习兴趣。教师在讲授的时候，可以激发学生的学习兴趣，从而激起学生的求知欲望。教师引人入胜的讲授，是学生兴趣的重要来源。

（4）激发学生情感。真正有效的讲授必定融入了教师自身的学识、修养、情感。对教师来说，讲授不仅是知识的传递，也是内心世界的展现，可以潜移默化地影响、感染、熏陶学生心灵。

四、讲授语的原则

1. 科学性

主要指讲授内容的准确性。教师讲授的内容，无论是本课程的知识，还是引用其他学科的知识，都必须是准确无误、经得起验证的。在教学中，若教师遇到自己没有把握的知识内容，必须查实确认后才能讲授，不能主观臆断，想当然地分析解释。

2. 规范性

教师在教学时要使用本课程的术语和专门用词，这些专门的语言在特定的课程中有准确的含义，只有用这些专门的语言授课，才能准确地传递信息。同时，教师讲授课程时所使用的语言必须准确、规范、措辞精当，避免使用有歧义的语言，语音语调也要规范。

3. 主次性

一节课的内容不可能没有轻重之别。课堂的讲授也不可能只是简单的平铺直叙。重点处要浓墨重彩地描述或讲解，给学生强烈的刺激，从而形成深刻的印象；过渡处则可以轻描淡写地概述。这样详略得当，让课堂教学错落有致、重点突出、主次分明。

4. 启发性

课堂教学不仅要传授知识，还要培养学生的能力和情感态度价值观，因此，教师的讲授必须带有启发性，以生动的讲述来促使学生积极参与教学，完成教学目标。

5. 生动性

生动是讲授法中最有特色的地方。在语言的运用上，要做到通俗、具体、形象、幽默、诙谐、有趣。要富有情感，还要注意语音语调的节奏和顿挫。

小提示

外语类课程的讲授除了以上原则，还必须遵守以下原则。

（1）可接受性。外语类课程讲授时必须考虑学生的接受能力，教学语言超出了学生的接受水平就失去了教学意义。外语类教师在课堂教学中，为了照顾学生的接受能力，应当采取一种能被学生理解的特别的语言，简单、明了、易懂，既符合学生需要，又略高于学生现有水平。

（2）示范性。外语教学语言的一个重要功能就是示范性，即在语言运用方面为学生提供范例，让学生通过这些范例来模仿，最终形成语言技能。外语教师要使自己的教学语言具有示范性，就必须在词、句等的选择方面多加注意，使用规范的教学语言进行教学。主要包括：对语言知识的讲授和训练要准确；对词语和语法结构的运用要准确；语音语调要准确。

（3）阶段性。这一原则主要体现在语速的快慢、用词量的多少、表达结构的简繁以及语言难易度等方面。在学生的词汇和语句理解阶段，教师应尽量简化所用的教学语言或使用照顾性语言；当学生的理解程度提高到语篇理解程度时，教学语言就应当向自然语或者标准语靠近。

想一想

学前教育专业的教师，在教学语言上，还需要遵守哪些原则？
提示：从学生的具体情况入手分析。

>>> 【实践训练】

任务：请在中学教材中任选一教学内容，根据自身的特长，以讲授为主，结合其他教学方法和手段，设计一段讲授语，注意结合学生的实际情况。

步骤一：分析教学内容，分析学生情况

讲授就是教师在消化了教材后，通过语言和其他辅助手段，使学生对系统的学科内容达到一定教学要求的教学活动。因此，讲授要求教师必须二度消化教材，仔细分析学生情况。

读一读

二度消化论

讲授学认为：教师对自己所教的内容必须经过第二度消化。第一度消化是在教师自己搞教研时，针对自己存在的问题，结合自己的特点、条件，对输入的教学信息进行加工，其目的是求得自己的理解。而第二度消化则是在教师自己理解以后，针对学生存在的问题，结合学生的特点、条件，对即将输出的信息进行加工，其目的是让学生更好地理解、记忆和运用。

可见，第二度消化不同于一般意义上的备课，它是教师在深入、熟练地掌握教材的基础上，去考虑如何使知识易于被学生接受。但是，它又与备课有紧密的联系，从一定意义上讲，我们可以把第二度消化看作备课的一个高级阶段。因此，如果说科学家是第一度消化的强者，那么一位好的教师就应当是第二度消化上的强者。

教师要做好第二度消化，前提是准确把握学生的认知基础。

师生之间由于生活阅历、知识结构、认知水平等存在差异，看问题的高度、理解问题的角度、接受问题的能力等存在诸多不同，教师看来非常简单的问题，学生则可能莫名其妙。这就要求教师必须深入研究学生，从学生的实际出发，站到学生的立场上去认识问题，去传授知识。

（1）我选择的教学内容是：_____

（2）学生的情况是：_____

（3）结合学生情况，我对这一教学内容的理解是：_____

步骤二： 选取恰当的讲授方式

同一教学内容，选择不同的讲授方式，教学效果可能完全不同。以下介绍几种常见的讲授方式。

第一，描述。即教师在教学中系统地叙述事实材料，具体地描绘所讲的对象，以增进学生感知的方法。主要用于陈述事理、复述见闻、介绍情况、再现情景、概述缘由等。描述语主要运用叙述和描写两种语言表达方式。

第二，讲解。即教师用准确、简练的解释、论证、说明等方式，向学生解释、说明、论证概念和原理的方法。主要用于解释概念、定理、公式以及难词、难句含义等方面。具体可以分为三种：分析、归纳和演绎。

分析，又分概念分析与原理分析。

概念分析的过程包括：① 分析概念的内涵，即概念含义的组成部分；② 分析概念的外延，也就是概念的适用范围；③ 将内涵与外延综合起来形成完整的概念。

原理分析的过程包括：① 理清事物的形成因素；② 分析它们的相互因果关系，并从中找出主要因素；③ 建立知识之间的逻辑关系。

如果成因比较复杂，教学时要注意分解难点，由浅入深。

归纳,归纳的过程就是从事例到结论的讲解,包括:① 教师引导学生观察有关概念和原理的具体实例或者现象;② 通过分析比较,认识这些事物的特征;③ 抽象归纳出某事物或者现象的本质特征。

演绎,演绎的过程就是从结论到事例的讲解,包括:① 教师给出概念或原理的定义(结论);② 分析解释概念或原理的基本特征;③ 举例说明概念和原理使用的范围。

小提示

讲解时常用的语言技巧

直陈:用平实的语言把内容直截了当地陈述出来的方法,特点是直接、简便。

譬喻:通过比喻、类比等手段来形容、说明的方法,特点是具体、形象。

列举:通过讲述实例来阐明概念、定理、规则、词语含义等的方法。

比较:把两个或几个事物、概念、词语、定理等联系起来,分辨其异同和高下等的方法。

联系法:把新知识与旧知识、本学科与其他学科知识、书本知识与生活经验之间联系起来,以加深对新学知识的理解的方法。

……

小提示

教师是一种实践性很强的职业,不同的教师有不同的表达方式和授课风格。有的教师课堂富有激情,有的教师课堂看似平淡,但实具理性,各有特色,这可以看作不同教师的不同教学风格。所以,教师要结合自身的特长选择教学方法,扬长避短。

步骤三: 设计思路

讲授的实施要点包括以下几个方面。

(1)善于引导,启发思维。学生是学习的主体,讲授虽然是教师在讲解,也要求学生能够积极主动地学习,而不是盲目被动地接受。因此,教师在讲授中要注意引导和点拨,可以采用内容不完全讲授法,不断与学生互动(如提问学生、设计问题让学生思考、让学生质疑讲解内容等),让学生积极地参与到教学过程中,加深对学习内容的认识和理解。

(2)通俗易懂,深入浅出。为了帮助学生理解讲授的内容,教师需要对讲授的知识进行剖析,化难为易,化繁为简,变抽象为具体,做到通俗易懂,深入浅出。

(3)把握整体,展示思路。讲授要求把知识关系讲清楚,教师要清晰有序地勾勒出知识之间的纵横联系,使学生掌握整体性结构性的知识,这样才能保证思维畅通。同时教师在讲授时要既讲知识,又讲思维方法和思想观点,把自己的教学思路以及提出问题、分析问题、解决问题的过程自觉而有意识地解剖给学生看,使学生理解教学的过程,同时既获得知识,又掌握了获得知识的思维方法,这样的讲授才能摆脱灌输的弊端。

（4）控制节奏，注意反馈。首先，一次讲授的内容不能过多，对某一内容的讲授时间不能过长，要做到言简意赅，避免学生注意力的分散；其次，要控制讲解的节奏，有意识地停顿，给学生留有思考的余地；最后，要注意及时反馈，了解学生的学习情况，及时调整教学方式。

步骤四： 现场展示

我 的 讲 授

步骤五： 评价反思（见表4-3）

表4-3　讲授语评价

评 价 内 容	优	良	中	差
内容正确、论证充分、方法得当。				
条理性好，逻辑性强，重点突出。				
注重启发、反馈和沟通。				

（1）展示的效果如何？我对自己的表现是否满意？有哪些地方需要改进？

（2）我的组员对我的表现是否满意？有哪些地方需要改进？

（3）我在哪些方面可以做得更好？

评价点：

（1）内容正确、论证充分、方法得当。教师要科学地传授知识，讲授的内容一定是准确无误的。同时，教师的讲解不仅是知识的传授，还有方法的示范，学生在课堂教学中不仅接受了知识，还学到了教师的思考方法，所以教师的讲授必须清晰到位。

（2）条理性好，逻辑性强，重点突出。教师的讲授语应该是丰富多彩，感情充沛，幽默机智的，而不是语言枯燥，条理不清，主次不分的。在课堂上，教师讲授应该是逻辑环环相扣，条理清楚，重点突出。

（3）注重启发、反馈和沟通。在课堂讲授时，师生之间的交流是重要的环节，要时刻关注学生的接受情况。

小提示　讲授容易出现的问题：① 忽视学生的感受；② 忽视自身的特长。

185

注意　刚步入教师行业的新手，经常在语言表达上倾向于书面化，并且对语速掌握不甚理想，有待结合学生的实际水平以及个性差异，有的放矢地进行教学。

>>> 【精彩讲授语案例赏析】

雅典人帕帕迪的政治生活

　　帕帕迪是个雅典郊区的农民，今年（公元前399年）30岁，他是家庭中的男主人。今天是个太阳高照的日子，他要去雅典参加公民大会，虽然这个公民大会每十天就开一次，严重影响帕帕迪干农活，但他还是很愿意去。（这是为什么？）

　　帕帕迪的妻子海伦也想跟着丈夫去公民大会瞧热闹，帕帕迪原说不行，但实在拗不过妻子，两人一同前往。到了雅典公民大会的会场，大会还没有正式开始，会场像往常一样热闹，围着篱笆，设有十道门。"大家注意，今天是公民大会，外邦人不许入内。"在门口执勤的监察员大声地喊着。看到海伦，他们大声地冲着帕帕迪喊道："喂！你的妻子不能来这个地方！"（这是为什么？）

　　海伦生气地离开了会场。帕帕迪一个人进去后，听到执政官宣布今天的议题：第一项是对即将离任的执政官进行任期财务审核。哇，这真是一个进步的事业，两千多年后的我们不是也有这一项吗？（这一做法的作用是什么？）

　　第二项是投票选出民主妨碍者。每个有投票资格的雅典公民，在自己选区的入口处领取一块陶片，陶片每人一个，写下名字后，把陶片交给工作人员。帕帕迪不识字，他只好请旁边的一位体面的贵族写，写了谁他也不知道。这次获票最多的是一个贵族库特森。他的名字被宣布时，整个会场一片沸腾，人们争相谴责他的不利于国家的行为。"他以为自己曾在对波斯人的战争中立下了功劳，就居功自傲，对国家大事从不关心，总是关心自己的个人利益。"一个公民愤愤地说。（这是个什么法？讲到这儿时，与课后练习米斯托克里陶片相结合，说明陶片放逐法也未必公正）

　　第三项是对是否进一步扩大海军规模进行辩论和表决。主持人首先宣布了发言人资格。事先已经有所准备的贵族们立刻分成两派，互相攻讦。这时，帕帕迪的一个远房亲戚桑拉跳上讲演台，正准备要发表演说，突然听到下面一个声音："这个殴打父母的不孝之子有什么资格在这儿发言？"原来是帕帕迪在揭发他，立即，在一场臭骂声中，桑拉下了台。（这是为什么？）

　　公民大会结束后，帕帕迪有资格参与法庭审判员的抽签！（为什么？）幸运的帕帕迪在参加了无数次抽签后，这一次终于如愿地抽中了黄豆而不再是黑豆，他兴奋得要跳起来。（为什么？）他成为民众法庭6 000名审判员中的一名，并加入了言论法庭。这个法庭共501人。他审判的对象是苏格拉底！

　　哲学家苏格拉底，现年70岁，被控犯有"不敬国神""另立新神"和"败坏青年"的罪行而送交审判。在法庭上，苏格拉底为自己辩护，并再一次重申了自己的哲学观点。帕帕迪本听不懂是什么意思，但他竟然见苏格拉底说像自己这样目不识丁的人没有资格参加审判？！被激怒了的帕帕迪决定举手投他有罪！

【作者的话】东莞市东华高级中学夏辉辉

　　2004年，我揣着崭新的岳麓版新教材《历史（必修一）·政治文明历程》开始了我的新课程改革之路。没上几周的课，我就来到了第6课《雅典城邦的民主政治》，不要说我搞不清雅典城邦曾出现过的五种政体，对"轮番而治"也不甚明了，即便是"民主""政治"等词语也未见得进行过细细揣摩。待我翻遍各种资料，包括顾准的《希腊城邦制度》也找来了解，准备雄心满怀要走上讲台的时候，苦恼再现了——怎样让学生进入这段久远的历史中去？有触摸它的兴趣，并愿意去深层地了解它、感受它、质疑它？这是多么困难的一件事啊！

　　在苦思冥想中，我设计了一个叫"帕帕迪"的农民，以他的政治生活为线索带学生进入2 000多年前的古希腊，去那个满是身着白衫、在广场高谈阔论的城邦小国里去会贤人，去了解即便在今天看来都是非常"奢侈"的民主生活。于是，"帕帕迪"诞生了。

第三节　提 问 语

基 础 知 识

高中数学《利用对数进行计算》教学

　　（教师手拿一张纸对折，又对折，再对折。）

　　师：你们看，白纸厚度只有0.083毫米，三次对折后的厚度是$0.083 \times 2^3 = 0.664$毫米，还不到1毫米。假如对折50次，那么它的厚度是多少？会不会高过桌子？会不会高过屋顶？会不会高过教学楼？……

　　（学生活跃起来，纷纷发表见解，争论激烈。）

　　教师宣布结果对折50次的厚度。

　　师：比珠穆朗玛峰还要高。

　　（学生惊讶不已，迫不及待地想知道这是怎么得出的。）

　　师：你们想想应该怎样计算呢？

　　（学生们自己列出了计算表达式：$0.083 \times 2^{50} = ?$）

想一想

　　在讲对数的时候，教师提出了一个多次对折后白纸厚度的问题，对于学生学习对数这一知识点有什么帮助？

一、提问语的概念

提问语就是教师根据一定的教学目的,针对有关教学内容和教学实际,在课堂教学中设计的一系列问题。学生要根据教师的要求,对这些问题进行思考并解答。

读一读

颜渊喟然叹曰:"夫子循循然善诱人,博我以文,约我以礼,欲罢不能。即竭吾才,如有所立卓尔。"——《论语·子罕》

你能解释一下这段话吗?

在教学中,如果教师能根据教材和学生的实际,精心设计,质疑问难,恰当地选择提问的方式,就能引燃学生思维的火花,提高教学效率。

请看下面几个提问语的案例。

【案例一】小学地理《地理景观》教学

(教师出示陕北窑洞和云南民居景观图片)

师:我们再来看看这两张景观图片。同学们请看,这两幢房子在外形、用材等方面有什么不同?

生1:我老家在云南,我奶奶家的房子是用木头建的,与图片的一样。

生2:陕北窑洞是用砖砌的,云南民居用的是木头。陕北窑洞是平顶的,云南民居的屋顶坡度很大。

师:陕北窑洞用的材料确实与云南民居不同,但是不一定是用砖。老师去过窑洞,我用手指甲在墙上轻轻一划,一层灰土落下,这是砖墙吗?

生3:不是。

师:老师看见的窑洞主要用材是黄土。同学们思考一下,这两个地方的房屋用材和造型为什么有这些不同之处呢?

生4:云南有很多树,陕北没什么树。

生5:屋顶坡度大的房子排雨水比较方便,平顶的房子可以晒玉米。我们参加"苦旅励志夏令营"活动的时候看到过,而且陕北也不是没有树。

师:陕北的窑洞为什么不需要方便排水? 平顶的房子一下雨不是容易积水、容易漏吗?

生6:陕北很少下雨。

师:确实,陕北的雨水远远少于云南地区。

师:大家再想一想,建筑材料的不同,仅仅是因为就地取材方便吗? 用木头造的房子,保暖效果怎么样?

生：云南比较热，住在保暖性能较差的木头房子里可以过冬；陕北比较冷，住在木头房子里就不能过冬了，必须建比较密封的房子。

师：说了这么多差别，看看原因也都是与冷热、干湿等地理环境密切相关的。地理景观千差万别，其实仔细想一想，有许多都是地理环境差异造成的。

师：这些图片都来自我们手中的这张《地理景观》光盘。下面请大家将这张光盘插入电脑、打开对应的文件，找出这两个不同的景观，考考自己，分析它们之间的差异是怎样产生的。

（学生交流……）

看完这段课堂实录，我的感想是：_____

学生通过回答这些问题，获得了哪些方面的知识和能力？

教师从学生的回答中，可以获取什么信息？

分析：

"地理景观"这一教学内容，包含很多有趣的现象，比如，同样是民居，有的地区是竹楼，有的地方却是窑洞等，而小学高年级的学生，对新鲜的事物有很强的兴趣。教师可根据这一教学内容，结合学生心理，设计一系列问题，层层启发，激起学生的求知欲。

【案例二】高中历史《诸子百家思想》教学

师：如何遏制晚自习讲话行为？请从儒家、道家、法家、墨家等思想派别出发，分别给出观点和解决办法。

儒家代表

生1：谁要是晚自习讲话，要找他谈话，给他讲道理。学而时习之，不亦说（yuè）乎？学习要经常温习，晚自习是最好的温习时间，不要浪费了。

生2：学而不思则罔，思而不学则殆，学习要多静心思考。

生3：我反对！孔子说：三人行，必有我师焉。我是在向其他同学请教！孔子还说要不耻下问呢！

（全班大笑）

生4：你在问问题，必然影响其他同学的学习，己所不欲，勿施于人，你不知道吗？

生5：君子欲讷于言而敏于行，我们要多干实事少说空话。

法家代表

生1：要制定一些制度，对讲话者采取惩罚措施。

师：可不可以依据秦律制定一些遏制晚自习讲话的制度？

生2：要连坐！一人讲话，周边同学都要一起受罚！

（全班大笑）

生3：前面两位讲的我都不反对，他们是讲事后的惩罚，但制度主要是为了防范。秦律非常严密周全，所以我们要制定相关制度防止讲话，如打铃后三分钟内要安静，如果偶尔向同学问问题或借文具应该怎么办，如果是故意大声讲话又应该怎么办，如果违反规定该如何惩罚等。

道家代表

生1：如果有人上晚自习讲话，那就由他去讲，讲到他不想讲为止。

生2：那不是老子与庄子说的无为而治吗？

生3：道家是说"无为而无不为"，用暗示的方法提醒他可不可以？

墨家代表

生1：如果有人晚自习讲话，找个不着眼的地方，给他一顿。墨家弟子有侠士风范，晚自习讲话要影响班级学习、给小组扣分，所以要给他一点教训。

（全班大笑）

生2：我不同意，墨家不是主张"兼爱、非攻"吗？

生3：那是对统治者而言！

看完这段课堂实录，我的感想是：_____

学生通过回答这个问题，获得了哪些方面的知识和能力？

教师从学生的回答中，可以获取什么信息？

分析：

好的提问可以让学生思维开阔，有助于学生更好地理解知识，引导学生掌握知识的内涵和实质。

在"诸子百家思想"这一教学内容后，教师设计的这一道应用题，从学生现实出发，要求学生根据课上所学知识，解决晚自习讲话的难题，切入点很巧妙，容易调动学生的兴趣。学生必须熟悉不同思想派别的基本观点，才能很好地解答问题。同时，根据学生的回答情况，教师可以了解学生对这一知识点的掌握情况。

二、提问语的功能

1. 构建教学

在教学中，教师通过提问，可以明确教学内容，体现教学思路，构建整堂课的教学框架，让学生了解并把握有关教学内容的内在联系及逻辑关系。

具体来讲，针对性的提问可以揭示学习内容的实质，引起学生的关注；针对易错之处的提问，可以帮助学生理清概念；分析应用型的提问可以促进知识的内化，有助于学生认知结构的构建；对学生回答的追问，可以加深学生的印象，巩固学习内容。

2. 激励参与

在课堂上，内容新颖、方式特别、难度适中、悬念突出的提问，可以引起学生的关注，让学生的注意力集中起来，激发学生的主体意识。学生根据教师的提问进行思考，可以提高教学的参与度。

3. 启发思维

教师在授课中针对学生思维困惑之处的设问，是学生求知欲的催化剂，可以促使学生运用知识去分析和解决问题。学生必须充分调动知识积累，多维思考，广泛求证，才能形成答案。学生回答问题时，需要兼顾知识性、条理性和逻辑性，这就促进了学生思维的灵活性、独立性、流畅性，有利于学生思维的发展。

4. 反馈调控

提问是教师调整教学活动的重要参考。提问可以让教师了解学生掌握知识的情况，找出学生思考的难点，发现教学中的难点疑点，从而及时调整教学，有的放矢地解决学生学习中存在的问题，把握教学活动的方向。

三、提问语的原则

1. 明确的目的

教师的提问，应该具有明确的目的性，主要指：① 问题的指向是明确的，学生需要掌握的知识是清楚明白的，学生通过回答教师的提问，可以掌握这些知识；② 问题在教学结构中的作用是明确的，可以是导入，可以是过渡，也可以是小结或者启示或者警示等。

2. 准确的时机

提问在课堂教学的任何时刻都可以进行，但同一个问题，在不同时间提出来，所取得的效果是不同的。教师要善于抓住提问的时机。比如，在遇到难点的时候提问，可以启发学生找到学习的突破口；在学生注意力分散的时候提问，可以提醒学生关注教学等。

3. 恰当的难度

教师必须从教学的目标出发，根据学生当下的知识与能力以及心理素质水平，提出有价值、有分量的问题。问题的难度要适中，要符合课程标准的要求和学生的实际水平。过于简单的问题无法激发学生的兴趣；太难的问题，学生无法解答，调动不了学生的积极性。只有那些学生利用已经学过的知识经过认真思考后可以回答的问题，才是恰当的问题。

小提示 对于重点、难点知识，可以设计一些复合型的提问，注意提问的层次序列。

读一读

最近发展区理论

心理学家维果斯基认为，学生的发展有两种水平：一种是现有水平，指独立活动时所能达到的解决问题的水平；另一种是可能的发展水平，也就是通过教学所获得的潜力。两者之间的差异就是最近发展区。教学应着眼于学生的最近发展区,为学生提供带有难度的内容,调动学生的积极性,发挥其潜能,超越其最近发展区而使其达到下一发展阶段的水平,然后在此基础上进行下一个发展区的发展。

4. 有效的启发

教师提出的问题能够激发学生的思维能力,引导学生自主去探索、发现。

议一议

请谈谈:什么是有效提问? 要进行有效提问,需要完成哪些准备工作?

>>>【实践训练】

任务:请在以下两个示例中任选一例完成练习。
(1)请分析一下教师设计的问题是否合理?
(2)如果请你来讲授这个内容,你将如何设计提问?

示例一

突然教堂的钟敲了12下。祈祷的钟声也响了。窗外又传来普鲁士士兵的号声——他们已经收操了。韩麦尔先生站起来,脸色惨白,我觉得他从来没有这么高大。

"我的朋友们啊,"他说,"我——我——"

但他转身朝着黑板,拿起一支粉笔,使出全身的力量,写了几个大字:

"法兰西万岁!"

然后他呆在那儿,头靠着墙壁,话也不说,只向我们做了一个手势:"散学了,你们走吧。"

是他哽住了,他说不下去了。

两位初中语文教师在执教《最后一课》时,针对文本的结束段,设计提问如下:

教师甲:教堂的钟声敲了几下?

学生:十二下。

教师甲:这时又响起了什么声音?

学生:祈祷的钟声。

教师甲:普鲁士士兵的号声说明了什么?

学生:他们已经收操了。

教师甲:先生的神情怎么样?

学生:脸色惨白。

教师甲:先生后来又怎样?

学生：转身、拿起、使出、写。

教师甲：结果怎么样？

学生：法兰西万岁。

教师甲：所有这些都说明了什么？

教师乙：韩麦尔先生"脸色惨白"的前因后果是什么？

示例二

在"对顶角相等"的教学中，一位老师提问："相交线有什么性质？"

在讲"平行四边形"时，老师提问："对角线互相平分是四边形为平行四边形的什么条件？"

在讲梯形时，有位老师提问："同学们，请考虑一下，圆的内切梯形是什么四边形？"

一位教初中二年级的老师，在讲"有理数的乘法法则"时，指出首先要确定积的符号，同号为正，异号为负，再将绝对值相乘。这些都讲得十分到位。在得意之余，这位老师突然冒出一句："同学们，你们想过没有，为什么'负负得正'呢？"

步骤一：

1. 我选择的示例中，提问的问点是什么？

【常见的课堂提问点】

（1）针对关键词、概念提问。在教学中，存在一些关键的词语、概念。学生对这些词语、概念的理解如何，直接关系到学生对知识的理解深度。教师以这些关键词为切入点进行提问可帮助学生理解概念。

（2）针对教学重点、难点提问。每堂课的教学内容都会有一个或者若干个教学重点、难点。这是学习的核心部分，也是达到教学目标的关键。教师根据课堂教学的实际，在教学重点、难点处提问，引导学生沿着问题的指向，寻找答案，以更好地掌握知识。

试一试

请查找资料，谈一谈什么是"布鲁姆-特内教学提问模式"。

2. 我选择的教学案例中的提问，属于哪种类型的提问？

【课堂提问的分类】

以认知水平为标准，课堂提问可以分为以下几类。

（1）知识型提问。这类提问要求学生回忆旧知识进行回答，经过知识的再现以达到巩固或者检查的目的，对促进学习和强化记忆基础知识有一定作用。这类提问是最低层次的提问，问题的设计相对来说比较封闭。

（2）理解型提问。这类提问主要考查学生对知识的理解，需要学生对知识之间的关系进行综合分析。在设计问题的时候,常常用"为什么"来开头。

（3）分析型提问。这类提问需要学生逐层分析研究教材,理清问题的来龙去脉。

（4）运用型提问。这类提问是教师让学生运用新获得的知识联系过去所学的知识去解决问题。在设计问题时,常会出现"怎么办"这种表达形式。

（5）评价型提问。这类提问是教师要求学生对一些问题进行评价和评论,有利于培养和训练学生的求异思维能力。

步骤二: 我选择的案例中的问题是否恰当? 提问方式是否合理?

评价一个课堂提问是否恰当,可以从以下几方面入手。

（1）问题的设计。问题的信息量适中。合理的问题应该是学生经过思考可以回答的,如果设计的问题超出学生认知的范围,那么学生将无法回答。问题的指向必须明确、具体,没有歧义。问题的答案是确切的,即使是开放性的问题,答案的范围也应该是可以预料的。

（2）问题的表达。问题的表达必须清楚,措辞必须准确。教师提出的问题要主题明确、直截了当,在措辞上没有知识性和概念性错误,在词语选择上要特别慎重,不能出现含义模糊、学生无法理解的表达。

（3）是否以学生为中心。教学是师生的共同活动,教师的一切活动都是为学生服务的。课堂提问时,要突出学生的主体地位,提问是为了引导学生积极思考,发展学生的个性和创造性。

（4）提问的难度。我们可以从以下三个角度来分析一个问题的难度是否合适。

教学内容:熟悉的内容,提问设计要难,新加入的内容,提问设计可以简单一点。

学生情况:班级知识基础、能力水平较高,或者课堂回答比较活跃的班级,提问难度可以大一点;班级总体水平较低或者课堂比较沉闷的班级,提问可以容易一点。

教学目标:如果教学目标是简单的梳理知识,可以提一些知识类的问题,如果教学目标是理解、运用知识,则要提一些有难度的问题,培养学生运用知识解决问题的能力。

议一议

上述教学示例中的提问,问题的设计是否科学? 表达是否清楚? 是否以学生为中心? 难度是否恰当? 问题本身是否超越了学生的认知结构?

步骤三: 我将如何修改、设计这个案例中的提问?

在设计课堂提问时,教师要掌握课程标准,充分了解学生的实际水平,按照课程的逻辑顺序来设计问题,掌握好提问的难易程度。

注意

设计问题时的误区:

（1）问题的设计太过封闭,是判断式或者封闭性的问题,没有思考的深度。

（2）问题的难度设计得不合理,学生或无法回答,或不需要思考就可以直接回答。

【常见的提问方式】

（1）直接问。就学生需要掌握的内容，教师直接提出一个问题，学生对这个问题进行思考，能够直接作出回答，不必转弯抹角地达到教学目标。

（2）间接问。教师不是直接就某学习内容进行提问，而是借助其他内容来进行提问，学生在解决教师提出的问题的同时，根据知识相辅相成的关系，可以理解课堂教学的内容。

（3）反向问。教师建立一个与课本知识相反的情境，把问题倒过来从反面提问，请学生思考。这种问法更具挑战性，能激发学生的潜能。

（4）分解问。这种问法的问点可以是比较大的知识点，或者比较难的知识点，教师将要学习的知识，分解成一个个小问题，连续提问，这些小问题可以具有前后的逻辑关系，或者在难度上有上升关系，引导学生通过解决一个个小问题，掌握整个知识点。

步骤四：现场展示

我 的 提 问

步骤五：评价反思（见表4-4）

表4-4 课堂提问评价

评 价 内 容	优	良	中	差
问题信息量适中，指向明确，答案确切。				
问题表达清楚，用词准确。				
问题难度适中，有效启发学生思维。				
提问时的现场效果好。				

（1）展示的效果如何？我对自己的表现是否满意？有哪些地方需要改进？

（2）我的组员对我的表现是否满意？有哪些地方需要改进？

（3）我在哪些方面可以做得更好？

提问时的现场效果主要包括以下几方面。

（1）语言是否规范。语言规范包括词语使用、语法、修辞、逻辑规范，语言指向明确，语言简明扼要、深入浅出。

（2）语言是否生动。语言生动指语言的通俗性、形象性、丰富性、幽默性、情感性、创造性达到一定要求，符合学生的心理特点。形象生动的语言，有强烈的吸引力，能够激发学生的学习兴趣。

（3）语气是否恰当，教师应该根据教学的需要、内容的特点、课堂的状况、问题的性质等来确定恰当的语气，如低沉的语气、夸张的语气、亲切的语气，曲折变化的语气等。

（4）是否有节奏感，主要指声调的高低，语速的快慢，问题与问题之间要有一定的节奏感，有合适的停顿供学生思考、回味。

（5）态势语是否自然恰当，教师提问时的面部表情、躯体知识和体态，也是提问时要注意的细节，要让学生从教师的态势语中感到期待、信任支持，鼓舞学生的自信心，激发学生的学习内趋力。

>>> 【精彩提问语赏析】

特级教师钱梦龙《故乡》精彩课堂实录

导入新课

师：昨天，同学们书面提出了许多问题，都提得很好。有两位同学提了二十多个问题，又多又好。大家提的问题涉及课文的各个方面，我把它们分为七类。

板书：

一、一般疑问

二、回乡途中的"我"

三、闰土

四、杨二嫂

五、宏儿和水生

六、离乡途中的"我"

七、写景

大家提了这么多问题，第一步走得很好。那么第二步该怎么走呢？大家说说看。

[分析：这样的分类紧紧抓住了小说教学的重点——人物形象分析。整个教学也是围绕这个重心环环相扣、张弛有度地铺陈开来。在教学过程中，学生的提问涉及方方面面。]

生（齐）：解决问题。

师：好。在解决大家提出的问题之前，我先来考一考大家：《故乡》是在什么时候写的？

生：1921年。

师：很好。那么，在1921年的十年前，我国有一次很大的社会变动，是什么？

生：辛亥革命。

师：这《故乡》写的就是辛亥革命后十年间的事。那么，当时的社会情况怎样呢？……我提醒一下，可以联系本学期读过的另一篇鲁迅的文章《一件小事》，它的写作年代和《故乡》差不多同时。回忆一下，《一件小事》写到了当时的社会状况没有？怎么写的？

生：其间耳闻目睹了许多所谓国家大事：袁世凯称帝、张勋复辟……

师：很好，袁世凯、张勋是什么人？

生：卖国贼。

师：对。是卖国贼，是军阀。当时辛亥革命的成果被军阀夺走了，辛亥革命有局限性。那么，农民问题解决了没有？

生（齐）：没有！

师：怎么知道的？

生：从《故乡》里可以看出，农民生活日益贫困。

师：对，当时的农民是日益贫困的。这就是《故乡》的时代背景。这个问题明白了，我们就可以来解决同学们提出的各类问题了。现在，先请提出第一类问题——一般疑问。

［分析：这类问题，引导学生激活和联系已有的相关知识，把即将讨论的问题映射到自己已有的知识结构中，搜寻自己有哪些与此相关的知识、经验。］

二、讨论"一般疑问"

生：92页第5行"远近横着几个萧索的乡村"，为什么用一个"横"字？

师：你很会"咬文嚼字"！为什么用"横"字？可以换上别的字吗？

生："有"。

师：好。"远近有几个萧索的村庄"，也行。

生：用横字就显得这些村庄是乱七八糟的。

生：村庄好像是横躺着。

生：给人悲凉的感觉。

师：对。这"横"字使人感到村庄是死气沉沉的，而不是生气勃勃。从这里可以看出鲁迅先生很注意用词。还有问题吗？

生：97页倒数第3行，母亲说："这些人又来了，说是买木器，顺手也就随便拿走……"为什么顺便拿走呢？

生：贪小便宜。

师：对，是有这种思想。但这也似乎反映了一种情况，可以看到当时农民的情况……

生：生活贫困。

师：对。还有，课文里说，木器卖掉了，只是收不起钱来，为什么？

生：也是因为贫困。

师：对了。看上去只是一个细节，但也反映了这样一个大问题。还有吗？

生："亲戚本家"是什么意思？

师：先说"本家"，"本家"是什么意思？

生：本家是同姓的。

师：说得好。那么亲戚呢？

生：亲戚是不同姓的。

师：你们看，这个问题他解决得多好啊！还有别的问题吗？

生：现在的闰土不如以前的闰土，这样看对不对？

师：你们看对不对？

生：（齐）对。

师：那么，记得有个同学提出，社会是发展的……这个问题是谁提的，说说好吗？

生：历史是发展的，但故乡倒退了，难道历史会倒退吗？

师：对啊。这问题怎么解决呢？

生：辛亥革命后，历史倒退了。

生：我不同意。辛亥革命推翻了封建王朝，这是很大的发展。

生：历史发展有兴旺的时期，也有衰败的时期。

师：对，对。我补充一点，好不好？就是历史的发展是曲折的，在前进中也有倒退。……还有什么问题吗？

生：96页倒数第5行，"他不咬人么？"这"他"应该是"它"。

师：是啊，有的同学说鲁迅先生写了许多错别字，是吗？（众笑）谁能解决？

生：在"五四"时期，"他"和"它"是通用的。

师：你怎么知道的？

生：书上看来的。

师：对啊！看到的就马上能用。的确，"五四"时期，"她""他""它"都是一个"他"。还有问题吗？

生：102页倒数第6行，"可以听他自己去选择"，"听他"是什么意思？

师：谁能回答？

生：随他自己。

师：对，也可以叫做"听便"。还有问题吗？

生：93页第2行，"公同卖给别姓了"，为什么不用"共同"？

师：啊，鲁迅又写错字了，是吗？（笑）这个老屋是"我"家的吗？

生：（齐）不是。

师：不是，所以要卖掉就要几房本家公议（板书），公议后决定卖，就是"公同卖给别姓了"。这里鲁迅没错，我为他辩护。

生：93页第9行，"我的母亲早已迎着出来了，接着飞出了八岁的侄儿宏儿"。为什么用"飞出"？

师：母亲是迎出，宏儿是飞出，能对调吗？

生：（笑）

师：为什么笑？

生：老太太走得慢。

生：宏儿活泼。

师：不能倒，这就是用词准确。还有问题吗？

生："我"叫闰土是"闰土哥"，闰土叫"我"是"迅哥儿"，他俩谁大些？

师：对啊。都是哥，谁是弟弟呢？（笑）

师：哥是通称。

生：迅哥儿是小名。

师：是小名，大家同意吗？

生：（齐）同意。

师：我也同意。

生：杨二嫂说："你现在有三房姨太太……"鲁迅先生不是只有一个叫许广平的夫人

吗？（笑声）

师：谁能回答？

生：迅哥儿是书中的人物，不是鲁迅。

生：迅哥儿是作者所塑造的艺术形象。

［分析：这类提问就为新旧知识的更替，新旧经验的转化，架设了一道适时而有用的桥梁。这些问题的解决，就为新旧知识的有机联系，新旧经验的整合提供了必要的平台。］

师：这话说得多好啊！语言多丰富啊！录音机已经把这句话录进去了。（笑）

生：这是杨二嫂胡说八道。

师：那么"我"究竟是不是鲁迅呢？

生：《故乡》中的"我"，《社戏》中的"我"，还有一些鲁迅作品中的"我"是不是就是鲁迅？如果不是，为什么都很相似？

师：这问题提得很好。这位同学把许多课文联系起来了，想得很广。那么你认为怎样，我想先听听你的意见。

生：不是。

师：什么理由？（生不能答。老师继续启发）你们知道鲁迅写的《孔乙己》吗？

生：（齐）知道！

师：那里面的"我"是个酒店的小伙计。鲁迅卖过酒吗？

生：（齐）没有！

师：所以这个"我"是作者在小说中所塑造的……

生：（接话）艺术形象！

师：小说的情节是可以虚——

生：（接话）虚构的！

师：你们真聪明！所以我们看作品中的"我"是不是作者自己，只要看看这作品的体裁是不是小说就行了。那么，《故乡》中的"我"是不是鲁迅自己呢？

生：（齐）不是。

师：为什么？

生（齐）：《故乡》是一篇小说。

师：你们怎么知道的？

生：《呐喊》是小说集，《故乡》是从《呐喊》中选出来的一篇，当然是小说。（笑）

师：你们看这位同学推理得多好！那么《从百草园到三味书屋》中的"我"呢？

生：是鲁迅自己。

师：为什么？

生：《从百草园到三味书屋》是回忆自己童年生活的散文。

师：对。以后看作品中的"我"会看了吗？

生：（齐）会看了。

师：好。还有什么问题吗？

生：鲁迅在小说中写的事，鲁迅先生有没有都经历过？

师：你的问题使我想起了有位同学提的一个问题，究竟有没有闰土这个人？

生：有！

师：你怎么知道的？

生：书上看到的。

师：对啊。那么，他叫闰土吗？

生：闰水。

［分析：解决这类问题，学生就要综合记忆中的信息，结合原有的知识或经验，联系课文中具体情节，根据自己的兴趣，积极地进行思考、判断，明确自己的学习目的。］

师：你对了一半。

生：运水，运动会的运。

师：全对了，你们两个知道得很多。鲁迅把这名字改成了闰土。这样改是有道理的。谁还记得，闰土这个名字的由来是怎样的？

生：五行缺土，闰月生的。

师：这样取名，为什么？

生：封建迷信。

师：是迷信，这个问题我们以后还要讲。闰土这个人，是鲁迅先生根据生活中的原型，再——

生（接话）：艺术加工。

师：哦，你们懂得真多。对，艺术加工。写在小说里的事，是鲁迅自己经历过的，但又经过了艺术加工，这就使作品中人物的形象更加完善了。还有什么问题吗？

生：鱼怎么会有青蛙似的两只脚呢？

师：是啊，鱼怎么会有两只脚呢？

师：有！

师：什么鱼啊？

生：娃娃鱼。（笑）

师：啊，见多识广！我想跳鱼也有两只脚，你们看到过没有？

生（齐）：没有。

师：这说明什么问题？书上怎么说？

生：这说明闰土见多识广。

生：闰土的心里有无穷无尽的稀奇的事。

师：对了。我们以后可以到闰水的家乡去看看，大概会看到这种跳鱼的吧。还有什么问题？

生：为什么把杨二嫂叫做豆腐西施？

师：是啊，为什么呢？

生：西施是个有名的美人，杨二嫂长得漂亮。

师：还有个同学在提问题的小纸条上说因为杨二嫂的豆腐做得好，做得又白又嫩。（大笑）是豆腐好还是她有点漂亮？

生：是有点漂亮！

师：你怎么知道的？

生：是打扮出来的漂亮！

生：因为杨二嫂的关系，豆腐店的生意都特别好。

师：大家去看杨二嫂，豆腐生意就好起来了，是吗？（笑）这样写有点什么意味啊？

生：讽刺。

总评：教师是整个教学过程的组织者，在这节课中，教师设计了一系列的问题，串起了整个教学。钱梦龙老师巧妙地把问题炼制成一幅隐性的导游图，循循善诱，引导学生自己总结归纳人物形象，让学生真正成为学习的主体。

第四节　反馈语

基础知识

初中语文《〈宽容〉序言》教学

师：好！第一个问题需要我们在上一堂课了解的基础上做进一步深入的探究；第二个问题实质上指"这个寓言故事究竟表达了什么主题？"现在就请同学们根据自己在下午阅读时间，从图书阅览室或电子阅览室查找的资料，共同进行探究。先说说第一个问题吧！

生1："无知山谷"是一个什么地方？——封闭、保守、陈旧、破败，没有生气，没有希望。旧的一切被迷信着、维系着，新的一切被排斥着、残害着。它象征一切保守的思想、观念和意识，一切封闭的制度、秩序和状态，一切陈旧的传统、法则和规律。

生2："守旧老人"是无知山谷里律法的执行者，是陈旧思想的忠实维护者，是实施所有传统对一切革新的镇压的代表，是无知山谷里权威与权力的象征。

生3："村民们"是在无知山谷里死守着愚昧的人群。他们迷信过去，死守律法，胆怯麻木，自欺欺人，要求低俗，安于现状，不思进取，他们甘心受制于守旧老人，对新事物不理解，不支持，而且助纣为虐，对漫游者加以迫害。

生4："漫游者"是敢于第一个"吃螃蟹的人"，是一个敢为天下先的人。他敢于怀疑祖先制定的律法，敢于对人们深信不疑的"智慧"提出挑战，敢于探索、追求真理，敢于向死水般的旧世界发出反叛的声音。

生5："漫游者"有坚定的信念，有无畏的精神，有坚忍不拔的意志，有从容赴死的气概。他不畏艰险，敢于冒险。他勇敢无私，为唤醒麻木沉睡的心灵，宣告真理的存在，传播美好希望，不惜牺牲生命重返山谷。

生6："漫游者"的死亡，是一出深沉的悲剧，留给人们永恒的回味。而当真理大白于天下的时候，他最终成了人们永远爱戴、敬仰、歌颂和感恩的先驱。这里，有一个让人永久回味的结论：探索者、先驱者的名字叫——不朽！

师：同学们的发言十分精彩！尤其是对"漫游者"的讨论达到了一个小小的高潮，几位同学的语言既精美又充满激情，简直融会到了人物形象的情感里面了，具有震撼人心的力量，已经打动了我！太棒啦！

💡 想一想

> 这段教学的最后，教师的发言有什么作用？

一、反馈语的概念

反馈语就是教师积极合理地应对学生的信息，针对不同学生智力、非智力方面的差异，在合适的时机，给予学生的具体明确的反馈意见。恰当的反馈语可以帮助教师控制课堂，引导教学方向，促进学生的充分发展。

在教学中，教师是教学活动的组织者、引导者和合作者，教学是师生双方互动交流的动态过程。要想完美地完成课堂教学，师生就要在课堂上及时反馈教与学的效果，并根据对方的反馈信息不断地调整教与学的节奏。

💡 想一想

> （1）如果你在课堂上讲完一个知识点，学生没有任何反应，你应该怎么处理？
>
> （2）如果你提问后，学生说这个问题不会，你应该怎么处理？
>
> （3）如果你提问后，学生的回答敷衍了事，你要如何引导学生回答？
>
> （4）如果你提问后，学生的回答一部分正确，一部分不正确，你要怎么提示学生？
>
> （5）如果你提问后，学生马上回答，且答案完全正确，你要如何评价和鼓励学生？
>
> （6）如果你提问后，学生回答错误，你要如何启发诱导学生？
>
> （7）如果学生突然提出一个意想不到的问题，你要如何处理？

请看下面几个教师反馈的案例。

【案例一】初中地理《世界气候》教学

师：亚马孙平原南北两侧的巴西高原和圭亚那高原是热带稀树草原气候，原因是什么？谁来回答一下？

生：当大西洋的潮湿气流吹来时，受安第斯山脉的阻挡、抬升作用……

师：你是不是从气压带风带南北移动方面思考一下，以巴西为例，1月份，当太阳直射南回归线附近时,气压带风带都南移,赤道低气压带和东南信风带会怎么样?

生:1月份,当太阳直射南回归线附近时,气压带风带都南移,赤道低气压带和东南信风带移到巴西高原,这里形成热带稀树草原气候的湿季。

教师:好!那么7月份呢?

生:7月份,太阳直射北回归线附近时,气压带风带都北移了,赤道低气压带和东南信风带移到圭亚那高原,圭亚那高原形成湿季……

分析:

世界气候是初中地理的教学内容。在教学中,教师设计了一个问题,请学生思考气候的成因。当学生说出“当大西洋的潮湿气流吹来时,受安第斯山脉的阻挡抬升作用”时,教师可以判断出,学生解题思路不对。这时,如果教师直接指出学生回答错误,很容易打击学生的学习热情。案例中的教师没有对学生的回答进行评价,而是选择引导学生换个思路,“从气压带风带南北移动方面思考一下”,并且将思路的前半部分“赤道低气压带”和“东南信风带”提供给学生。在教师的引导下,学生根据教师给出的思路,一步一步地解决了问题,巩固了知识,同时提升了自信心。

【案例二】高中数学《直线和圆的位置关系》教学

教师出示题目:圆 $x^2 + y^2 - 4x - 5 = 0$ 的弦AB以点 $P(3,1)$ 为中点,求直线AB的方程。

(教师让学生思考片刻后提问)

师:谁想好了,请举手!

生1:设直线AB的方程为 $y - 1 = k(x - 3)$,代入圆的方程,利用韦达定理求中点的横坐标……

教师:(未等学生1讲完)我明白你的意思了,这样做太麻烦了!能不能利用平面几何知识求解?谁来?

生2:可以先求得圆心的坐标为 $C(2,0)$,由平面几何知识可知,AB⊥PC,直线PC的斜率为1,则直线AB的斜率为−1,直线AB的方程可以求得为 $y - 1 = -(x - 3)$,即 $x + y - 4 = 0$。

分析:

这是高中数学一道例题的教学。在本案例中,学生1的回答偏离了教学的内容,教师直接打断学生的发言,指出“我明白你的意思了,这样做太麻烦了!”否定了学生1的想法,这样做会挫伤学生学习的积极性。接着教师指出“能不能利用平面几何知识求解?”强行将课程纳入事先设计好的教学安排上来,不利于学生独立思考能力的培养。

教师要对学生回答问题的情况,及时地给予适当的反馈。如果学生回答正确,教师要给予鼓励和赞同,同时进行复述,让其他学生加深印象;如果学生有几个不同的回答,教师应该进行分析和评述;即使学生的回答有问题,也应该是引导学生进行思考,而不是简单粗暴地将自己的想法强行加在学生身上。

【案例三】中学历史《五四运动》教学

教师在讲到五四运动时说道:5月4日,北京大学等校三千名学生,在天安门前集合,举行示威游行,高呼“外争主权”“内除国贼”“废除二十一条”“拒绝在和约上签字”等口号……烧了曹汝霖的住宅；5月5日，北京学生实行总罢课，全国各地学生纷纷响应。

突然，有一学生喊道："学生烧人家的房子是违法的！"

顿时，语惊四座，学生哗然。

老师示意这位学生讲下去。

生：学生运动是爱国运动，也确实起到了先锋作用，但我认为火烧曹宅就不对了。

师：小华同学提出了一个很有价值的问题：火烧曹宅是否合法？火烧曹宅对不对呢？老实说，我也无法回答这一问题。因此，我们这节课就讨论一下：火烧曹宅对不对？大家一方面要注意围绕问题阐述自己的观点，考虑当时的历史环境和条件；另一方面要从当今社会的角度思考，这个行为是否合法？

分析：

许多教师对学生学习目标定在记住知识，而对学生在学习中出现的"离经叛道"的问题，往往采取简单否定或不予理睬的态度。

在上述案例中，教师不但没有否定学生语出惊人的提问，反而抓住这一"突发问题"所带来的教学机遇，迅速理解与判断该问题的实质和教学的价值，作出教学决策，调整了教学计划和教学目标。并以引发学生思维兴趣为中心目标，充分发挥教师在教学中的主导权，提出了以"从当时的法制环境怎样看待火烧曹宅"为基础的三个明确的思考题，指引了有效探索的方向，为学生打开了积极思考的空间，有利于发展学生的个性。

二、反馈语的功能

1. 检测

学生在学习的过程中，可以通过教师对自己的反馈来判断自己的学习效果，并根据教师的反馈来调整自己的精神状态、学习内容与方法。

2. 激发

学生在学习中有一种心理需要，当学生回答教师问题的时候，如果得到教师的鼓励，学生的学习欲望就会越发强烈，学习兴趣也会不断增浓。如果得到教师的肯定，学生就会产生较大的满足感，学习的动机也会强化。

3. 导向

通过对学生反应的及时处理，教师可以控制教学系统正常运行，引导学生按既定路线前进。当学生回答问题不正确，或者对教师的讲解表现出迷茫时，教师及时给予反馈，可以引导学生走出困境。

三、反馈语的原则

（1）反馈必须是明确的。教师对学生的反馈要准确中肯，如果不置可否或者含糊其词，会对学生造成误导。即使是对模棱两可的意见，教师的反馈也应该是明确的。

（2）反馈必须是及时的。教师对学生的反馈必须是及时的。及时评价学生的表现，满足学生自我肯定的心理需要，可以激发学生的自信心和潜在的能力。对于学生的错误，及时的纠正和引导，可以起到拾遗补缺的作用。

（3）反馈必须是效果积极的，即效果优先原则。

所有反馈的最终目的是调动学生情绪的积极性，有效诱导学生进入课堂角色，借教学中的实际反应，启迪学生，开通学生思路，促进师生平等、民主交流，营造浓厚的课堂学习氛围，让课堂教学达到事半功倍的效果。

（4）反馈必须是灵活的。反馈不存在固定的模式，不同教师的个人素养，性格特点，爱好品味不同，采取的反馈措施可能也不同，不可生搬硬套。

在教学中，教师需要随着课堂的变化而变化，冷静沉着，随时改变教学策略、调整教学方法，对各种情况进行灵活的反馈，使课堂轻松顺畅。

读一读

一次，古希腊哲学家捷诺的学生问他："老师，您的知识比我们多许多倍，您回答的问题又十分正确，可是您为什么对自己的解答总是有疑问呢？"捷诺用手在桌上画了大小两个圆圈，并说："大圆圈的面积是我的知识，小圆圈的面积是你们的知识。我的知识比你们的多。但是这两个圆圈的外面，就是你们和我无知的部分，大圆圈的周长比小圆圈的长，因而我接触到的无知的范围比你们多。这就是我为什么常常怀疑自己知识的原因。"

哲学家不仅巧妙地回答了学生的疑问，还因势利导对学生进行了教育。

小提示

课堂提问反馈常用方法

（1）鼓励法。学生对教师的提问没有反应，这就需要教师给予适时的鼓励。其实很多时候，学生不是不会回答问题，而是腼腆，胆怯或者从众心理，特别是中学阶段的学生，更是不愿表现，这时候教师可以采用鼓励的方式。

（2）迁移法。有些问题学生一下无法回答出来，教师可以让学生联想体会或者回忆相似的其他事物来帮助学生寻找答案。

（3）倾听法。当学生回答问题有错误或者偏离中心时，教师要耐心地倾听，在合适的时机进行提示或者引导。

（4）助答法。教师根据学生回答的具体情况，适当给予点拨补充，引导学生多方面思考问题，帮助学生回答。

（5）换题法。如果问题比较难，教师可以根据课堂情况和学生的具体情况，转换提问的方式，或者改变提问的角度，鼓励学生积极思考。

>>> **【实践训练】**

任务：请仔细阅读以下教学案例，任选一项，完成任务。

1. 你如何看待下面案例中学生的质疑？教师应该如何对学生进行引导？

请你设计一段教学，鼓励学生的批判精神并指导学生正确评价历史人物。

教师讲"秦末农民战争"，讲到秦的暴政，秦的兵役和繁重徭役，提出其中最突出的表现就是秦始皇修长城、阿房宫和秦始皇陵……

生：老师，我觉得您和教材说的不对。

师：哦，怎么不对了，请讲！

生：秦始皇暴虐不假，但不能把他修长城、阿房宫和秦始皇陵也作为暴虐的表现，相反，应该作为他对中华民族、中国伟大贡献的功绩！我们今天很为我们的长城自豪，把它作为民族精神的象征，世界奇迹。如果不是秦始皇，哪来的长城？……还有长城和兵马俑每年为国家赚取了多少旅游收入……甚至我敢断言，如果阿房宫没被烧，也会被我们拿来申请世界第九大奇迹，争取成为世界历史文化遗产。

师：长城、兵马俑，的确是中华民族的瑰宝，但它们是中国古代劳动人民修建的，这个功劳应该记在劳动人民头上，而不是秦始皇！

生（反问）：那请问老师，其他朝代，有没您所说的伟大勤劳的劳动人民？为什么中国其他朝代没留下这么伟大的建筑？这是不是说明秦始皇作为当时国家的最高领导人，他的这个决策非常重要，如果没有他这个英明伟大果断的决策，就没有今天的长城和兵马俑？

生（继续追问）：如果穿越时光，秦始皇来到今天，面对你们，恐怕他要非常困惑了。长城和兵马俑，我还修不修了？不修你们这些子孙后代没什么宝贝了；修吧，又骂我……郁闷。

2. 对于下面案例中学生的回答，你应该如何反馈？

请你设计一段教学，引导学生独立思考，掌握教学目标，同时因势利导，提醒全班同学该知识点容易出现的问题。

教师出示题目：圆 $x^2 + y^2 - 4x - 5 = 0$ 的弦 AB 以点 $P(3,1)$ 为中点，求直线 AB 的方程。

（教师让学生思考片刻后提问）

教师：谁想好了，请举手！

学生：设直线 AB 的方程为 $y - 1 = k(x - 3)$，代入圆的方程，利用韦达定理求中点的横坐标……

——高中数学《直线和圆的位置关系》教学

步骤一： 对于学生的提问或是回答，教师应该采取什么态度？

【恰当反馈对教师的要求】

1. 扎实的知识基础

第一，教师应该具有坚实的教育科学理论，可以敏锐地发现课堂的细微变化。第二，教师需要具有广博的专业知识，知识越丰富，反馈的能力越强。第三，教师应该精通教材和教案,可以将知识融会贯通,深入浅出地运用。

课堂上学生的反应,大多与教学内容、教材分不开,教师的反馈,也应该基于教材和教案。对教学内容了解越充分,就越可能作出正确的预判,预判越正确,作出的反馈也就越及时,越有效。

2. 良好的心理素质

教师对待教学应该带着愉快、自信、振奋的心情,不能因为遇到教学困境而感到沮丧,反而应该将其看作是提升自身能力,激励启发学生、活跃课堂氛围的契机。针对学生的不同反应,教师要冷静果断、信心饱满地应对。

3. 敏锐的观察力和创造性的思维能力

课堂反馈要求教师有敏锐的观察力。教师通过捕捉学生的反应,包括目光、表情、动作、回答,观察课堂的细微变化,了解学生的情绪,从而做好应对准备。

而创造性的思维能力可以让教师跳出既定的教学模式,快速调整教学方案与节奏,更好地把握课堂教学。

4. 平等宽容的态度

教师与学生的思维方式和对事物的见解可能存在不同。在课堂教学中,教师应该对学生提出的各种问题,有宽容之心,异位处之,以学生为中心,尊重学生的思维习惯,从学生的角度进行思维引导,多做换位思考。不能强行把学生的思路纳入自己设计的轨道中,要引导学生自己体验、理解和反思。

步骤二: 如何去解决这个问题?

优秀的教师,应该自如地根据课堂情况,评价学生的反应,并因势利导地巩固和调整知识模式的构建,帮助学生学习。

【反馈的形式】

1. 启发议论

如果学生提出的问题具有普遍意义,对于知识模式的构建具有一定价值,可以通过启发和点拨,引导学生展开讨论,激发他们的求知欲望,在深入的探讨中构建新的认知模式。尤其是当学生的提问出人意料的时候,教师启发议论可以为自己赢得思考的时间,也可以通过倾听学生的议论,收集整理各种意见,从中发现有价值的思路。

注意

这种方法也可能有弊端:

(1)导致教学偏离教师预设的轨道,教学的秩序被"打乱",且上课时间较难控制;

(2)有些问题学生观点不同,讨论后,仍然难以形成一致性的意见;

(3)部分积极性高的学生参与讨论,其他学生参与度不高。

这就要求教师有极高的课堂控制能力,可以控制教学节奏,带动全班同学进入讨论,同时要求教师的知识必须非常扎实,可以把握讨论的方向。

2. 分析评价

在课堂教学中，教师要对学生的回答作出正确的分析，并给予适当的评价，引导学生作更深层次的思考，以接近问题的核心。

小提示

评价的要点

（1）富有真情。教师对学生的评价要发自肺腑，充满感情，切不可流于形式，敷衍了事。

（2）适度适宜。教师不可打断学生发言进行点评。同时，要注意因人而异，对内向的学生，可以多做肯定性的鼓励式点评，而对于外向的学生，不妨直接指出错误，做出实际的点评。

（3）内容全面。教师对学生的点评不可太简单笼统，除了基础的是或否，对或错，还应包含对学生回答问题的思路、语言表达、思考方式以及情感态度等方面的建议或评价。

（4）形式多样。根据具体情况，教师可以采用多样的句式进行点评，如反问句、倒装句、感叹句等。

3. 反诘设疑

当学生提出一些似是而非的问题时，教师可以针对其中的谬误设疑反诘，让学生自己反思，实现自我学习和自我改正。

注意

- 只有当个别学生有这样的疑问，而大部分学生都不以为然时，才可以用这种方法。
- 教师的态度一定要真诚，要尊重学生。对学生提出问题、参与课堂讨论的勇气要加以肯定。
- 注意反诘的语气，切不可挖苦讽刺学生。

4. 因势利导

课堂教学面对的是学生，学生的思维活动有时候出乎教师事前的想象，所以，课堂教学设计既有预设性，又有生成性，教师要根据学生的反应，及时对授课内容进行调整，正确引导学生的思维发展方向。

注意

（1）教师要时刻保持清醒的头脑和清晰的判断力，不要轻易下结论。

（2）每一次引导都要建立在学生的结论之上，不可将教师自己的想法强加到学生身上。

（3）如果发现学生思考问题出现偏差,要让学生自己纠正,可以小组讨论。

（4）对学生讨论得出的正确结论,要及时加以表扬。

（5）对教师自身的失误,要给予正面反应,及时调整,降低负面影响,不可固执己见,拒不承认。不妨将失误转化为一种积极的教学资源,组织学生讨论,加深学生印象。

5. 回避处理

有时学生会提出一些与教学无关,或者大多数同学无法理解的问题,可以进行冷处理。适当的回避可以赢得思考的时间,又不会挫伤学生的积极性。

小提示

常用的引导式表达:

• 当我们不能从正面解决问题的时候,不妨换个角度,从反面思考一下。

• 大家想一想,如果这个问题推广到一般情形,那将会怎样呢?

步骤三: 对于案例中学生的提问/回答,我将如何反馈?

【反馈实施的要点】

（1）课前精心备课。教师要能根据课上千变万化的情况做到随机应变、及时反馈,就要在课前下功夫,仔细考虑每一环节学生有可能的反应,有针对性地进行准备,预测学生的各种回答,并针对各种回答设计各种可能的反应。

（2）全面收集反馈。教师不仅要了解某个学生的反应,也要收集班里其他同学的反应,全面了解班里学生的状态。合适的反馈需要课堂观察和倾听技能,只有弄清楚学生的所思所想,才能有的放矢,作出合适的反馈。

（3）适时及时反馈。教师对学生课堂反应及时作出反馈,对学生思维模式形成过程中的各种问题,给予适当处理,可以收到事半功倍的教学效果。

小提示

引导的时机

教师启发引导学生的最佳时机是学生进入思考状态,但是百思不得其解时。如果学生尚未进入思考状态,教师的启发可能不能引起学生的关注和兴趣。学生开始思考问题时,尚未遇到困难时,教师的启发会直接打断学生思路。只有学生开始思考问题,且遇到阻碍时,教师的启发引导才能发挥最大的作用。

不愤不启,不悱不发。——《论语·述而》

(4)语言灵活,精炼明确。教师要围绕核心问题,尽可能地使用精练而又明确的语言阐述自己的观点。

步骤四: 现场展示

我的教学设计

步骤五: 评价反思(见表4-5)

表4-5 课堂反馈语评价

评 价 内 容	优	良	中	差
我的教学设计,可以帮助学生检测自己的学习情况。				
我的教学设计,可以激发学生的学习兴趣。				
我的教学设计,可以很好地帮助学生达到学习目标。				
我的现场展示,语言表达流畅自然,态度大方得体。				

(1)展示的效果如何?我对自己的表现是否满意?有哪些地方需要改进?

(2)我的组员对我的表现是否满意?有哪些地方需要改进?

(3)我在哪些方面可以做得更好?

>>>【精彩反馈语赏析】

《〈宽容〉序言》教学实录

本课例遵循"开放性四步骤立体教学模式"进行教学,是我校"立体教学"研究小组的一堂研究性公开课,时间属第二课时。

第一步：导读质疑

师：上一堂课通过反复阅读和共同学习，同学们理解了文章中一些抽象、含蓄并寓意深刻的句子的含义，把握了故事的情节，并初步了解了作者所塑造的几个人物形象。在此基础上，同学们对课文还有哪些地方不懂，或者说还想进一步了解哪些内容呢？

【分析：用"提问"承上启下，从上一堂课的"导读"过渡到"质疑"。】

学生提出的问题大致有以下几点：

一、文中塑造了哪几个形象，他们各自的特点是什么？作者赋予每个形象的寓意是什么？

二、这个寓言故事究竟要告诉我们什么道理呢？

三、为什么"漫游者"明知道后果，在离开了之后还偏要回到无知山谷？

四、"漫游者"后来为什么又变成了"先驱者"？

五、"无知人们"为什么内疚？

六、全文有三处写到"人们过着幸福的生活"，其"幸福"的含义相同吗？

师：同学们提的问题都非常好，这说明大家确实动了脑筋，用了心思。如有同学竟能发现课文有三处写到"人们过着幸福的生活"，这足以说明他阅读之细，思考之深！有的同学提出的问题则比较宏观，需要集中大家的智慧，共同讨论解决，如"这个寓言故事究竟要告诉我们什么道理呢？"这个问题就极具挑战性，需要对课文有相当深入的理解才能概括出来。

【分析：教师对学生的问题加以点评，肯定了学生的学习成果，让学生学习心理得到满足，激发了学生学习的积极性。】

第二步：立体探究

师：好！第一个问题需要我们在上一堂课了解的基础上做进一步深入的探究；第二个问题实质上指"这个寓言故事究竟表达了什么主题？"现在就请同学们根据自己在下午阅读时间，从图书阅览室或电子阅览室查找的资料，共同进行探究。先说说第一个问题吧！

生1："无知山谷"是一个什么地方？——封闭、保守、陈旧、破败，没有生气，没有希望。旧的一切被迷信着、维系着，新的一切被排斥着、残害着。它象征一切保守的思想、观念和意识，一切封闭的制度、秩序和状态，一切陈旧的传统、法则和规律。

生2："守旧老人"是无知山谷里律法的执行者，是陈旧思想的忠实维护者，是实施所有传统对一切革新的镇压的代表，是无知山谷里权威与权力的象征。

生3："村民们"是在无知山谷里死守着愚昧的人群。他们迷信过去，死守律法，胆怯麻木，自欺欺人，要求低俗，安于现状，不思进取，他们甘心受制于守旧老人，对新事物不理解，不支持，而是助纣为虐，对"漫游者"加以迫害。

生4："漫游者"是敢于第一个"吃螃蟹的人"，是一个敢为天下先的人。他敢于怀疑祖先制定的律法，敢于对人们深信不疑的"智慧"提出挑战，敢于探索、追求真理，敢于向死水般的旧世界发出反叛的声音。

师：好！请补充发言。

生5："漫游者"有坚定的信念，有无畏的精神，有坚忍不拔的意志，有从容赴死的气概。他不畏艰险，敢于冒险。他勇敢无私，为唤醒麻木沉睡的心灵，宣告真理的存在，传播美好希望，不惜牺牲生命重返山谷。

生6："漫游者"的死亡，是一出深沉的悲剧，留给人们永恒的回味。而当真理大白于天下的时候，他最终成了人们永远爱戴、敬仰、歌颂和感恩的先驱。这里，有一个让人永久回味的结论：探索者、先驱者的名字叫——不朽！

师：同学们的发言十分精彩！尤其是对"漫游者"的讨论达到了一个小小的高潮，三位同学的语言既精美又充满激情，简直融会到了人物形象的情感里面了，具有震撼人心的力量，已经打动了我！太棒了！好，下面我们来探究寓言的主题。

【分析：教师指出学生讨论的精彩之处，并用充满激情的语言，对学生的发言进行表扬。】

生7：勇敢的先驱者，这个创新势力的代表，冲破重重阻碍，艰苦跋涉，寻找新的美好世界，一心要带领村民奔向新天地，过上幸福生活，反而被杀死。这是先驱者的呐喊宣言。愚昧的人们，在不知不懂的情况下，杀死先驱者；后陷入生存绝境，才走上先驱者开辟的道路，终于找到生存的希望和幸福的家园，人们这才内疚、醒悟。这是"无知人们"的忏悔书。

生8：先驱者象征新的思想、真理和新的事物。真理开始往往掌握在少数人手里，人们认识、接受真理需要一个过程。真理发展的道路是曲折的，但终究是光明的。

生9：先驱者——新世界的探索者、新思想的传播者，他既是一个英雄人物，也是一个悲剧人物。人类追求真理的力量是不可阻挡的，探索真理的先驱者是可敬的。

生10：守旧老人是一群人，一群反面人物。他们是法律和秩序的象征，也是威严和残酷的象征。他们是旧世界的统治者，是旧思想的维护者。在生死关头，他们也反抗了，最后不得不让车夫带他们离开无知山谷。一切旧的秩序、规矩、习惯、信仰、法律烟消云散。

生11：勇敢终于战胜胆怯，进取终于战胜封闭，智慧终于战胜愚昧，一切新的进步的事物，最终要登上历史的舞台，以胜利而告斗争的结束！生活就这样继续，历史就这样推进。

生12：是的，千百年来，真理与无知的较量从未停止过，每一次的进步都有生命与血的代价，而每个时代都有甘愿为真理英勇献身的人。

生13：真理最初在少数人手里，如果像无知山谷那样，对先驱者不但不予保护鼓励支持，反而倒行逆施，只能造成先驱者的悲剧，也造成无知者自身的困境，造成真理发展道路上的曲折。真理的发展是没有止境的，传统观念不是神圣的，对于新的思想，必须采取宽容政策，容许其发展，让实践来检验。只有这样，真理才能顺利发展，社会才能迅速发展。要使真理的发展畅通无阻，就要保证思想自由，就要采取宽容的政策。

师：同学们各抒己见，从不同的角度谈了自己对寓言主题的理解，言之有理，言之有据，的确都讲得非常好！那么，现在，谁能用最简洁的语言给我们综合一下同学们的意见，概括出本文的核心思想？好，你来说说看。

【分析：教师用简明扼要的语言对学生的发言进行总结，并给出评价"言之有理，言之有据"。】

生14：这篇序言以寓言故事的形式形象地说明了《宽容》一书的精髓，这就是：提倡思想自由，提倡宽容，反对迫害先驱者，反对以愚昧无知、顽固凶残的态度扼杀真理，这也是作者给我们的深刻启迪。

第三步：评价归纳

师：不错！人类需要思想自由，需要宽容。只有如此，人类社会才能够发展和进步！那么，同学们学了这篇文章，能不能谈谈你们对"宽容"的理解呢？

生15：宽容是一种胸怀，也是一种精神。宽容不仅需要"海量"，更需要一种修养促成的智慧。事实上，只有那些胸襟开阔的人才会自然而然地运用宽容。

生16：宽容是一种美丽。

生17：宽容是一首优美动听的歌，它给宽容的发出者也带来好心情。也许它的效应不在眼下却在将来，不管怎样都是美好的。

生18：所有的人，所有的民族都需要对一切保持自由宽容的心态。

生19：我想汪国真的小诗《宽容与刻薄》就很能说明宽容的要义，我把这首诗读给你们听一下。

师：很好！

生19：宽容与刻薄相比，我选择宽容。因为宽容失去的只是过去，刻薄失去的却是将来。/一个不懂宽容的人，将失去别人的尊重，一个一味地宽容的人，将失去自己的尊严。/对待别人的宽容，我们应该知道自惭；我们宽容地对待别人，应该知道自律。/宽容者让别人愉悦，自己也快乐；刻薄者让别人痛苦，自己也难受。/如果别人已不宽容，就不要去使劲儿乞求宽容，乞求得来的宽容，从来不是真正的宽容。/如果你还要想宽容别人，就不要等到别人来乞求，记住一句老话：给永远比要令人愉快。

师：这位同学能用汪国真的诗来表达自己对课文的理解，这说明他不但善于广泛阅读，而且善于吸收和积累，好样的！大家都应向他学习。现在请同学们举出历史上或自己身边有关坚守真理与宽容的例子，好吗？

【分析：教师对上面同学的评价，不仅肯定了学生的发言，还因势利导，指出广泛阅读，善于吸收和积累的重要性。】

生20：意大利著名科学家、思想家乔尔丹诺·布鲁诺生活在以罗马教皇为首的天主教统治的时代，他进一步发展了哥白尼的太阳中心说，并极力坚持科学真理、捍卫真理而被判处极刑，烧死在罗马广场。

生21：达尔文的进化论遭到世人嘲笑；爱因斯坦提出光量子遭到反对；马克思主义学说及革命活动遭到各国政府嫉恨，许多历史事实都可以从这个故事中找到影子。

生22：我以前看到这样一则故事。古时候一位德高望重的长老，在寺院的高墙边发现了一把椅子，他知道有人借此越墙到寺外，便搬走了椅子，自己坐在那里等候。午夜，外出的小和尚爬上墙，再跳到"椅子"上，落地后小和尚定睛一看，才知道椅子变成了长老，他原来是跳在长老身上。小和尚仓皇离去，这以后一段日子他惶恐地等候着长老的发落。但长老没提及这件"天知地知你知我知"的事。小和尚从长老的宽容中获得启示，他收住了心再没有去翻墙,通过刻苦的修炼,成了寺院里的佼佼者。

生23:我也看过类似的报道。有位老师发现一位学生上课时,时常低着头画什么。有一天他走过去拿起学生的画,发现画中的人物正是龇牙咧嘴的自己。老师没有发火,只是笑笑,要学生课后再加工,画得更神似一些。自此以后那位学生上课时再没有画画,各门课学得不错,再后来他成为颇有造诣的漫画家。

师:同学们讲得都很切题生动,特别是后两位同学讲的故事对我们很有启发性,小和尚和那位学生后来能有所作为,与当初长老、老师的宽容不无关系,可以说是宽容唤起了他们的潜意识,影响了他们的人生。看来我们都有必要拥有一颗宽容的心,学会宽容。同学们,与其说我们今天在"探究宽容",倒不如说我们是在"探究人生"!

【分析:教师在总结课程时,引用了学生举出的例子,无形中使学生获得一定的成就感。】

第四步:训练迁移

师:请同学们尝试把汪国真的小诗《宽容与刻薄》改写成一篇微型小说,字数不限。

总评:

在课堂教学时,教师要充分考虑学生的学习情绪,学生在回答问题后,都会迫切地想知道老师对自己的评价。如果教师置之不理,或者敷衍了事,那么学生的积极性就会受到打击。

在上述教学实录中,教师充分考虑到学生的心理,毫不吝惜地用一连串的褒义词,给学生极高的评价,对学生有非常好的激励作用。课堂最后的训练,直接以课上学生提到的汪国真《宽容与刻薄》为内容,更是容易引起学生共鸣,提高了学生的学习积极性。

第五节 结束语

基 础 知 识

初中语文《梅岭三章》教学

《梅岭三章》课程结束时,授课教师做了这样一段激情澎湃的演讲:

师:诗歌具有抒情的特点,强烈的情感从哪里来? 是从诗人情怀中流露出来的。从喷泉里出来的都是水,从血管里出来的都是血。我们学过陈然《我的"自白"》,多么豪放! 多么勇敢! 多么壮烈! 这种视死如归,这种大义凛然,正是一位革命家内心情感的自然流露。我们读《梅岭三章》,能够深切地感受到一股冲天的浩然之气,能够深切地感受到诗人激荡心中的革命豪情,能够深切地感受到一种伟大而崇高的人格力量,正是因为这三首诗是从一位无产阶级革命英雄的情感的心河中流出来的。要做革命诗,首先必须做革命人。请允许我用两句诗来表达我的这种认识:绝唱三章留梅岭,诗人本色是英雄。(板书)让我们怀着对将军的敬仰,再背一遍《梅岭三章》,希望能进一步理解将军豪壮的情怀,能进一步感受将军伟大的人格力量。

试一试

请仔细体会一下上述演讲的内容,以教师的身份,在课堂上完成这一段演讲。

想一想

这段演讲给你带来了怎样的情感体验?

一、结束语的概念

结束语,也可以称为收束语、结课语。在课堂教学的最后一个阶段,教师使用简练的语言,完整生动地再现某教学内容的知识或情感,引导学生对新授课所学内容进行系统的巩固和应用,以使新知识有效地纳入学生认知结构中。

请看下面几个案例。

【案例一】初中数学《抛物线及其标准方程》教学

师:现在我们大家一起来回顾一下这节课都学习了什么。

生:我们这节课先学习了抛物线的定义,然后又寻找了抛物线的代数特征,也就是标准方程。

师:那我们是怎样学习的呢?

生:定义是从抛物线上点的几何特征入手的,研究代数特征是先建立坐标系然后再求方程的。

师:你有什么收获呢?

生:我发现抛物线来自生活,几何特征优美,标准方程形式简洁,同时我体会到了数形结合的美妙。

师:感谢这位同学的总结。

(掌声)

师:最后老师给一些课后学习的提纲。

(屏幕显示课后学习提纲:① 二次函数 $y = ax^2 + bx + c(a \neq 0)$ 的图像是一条抛物线,请写出它的焦点坐标和准线方程;② 请你根据抛物线的定义,应用生活中一些工具,做一个画抛物线的仪器;③ 生活中有很多抛物线的实例,请收集相关资料,写一篇关于抛物线应用的小作文。)

师:这些都是很有趣的课题,希望同学们可以继续深入学习,相互交流,形成成果。短短的45分钟就快要结束了,在这里老师谢谢同学们的积极参与,希望同学们用老师赠送的篮球，在操场上画出美丽的抛物线，也希望大家用心体会这节课的知识与方法，在以后的学习过程中遇到更多更美的曲线。好的，这节课就上到这里，谢谢大家。

（掌声）

分析：

本课的教学目标是要求学生掌握抛物线定义与抛物线的标准方程，在情感与态度方面要求学生体会数学的有趣有用。在课程结束阶段，教师一连提出三个问题，给学生搭建了一个自我思考和展示的平台，帮助学生系统回顾了本节课学习的内容、研究的方法。课程最后，教师用一段饱含激情的话"短短的45分钟就快要结束了，在这里老师谢谢同学们的积极参与，希望同学们用老师赠送的篮球，在操场上画出美丽的抛物线……"潜移默化地提示学生数学的思想方法可以帮助我们研究生活中各种美丽的曲线，让学生体会到数学的美。

【案例二】初中地理《日本》教学

在初中地理《日本》一课的最后，教师用顺口溜结束授课：

日本四大岛，本州最重要。

火山地震多，海洋影响大。

人多地方小，矿产资源少。

经济发展快，原料靠进口。

铁路速度快，四岛都畅通。

农业单产高，捕鱼北海道。

文化东西兼，樱花是国花。

分析：

本课的教学目标是了解日本主要的自然地理特征及自然资源；知道日本经济发达，了解日本工业分布高度集中的原因，知道日本一些主要城市和海港；知道日本农业、渔业现代化程度高。这节课的知识点既多又散，都需要学生记忆，在下课前，教师用顺口溜的方式，将这些知识点串联起来，短时高效地提炼出教学的关键点，让知识的脉络更明朗，条理更清晰，也容易引发学生的兴趣。

📖 读一读

> 苏联教育家尼洛夫·叶希波夫说："通过总结学生在课堂上所学的主要事实和基本思想来结束一堂课是很有好处的。因为一节课的结束工作做得认真、合理而灵活，就会使学生感到这一节课的完整性。"

二、结束语的功能

1. 回顾内容,提高记忆效率

在刚学完新知识的时候,教师通过结束语带领学生回顾该课程的学习内容,可以帮助学生巩固所学新知识,使课堂学习效果最大化。

课堂上有效及时地重现学习内容,可以提高学生的记忆效率。教师及时提炼重要信息,可以让学生从众多教学内容中提炼出重要信息加以存储。

读一读

艾宾浩斯记忆遗忘曲线

德国心理学家艾宾浩斯研究发现,遗忘在学习之后立即开始,而且遗忘的进程并不是均匀的。最初遗忘速度很快,以后逐渐缓慢。他认为"保持和遗忘是时间的函数",他用无意义音节(由若干音节字母组成、能够读出,但无内容意义,即不是词的音节)作记忆材料,用节省法计算保持和遗忘的数量,并根据他的实验结果绘成描述遗忘进程的曲线,即著名的艾宾浩斯记忆遗忘曲线。

---

2. 提纲挈领,构建知识体系

学生所学的知识之间是有着密切的时序性和逻辑性的,教材新旧知识之间也有着内在的必然联系。结束语可以帮助学生将所学的知识系统化,理清所学知识的结构,形成具有内在联系的网络化知识。

在课堂教学中,师生的思维始终处于向前运动的动态过程中,学生所获得的知识大多是来不及梳理的。在课程的最后阶段,教师的结束语将本课的知识按其内在规律,有机地排列组合,形成明晰的条理,有利于学生有效地归纳整理所学的内容,促进知识系统化。

3. 承上启下,激发学习兴趣

教学的知识之间往往存在一定的内在联系,精心设计的结束语可以为下一堂课做好铺垫,在新旧知识之间架起一座桥梁,激发学生的学习兴趣,增强他们主动探究知识的欲望,促使他们自主地获取知识。

4. 拓展延伸,发展学生能力

教学不能仅仅满足于传授书本上的知识,还要培养学生的学习能力和思维能力,拓宽学生的视野和思维的空间。在课程最后,教师结合课上所教授的知识,提出一些趣味性或者争议性较强的问题,让学生课后继续思考,可以将课上所学知识延伸到课外,发展学生的自学能力和思维能力,引导学生对知识的领会向更高层次升华。

三、结束语的原则

1. 紧扣教学目标

结束语的形式和内容都必须与教学目标有密切而直接的联系,应针对具体的教学内容来设计,做到有的放矢。

注意 切不可为趣味而忽略了切题的要求,不能与教学脱钩。

2. 内容高度概括

结束语不是事无巨细地罗列全部知识点,而是围绕教学的核心问题,梳理当堂所讲的知识,用概括性的语言,归纳本课的知识体系,让学生对课堂所学知识有一个清晰完整、主题鲜明的认识。

3. 语言简洁精炼

结束虽然重要,但不是教学的核心。一节课时间有限,结束语在课堂教学中所占比例也有限。高质量的结束语,必须对语言进行高度的概括提炼,力求言简意赅,语言简洁。如果不加控制,任意占用教学时间就会削弱教学主体内容和过程,导致课堂教学失败。

>>> 【实践训练】

任务一:请在下列教学内容中,任选一题,设计一段结束语。

注意:设计结束语时,请参照你在第一节"导入语"时做的教学设计。

(1)初中语文《乡愁》

(2)初中数学"有理数:正数和负数"

(3)初中历史"鸦片战争"

(4)初中英语"must 和 have to 的区别"

步骤一: 我选择的教学内容,采用哪种结束语更合适

【结束语常用的方式】

(1)梳理线索,总结整理。教师就所学内容,引导学生采用梳理知识线索的方法,对课堂所讲知识内容进行精心归纳、概括、梳理、串联等,有重点、有目的地重现授课内容,使其条理清晰。这种方式便于学生把握知识之间的内在联系。

注意:这种结束语不是对课程内容的机械再现或简单重复,而是教学内容的延伸、拓展。

(2)首尾呼应,承上启下。导入语是一节课的开始,而结束语是一节课的结束,优秀的

结束语可以帮助建立课程教学的框架。结束语可以与教学开始阶段的导入语相呼应,对导入语中提到的问题进行回应,提示学生一个教学阶段完成了。结束语也可以以本课内容为下一节课做铺垫,承上启下,让学生在心理和知识上进行准备,激发学生的学习兴趣。

小提示

悬　念

教师可以结合新的教学内容,设计一些富有启发性的问题,激发学生对所学知识产生一种急于进一步了解的思维兴趣,促使其产生学习期待。

对　比

教师将两类或两类以上在某些属性或特征上相同或相近的知识点进行对比,帮助学生同中求异,发现类似知识之间的异同,让学生由表及里、从现象到本质,找出知识点之间的内在联系,加深对所学内容的理解。

注意

使用承上启下的结束语对下节课的学习内容做铺垫时应适度,点到为止即可。

（3）拓展延伸。在课程结束时,教师把本课所教授的知识技能与外界事物进行适当联系,让学生运用课上知识进行拓展思考,开阔学生视野,启迪学生课后继续思考。

这种结束语有助于学生提高运用课堂知识解释相关现象以及解决实际问题的能力,可以培养学生终身学习的兴趣,开发学生学习潜能。

（4）激励升华。教师有目的地对所讲内容进行挖掘,揭示其深层内涵,使学生的情感更丰富真切。在结束语中,教师用充满激情、意味深长的话语寄厚望于学生,打动学生心灵,给学生留下难忘的课堂印象,有助于学生透过现象看本质,把具体的知识上升到情感态度和价值观的高度。

想一想

除了以上形式,不同的课程还有哪些其他形式的结束方法?这些方法如何与教师的结束语更好地结合起来?

实际教学中,结束语使用的常见问题有:

（1）下课铃响,教师直接宣布下课,没有课堂结束环节;

（2）教师机械复述教学内容,简单枯燥,无法引起学生兴趣;

（3）以图片展示、视频等形式,直接代替结束语。

步骤二： 设计结束语实际操作时的注意点

（1）针对性。结束语应该针对教材的难点、重点进行设计。但在实际教学中，尽管老师做了各种预设，由于种种不可预测的原因，仍然会遇到一些预设之外的情况，教师应该根据教学的实际，进行结课。

（2）完整性。如果新课导入语有设置悬念问题，那么结束语部分，也应当有相应的内容，做到与导入语部分相呼应，形成完整的课堂。

（3）时间控制。结束语处于课堂教学的最后一个环节，整个课堂教学的节奏直接影响结束语的实际使用。如果课堂教学节奏过快，那么结课预留时间就会过多；如果课堂教学节奏拖沓，则结课时间被压缩，甚至出现下课铃响，仓促结课的情况，这都要求教师要能够很好地控制结束语的时间。

（4）语言技巧。教师应该根据教学内容来确定语调和语速，讲到教学重点难点时，语速要放慢，语调要高亢，语速的快慢变化要适宜；对某些关键词语要加重语气；在知识点之间，适当运用停顿，可以吸引学生注意力，使其更好地理解教学内容。

步骤三： 现场展示

> **我 的 结 束 语**

步骤四： 评价反思（见表4-6）

表4-6 课堂结束语评价

评 价 内 容	优	良	中	差
紧扣教学目标。				
内容高度概括。				
语言简洁精炼。				
现场表达流畅。				

（1）展示的效果如何？我对自己的表现是否满意？有哪些地方需要改进？
（2）我的组员对我的表现是否满意？有哪些地方需要改进？
（3）我在哪些方面可以做得更好？

任务二：一个令人回味的结束。

课已接近尾声，距离下课还有不到5分钟的时间。教师带领学生进行课后回顾小结，着重强调乘方公式的重要性和它的使用条件,并让学生用语言来叙述公式$(ab)^n = a^nb^n$。大部分学生都叙述为"积的乘方等于积的每个因式分别乘方,再把所得的幂相乘"。这时,一个学生高高地举起了小手,大胆地说:"我和大家的叙述不一样。应该是同指数幂的积等于每个幂的底数的积的乘方。"

如果你是这节课的教师,你打算怎么处理这位学生的回答?

>>> 【精彩结束语赏析】

【案例一】高中化学《钠》教学

师:通过实验分析现象,了解性质,是基本的学习方法。当然,在掌握物质性质的知识时,有时需要阅读课本资料,有时需要做抽象概括和逻辑推理。例如,钠燃烧后生成过氧化钠是通过阅读书本知道的;但过氧化钠究竟是什么颜色,还需要进一步与书本叙述对照,并在下堂课观察过氧化钠实物来确证。又如,钠跟水反应生成物是氢气和氢氧化钠,是通过分析反应物和生成物的成分后,推理得到的结论。这说明合乎科学的推理,是有效的学习方法。譬如关于总的结论,我们还可以继续推理得到:钠作为非常活泼的金属元素,在氧化还原反应里是一个强还原剂。

师:大家还有什么问题?

生:刚才有同学说,钠跟水反应放热,热量使钠燃烧了,我想这燃烧物质是否可能还有氢气?

师:这样思考问题的精神是大家应该学习的。从钠跟水反应产生氢气这点出发,想到燃烧的物质可能是氢气,非常合理。这个问题,大家讨论一下,怎么解决?

(一阵讨论后,教师指定一个学生发言)

生:钠和氢气在空气里都有可能发生燃烧,究竟是什么物质燃烧,要查它们的着火点大小,而且在其中一个物质先燃烧后,也可能引起另一个物质的燃烧。

生:如果观察到燃烧的火焰是黄色的,根据刚才的经验,可以确定,至少钠是燃烧的。

师:这样讨论问题非常好,讲的很有道理。希望今后保持这种学习中的研究风气。

分析:

本课的主要教学目的是了解钠的主要性质及其用途,了解钠的重要化合物的主要性质及其用途。在结束语中,教师首先点明化学学习的基本方法,然后以本课的知识点为例说明这些学习方法,既将抽象的方法用具体形象的事例展示出来,又带领同学们复习了本课的主要知识点。在同学们提出疑问时,教师鼓励学生进行讨论,引导学生将新旧知识结合起来解决问题,帮助学生建立知识体系。

【案例二】初中历史《成吉思汗与忽必烈》教学

只有一种色彩不会有绚烂的画面,只有一种音符不会有动听的音乐。这个世界纷繁复杂却也因此而美丽。元朝是在战火和纷乱中建立起来的,虽然短暂,却实现了国家的统一。当我们摒弃苦难,摒弃血泪,去了解元朝,感受元朝,体会元朝时,我们就会发现:"原来如此!"——元朝展现给我们的是一段多民族相互融合、共同进步的历史;是一个永载史册的大大的"圆"！

（课件展示：各少数民族图片背景，《爱我中华》歌曲播放）

分析：

本节课内容围绕着元朝的建立和初期的统治展开，主要包括成吉思汗统一蒙古、忽必烈建立元朝两部分。这个结束语利用多媒体（图片、歌曲）营造了很好的情景氛围，充分调动了学生的情绪。教师通过充满感情的演讲，将教学内容上升到中华民族历史是由各民族共同创造的大民族观上，完成了民族融合与民族交往是历史的主流的唯物主义史观的渗透，帮助学生树立了多民族相互融合、共同发展的认识。

参考文献

［1］安彩凰.让学生学会"提出问题"［J］.北京教育,2001（8）：33-34,39.

［2］夏辉辉.历史教学中的想象与虚拟：从"雅典农民'帕帕迪'"说开去［J］.中学历史教学参考,2010（6）：44-49.

［3］蔡伟.语文课堂教学技能训练［M］.上海：华东师范大学出版社,2009.

［4］董国柱.谈语文课堂教学的收束［J］.中学语文教学参考,1998（11）：31.

［5］杜和戎.讲授学［M］.北京：华语教学出版社,2007.

［6］杜苇.杜苇老师的高中课改笔记［J］.基础教育课程,2006（1）：59-60.

［7］何成刚.历史课堂教学技能训练［M］.上海：华东师范大学出版社,2008.

［8］胡瑞秀.中学思想品德课的教学语言艺术运用研究［D］.长沙：湖南师范大学,2011.

［9］江晔.让"地理景观"开启地理学习之门［J］.地理教学.2005年（11）：14-17.

［10］江晔,刘兰.地理课堂教学技能训练［M］.上海：华东师范大学出版社,2008.

［11］刘秀萍.导入语在教学中的作用及设计［J］.考试周刊,2015（35）：141-142.

［12］罗玉龙,孙秀婵.浅谈高中化学中的导入语［J］.中国校外教育,2015（5）：107.

［13］马云飞.地理课堂导入语设计的影响因素［J］.教育观察,2016（5）：92,96.

［14］聂幼犁.从"火烧曹宅对不对？"看中学历史学科研究性学习［J］.历史教学,2004（9）：49-52.

［15］上海市教育委员会教学研究室.地理学科课堂教学设计和实施案例［M］.上海：上海教育出版社,2005.

［16］刘知新.中国著名特级教师教学思想录：中学化学卷［M］.南京：江苏教育出版社,1996.

［17］王铎全.全国优秀历史教学案例选（初中部分）［M］.上海：上海教育出版社,2005.

［18］王秋海.数学课堂教学技能训练［M］.上海：华东师范大学出版社,2008.

［19］魏恤民."秦始皇的困惑"教学案例实录及分析［N］.中国教育报,2006-11-03（24）.

［20］袁孝凤.化学课堂教学技能训练［M］.上海：华东师范大学出版社,2008.

［21］詹发春.如何巧妙设计课堂导入语［J］.校园英语,2015（24）：189-190.

［22］张新全.数学课教学设计经典案例研究［M］.合肥：安徽大学出版社,2017.

［23］赵亚夫.历史课堂的有效教学［M］.北京：北京师范大学出版社,2007.

［24］周成平.中国著名教师的精彩课堂——初中语文卷［M］.南京：江苏人民出版社,2007.